DESPERTAR

UNA REVOLUCIÓN DEL ALMA

POR

ERWIN RAPHAEL MCMANUS

«*Despertar* es una mirada reflexiva e inquietante a lo que la Iglesia necesita hacer y ser para tocar el alma. Yo tengo esperanzas de que produzca lectores inquietos y reflexivos».

—JOHN ORTBERG | AUTOR DE *TODOS SON NORMALES HASTA QUE LOS CONOCES.*

«Erwin McManus es uno de los líderes jóvenes más creativos que conozco. Cada vez que tengo la oportunidad de escucharlo hablar o de leer sus palabras, él trae nuevas perspectivas basadas en la realidad. *Despertar* va a conducirlo por el camino más importante de su vida... el camino hacia el carácter».

—JOHN C. MAXWELL
FUNDADOR DEL GRUPO *INJOY.*

«Si piensa que ha estado caminando dormido en el transcurso de su vida y quiere que eso cambie, *Despertar* es para usted. Si dio su vida a Cristo creyendo que su camino iba a estar lleno de aventuras de la vida cotidiana pero perdió el ritmo, *Despertar* es para usted. Si quiere tener una vida con pasión, propósito, y sin remordimiento, tome este libro y empiece a leer hoy».

—SHEILA WALSH | RECONOCIDA ORADORA
DE LAS CONFERENCIAS DE MUJERES DE FE

OTROS LIBROS POR
ERWIN RAPHEL MCMANUS

Una fuerza imparable.
Atrape su momento divino.

DESPERTAR:

UNA REVALUCIÓN DEL ALMA

ERWIN RAPHAEL
MCMANUS

Publicado por
Editorial Unilit
Miami, Fl. 33172
Derechos reservados

© 2004 Editorial Unilit (Spanish translation)
Primera edición 2004

© 2003 por Erwin Raphael McManus
Originalmente publicado en inglés con el título:
Uprising: a revolution of the soul
por Thomas Nelson, Inc., Nashville, TN, USA.
Todos los derechos reservados.

Proyecto conjunto con Yates & Yates, LLP, Orange,
California, USA.

Traducido y edición al español por: *Grupo Nivel Uno, Inc.*
Adaptación de diseño interior: *Grupo Nivel Uno, Inc.*

Citas bíblicas fueron tomadas de La Santa Biblia, revisión 1960
© Sociedades Bíblicas Unidas.
Usadas con permiso.

Producto 496757
ISBN 0-7899-1185-X
Impreso en Colombia
Printed in Colombia

PARA AARON—

Mi hijo, mi hijo.

Desde tu primer respiro fuiste una maravilla para mí.

Su imagen, tu destino.

Su corazón, tu pasión.

Su marca, tu legado.

Tu vida me inspira en esta gran búsqueda.

Con la fuerza de tu carácter has

Elegido esta peligrosa aventura.

Su coraje no va a fallarte.

Mi hijo,

Mi amigo,

Mi compañero de viajes,

¡Siempre seremos poetas guerreros!

—TU COMPAÑERO DE SIEMPRE

LA BÚSQUEDA

PUNTO DE ORIGEN

1- Libertad para correr

2- El estanque de los ahogados

EN BUSCA DE LA ILUMINACIÓN

11- Misterios divinos develados

10- El juego de esperar

9- El peso de las cosas pequeñas

EN BUSCA DE LA NOBLEZA

8- Románticos incurables

7- Plenitud de un agujero negro

6- Manantiales perennes

EN BUSCA DEL HONOR

5- Corazones valientes

4- Un cambio de adentro hacia fuera

3- Ascender yendo hacia abajo

DESTINO

12- La grandeza del servicio

ÍNDICE

Si desea una experiencia de lectura diferente,
vea esta otra alternativa para el índice:

SOBRE EL AUTOR

RECONOCIMIENTOS

PUNTO DE ORIGEN

1

Libertad para correr

El rugido era una combinación de furia y enojo. Su ruido vibró a través de nosotros como una advertencia del peligro que se acercaba. A pesar de todos nuestros esfuerzos, nuestro impulso nos mantuvo avanzando hacia su boca. El escabullirse parecía inútil mientras íbamos dándonos cuenta de que era imposible volver sobre nuestros pasos. En este verano tan particular el *American River* [Río americano] se mostraba más implacable de lo usual. Las fuertes lluvias habían transformado el viaje por los rápidos en algo más que una aventura placentera. Ya el verano estaba lleno de reportes en los que se informaban los trágicos finales de aquellos que habían subestimado sus aguas. Ahora era nuestro turno de pasar o fallar la prueba que nos ofrecía el río.

Parecía una muy buena idea cuando dijimos que sí. Aunque Kim y yo nunca habíamos hecho una travesía en balsa, el grupo que lideraba esta aventura anual nos aseguraba diversión garantizada. La mayoría de los cuarenta que estaban con nosotros eran primerizos también, por lo que parecía no haber razón para preocuparse. El agua estaba tan calmada en el punto de salida que no me molesté cuando nuestro guía admitió que esta era su primera salida solo. A la verdad, durante la primera hora o más pareció que este viaje era nada más que un reto. Es más, nos parecía que más allá de relajante, era a veces un poco trivial. Los chalecos salvavidas se veían tan útiles como el cinturón de seguridad cuando se está estacionado. Es extraño el modo en que un río en calma puede llevarte a estar prácticamente inconsciente.

Pero el rugido nos despertó a todos. No era que estuviéramos dormidos, sino que no estábamos alertas. Los leves temblores literalmente nos sacudieron. Miramos hacia delante y vimos una roca gigante que asomaba en el medio del río. Saliendo de una curva a ciegas tuvimos distancia suficiente para ver a dos de las balsas estrellarse contra la roca de frente, dando vuelta y arrojando a nuestros compañeros de aventura como juguetes en el agua. Estoy consciente de que los navegantes con experiencia podían encontrar una salida a esta crisis, pero nosotros no éramos expertos. Todo lo que recuerdo es: «¡Remen!»

Mirando hacia atrás, me doy cuenta de que estábamos remando todos, frenéticos, desesperados, con todas las fuerzas que podíamos reunir. El lado izquierdo estaba remando, el lado derecho estaba remando. Todos estábamos neutralizando los esfuerzos del otro. Al final, todo lo que logramos fue aumentar la velocidad con la que golpeamos la roca que tanto tratábamos de evitar. Nos volcamos. Nuestra embarcación estaba apuntando hacia el cielo. Me mantuve agarrado a las manijas del costado, peleando por mantenerme dentro. Uno de los hombres cayó directamente encima de mí, usándome como boya para mantenerse arriba de la balsa. Me imaginé en ese momento que usaba mi cabeza como una respuesta a su oración, lo cual era muy bueno para él y muy desventajoso para mí. Sabía que él no era buen nadador, por lo que pensé que sería muy mala idea soltarme y dejarnos hundir a ambos hasta el fondo del río. Pero cuando estaba a punto de agotarse mi último aliento, decidí que él podría aprender a nadar si se lo proponía. Así que solté la manija y ambos nos hundimos en el río.

Cuando logré salir a la superficie, empecé inmediatamente a nadar buscando a mi esposa Kim. Nuestra embarcación se había estabilizado y dos de los tripulantes había logrado de alguna manera mantenerse adentro. Mientras peleaba con las corrientes, observé que todos los hombres se habían caído del bote, mientras que las dos mujeres se habían mantenido adentro. Una vez que vi que Kim estaba a salvo, no malgasté más mis fuerzas nadando contra la corriente, y me dejé llevar para comenzar mi ardua jornada a través de los rápidos.

Fue en este momento que las instrucciones que habíamos recibido con anterioridad al viaje llegaron a ser decisivas. Nos habían recordado mantener el chaleco salvavidas ajustado contra nuestro pecho. Era tan incómodo. El río parecía tan calmo. En ese momento no había ninguna razón para mantenerlo tan ajustado. Solo que ahora, mientras mi chaleco se iba subiendo hasta mi mentón, entendí la verdadera importancia de mantener ajustado el chaleco salvavidas. Pero este no era el mejor momento para regañarme a mí mismo por no prestar atención a las instrucciones. Así que me dediqué a repasar la lista de las cosas más importantes para recordar. La voz de nuestro instructor resonaba con claridad en mi cabeza: «Si se caen en los rápidos, mantengan sus pies en alto. En el fondo del río hay toda clase de rocas formando recodos y grietas. Si ustedes no mantienen las piernas en alto, podrían quedar atrapados entre esas rocas y ser aplastados por la fuerza del río».

La idea de ir por el río con una pierna quebrada era poco atractiva para mí y completamente motivadora, así que mantuve los pies en alto. Quería mantener mis pies sobre el nivel del agua, pero cada vez que los sacaba, mi cabeza se hundía. Era imposible respirar, por lo que debía correr el riesgo de bajar un poco las piernas para poder levantar mi cabeza, lo que me causaba gran molestia. Así que levantaba de nuevo mis pies, tratando con toda mi voluntad de seguir las instrucciones que nos habían dado. Sólo había un problema... yo no respiro con los pies. Este sistema parecía no funcionar.

Antes de darme cuenta me encontraba exhausto de pelear con los rápidos, y me sentí vencido... no sólo por el agua, sino porque ya me había rendido. Pensaba que mis esfuerzos eran solo una sinfonía de futilidad. ¿No era mejor aceptar mi destino y entregarme a las fuerzas del río? Era un momento irreal. Miré hacia el agua, que formaba pequeños remolinos alrededor de mí. Podía ver los sonidos, pero no escucharlos. No recuerdo haber tenido miedo. Sólo el arrepentimiento... el arrepentimiento por las cosas que no hice. En mi mente flotaban pensamientos como: ¿Dejaría a mi mujer cuando todavía teníamos tanto amor para compartir? ¿Crecerían sin un padre mi hijo e hija? ¿Me daría por vencido ante ellos así tan rápido? Eso era lo que sabía. Habría un día en el cual el fin vendría, pero si yo podía hacer algo al respecto, entonces no sería éste. Sabía que había más vida en mí que agua en ese río. Era como si pudiera oír una voz dentro de mí llorando y confesando sin vergüenza: «¡Quiero vivir!» Luché para volver una vez más a la superficie y noté que más adelante había ramas cubiertas de enredaderas colgando sobre la superficie del agua. Mientras mi cuerpo se acercaba a una rama extendida, alcancé una de las enredaderas. Mientras la agarraba con mi mano derecha, pude asomarme por sobre el agua y aferrarme con mi mano izquierda también. Estaba acercándome más y más a la rama cuando la enredadera se quebró a causa de mi peso, y me encontré hundiéndome otra vez en el río. Tan rápido como pude, me di vuelta y vi otra rama baja a mi alcance, como esperándome. Me agarré de ella y me arrastré hacia la orilla, exhausto y agradecido por estar en tierra. Miré hacia arriba, después de recuperar el aliento, y ahí estaba mi esposa Kim esperándome. Todavía no entiendo cómo hizo para recorrer tan rápido esa distancia, apareciendo justo en el lugar en que pude salir hacia la orilla.

UN VIAJE DE TRANSFORMACIÓN

El viaje al que los estoy invitando no es muy diferente de mi viaje en balsa por el río. Va a haber momentos de gran calma, pero no nos deben llevar al sueño. Este viaje está lleno de rápidos y blancas aguas turbulentas. Va a haber momentos en los que se encontrará ahogándose, abrumado por las circunstancias que lo rodean. En cada curva existirá una invitación a viajar más adelante, en una aventura que no lo dejará igual que antes.

Y es importante notar que en realidad no hay cómo volver atrás. Un momento que nunca voy a olvidar es cuando todos al final nos encontramos al otro lado del rápido y muchos no desearon continuar. Hasta hubo algunos que pidieron con toda seriedad regresar al punto de partida. No había broma en las palabras del instructor, ninguna en particular. Él estaba sólo diciendo la verdad: «Quedan bastantes horas todavía a partir de aquí, y no hay otro camino que adelante». Nos habían contado de un lugar sobre el río conocido como *El pozo de Satán*. Empezamos a preguntar si ya lo habíamos dejado atrás. Nuestro guía nos dio la noticia que menos queríamos oír: este reto aún estaba adelante, y lo más peligroso todavía no había pasado.

Las mismas personas que cayeron de las balsas volvieron a ellas, pero no éramos los mismos. Estábamos muy atentos, muy concentrados. Ninguna instrucción nos parecía trillada o sin sentido. Lo que era importante estaba muy en claro para nosotros, y eran las cosas importantes lo que interesaba. Era un viaje grandioso, muy divertido, la clase de aventura por la cual se vive. Es la clase de experiencia que uno evita de todas maneras, pero que cuando es inevitable, nos cambia cuando ya ha terminado.

Así es como la vida debe ser. Es una aventura, una jornada, un viaje lleno de desconcierto, diversión y riesgo. Una experiencia mala o dolorosa puede mantenernos estancados, y cuando sucede esto, no nos movemos ni para adelante ni para atrás; sólo permanecemos sentados, mirando cómo pasa la vida. Estoy convencido de que en cada uno de nosotros hay una voz interior que llora y confiesa sin vergüenza: «¡Quiero vivir!» Este viaje requiere muchas confesiones y declaraciones, pero esta es un buen lugar para comenzar. A veces negamos o descartamos este anhelo. El deseo de estar vivo es ahogado por ambiciones pequeñas. Sólo queremos poder terminar el día, sobrevivir, mantenernos, dar un paso más en la rutina, y más que vivir, existir. Si ha claudicado ante estas pequeñas cosas de la humanidad, permítame invitarlo a escuchar el rugido dentro de su propia alma. Puede ser suave al principio, pero después el temblor se convierte en sismo. Si se anima a arriesgarse, deténgase ahora, póngase de pie y declare sin vergüenza alguna: «¡Quiero vivir!»

El rol de la vida y la muerte han estado con nosotros desde el principio del viaje humano. La advertencia de Dios al hombre fue que si él comía la fruta prohibida, se moriría. Adán y Eva comieron el fruto del árbol, pero no hubo aparente muerte en ese momento. Pienso que asumimos que Dios habla en forma de metáfora. Aunque lo que encontramos en las Escrituras es que en la forma más importante morimos en verdad. Ahora estamos muertos en nuestros pecados. En cierto sentido estamos muertos para la vida también. Existimos y pensamos que vivimos. De alguna forma cambiamos lo autentico por la imitación. La historia humana puede ser resumida como una desesperada búsqueda por la vida. La buscamos en todas partes y en todo. Buscamos la riqueza, el poder, el éxito, el placer e infinitas experiencias sólo para sentirnos vivos. Y a pesar de todo lo que obtenemos, siempre está el horrible presentimiento de la muerte alrededor de nosotros. Hasta si ganamos el mundo entero, morimos con nuestras almas vacías y oscuras.

De una manera irónica, lo que sacrificamos es lo más importante para la vida: Dios. Dios nos formó a Su imagen y después nos dio aliento de vida. Su vida en nosotros esta sostenida por Su carácter. Cuando perdemos el carácter de Dios, perdemos la vida de Dios en nosotros. Pero para tener su carácter, primero debemos morir a nosotros mismos, porque volvernos como Él es lo que significa vivir.

Debido a que este libro es una búsqueda para la vida, es también una búsqueda del carácter, una búsqueda para volver a ganar lo que se perdió en la Caída. Es un viaje para buscar lo que se nos promete en el futuro y descubrir, vivir, una vida dada por Dios.

PASIÓN POR VIVIR

Fuimos creados con una pasión por vivir. Cuando una persona pierde su deseo de vivir, ha dado el primer paso para morir. Por esto algunas personas viven hasta su último suspiro y otros mueren después de que sus cuerpos se acuestan para descansar. Es por esto también que el suicidio es tan trágico como traumático. El quitarse la vida es un paso en la renuncia a vivir. Qué horrible es estar ahí parado, mirar la vida y concluir que no hay esperanzas para vivir; estar tan abrumado como para decir que no se tiene deseo de vivir. El suicidio es la extraña intersección entre la desesperanza y negarse a vivir el *status quo*. Es una declaración enfática: «Estoy vacío, y nunca voy a estar lleno». Hay una conciencia de una condición presente sin un reconocimiento de las posibilidades del futuro. El suicidio es antipatía frente a la existencia; antagonismo contra el mito del alivio. La conclusión: no hay nada por lo que vivir valga la pena, entonces ¿para qué vivir? La pasión se transforma en enojo y después odio, y nuestro último acto de violencia es contra nosotros mismos.

La mayoría de nosotros no estamos consumidos por la antipatía hacia la vida. No nos abrumamos todavía con la conciencia de nuestra existencia.

Sólo aceptamos que es la manera en que se dan las cosas. Nos rendimos a lo mundano. No es antipatía lo que nos define, sino apatía.

La primera nos lleva al violento y abrupto fin de nuestras vidas; la segunda, a una tortuosa y lenta podredumbre. La apatía es la falta de pasión. Quizás conozca algo sobre la etimología de las palabras: *ateo* significa sin Dios; *agnóstico* denota sin conocimiento; *apático* quiere decir sin pasión.

Años atrás fui invitado a presentar una idea que tenía ante el presidente de una compañía que maneja millones de dólares, los cuales son usados en varios proyectos. Me dieron como una hora de su tiempo, nada más. Cuando terminé mi presentación, él dijo algo que nunca voy a olvidar. Justo después de rehusarse a darme dinero, dijo: «Es raro encontrar a alguien con una pasión por cualquier cosa». Pienso que él apreciaba la intensidad de mi compromiso de un modo genuino, pero concluyó que no invertiría en mi idea. Sin embargo, lo que me dio era invalorable. Me fui de ahí recordando que la pasión es una rara mercancía.

Los quince años pasados desde esa conversación sólo confirmaron esta conclusión. Muchos de nosotros perdemos nuestras pasiones por obligación, como si la pasión fuera un lujo reservado para el joven, y todos debiéramos crecer algún día. Hasta caemos en vivir conformándonos con lo que tenemos, y lo llamamos «madurez». Actuar como adulto llega a ser sinónimo de vivir una vida de apatía. Quizás por esto cuando un hombre mayor deja su carrera para dedicarse a lo que siempre quiso hacer decimos que está en su segunda niñez. Si la apatía es ser adulto y la pasión es ser niño, entiendo las palabras de Jesús cuando dijo que para entrar a Su reino había que ser como un niño.

La fe cristiana no nos fue de mucha ayuda en este aspecto en los últimos siglos. Nuestra incesante atención por la eliminación del pecado hizo más que contribuir al problema de la pérdida de pasión. Ante la abrumadora caída, las pasiones humanas son vistas como contrarias a Dios y corruptoras de Su naturaleza. Se nos enseñó que la solución de Dios para detener nuestras pasiones son Sus mandamientos.

El resultado fue una religión cristiana concentrada en reglas, rituales y obligaciones. En esto la cristiandad como religión no es muy diferente ni mejor que otras religiones del mundo. Tanto el budismo, el islamismo, el hinduismo o el cristianismo nos enseñan a seguir ciertas cosas que nos despegarán de nuestras pasiones y nos harán mejores personas. En gran parte del mundo las religiones parecen estar más concentradas en la restricción, sublimación, o hasta eliminación de los deseos humanos.

Sin embargo, e irónicamente quizá, las Escrituras ponen a los deseos humanos y a las pasiones en el epicentro de la acción del hombre. Esto es verdad tanto en el escenario del pecado como en el escenario de la santidad. No hay explicación más clara para el hecho de que el humano peque que la pasión humana.

«Porque mientras estábamos en la carne, las pasiones pecaminosas que eran por la ley obraban en nuestros miembros llevando fruto para muerte» (Romanos 7:5). Pablo sólo está diciendo lo obvio. Hacemos lo que hacemos porque nos gusta. Lo deseamos. Cuando pecamos, no es por una profunda razón, sino porque lo disfrutamos. Claro que también está el dinámico agregado de que la misma naturaleza de esas cosas que contamos como pecado tienen un corrosivo, corruptivo y adictivo natural. Es por eso que se les llaman pecados. Su propia esencia va a destruirnos, y también a lastimar o agredir a aquellas personas cercanas a nosotros. Sin embargo, el combustible de estos patrones destructivos es la pasión, y el proceso de transformación requiere una revolución de nuestras pasiones.

«Pero los que son de Cristo han crucificado la carne con sus pasiones y deseos» (Gálatas 5:24). Aquí Pablo ilumina esa transformación de la pasión. Aparte de todo lo demás que nos deba pasar, tiene que haber una muerte a las pasiones y deseos alimentados por un corazón sin Dios. Sin embargo, gran parte de la fe cristiana se ha detenido aquí. Hemos sido demasiado vigilantes para asegurar la muerte de las pasiones, y como Pablo dijo, todo lo que pertenece a Jesucristo debe tener sus pasiones crucificadas —llevadas a muerte, erradicadas— fin de la historia.

Pero lo que hemos fallado en reconocer es que cuando nuestra educación cristiana se concentra en lo que son las pasiones, somos mucho más budistas que cristianos. Es el budismo el que enseña que nuestro fin es la eliminación de todo deseo. El budismo construye su práctica alrededor de esta meta en el transcurso de una vida con la prometida teoría de que en el fin nos vamos a convertir nada más que en una parte de la energía cósmica. Esta es la esencia de Buda... el existir sin deseos. Esto se alinea de forma perfecta con una visión de un Dios impersonal. O quizás más exactamente, de ningún Dios.

Debemos despojarnos de todo lo que nos hace humanos para formar parte de esa energía cósmica. Yo siempre estuve fascinado con el hecho de que en la cultura occidental, donde el deseo es el combustible de tanta corrupción, el budismo se haya vuelto tan atractivo. Nos las hemos arreglado para materializar de forma literal la espiritualidad del budismo, para meditar fuera de nuestros deseos y así poder ir en búsqueda de nuestras lujurias y antojos sin nunca perder nuestro centro. Las Escrituras presentan una radical diferencia con respecto al punto de vista del deseo y la pasión humana. La meta del viaje cristiano no puede ser la eliminación del deseo y la pasión, ya que las Escrituras enseñan que Dios nos creo a Su imagen y semejaza, y una parte de esta reflexión de Dios es un corazón diseñado para vivir con pasión. Nunca fue la intención de Dios el crearnos para una vida apática. Él desea que vivamos vidas apasionadas en Él. Mejor que eliminar nuestras pasiones, Él se propone abrumarlas con nuevas pasiones. El estuche de nuestras pasiones es nuestro carácter, y mientras un carácter del mal arde por formar pasiones destructivas para consumir y destruir, el carácter de Dios provoca pasión para lo que es bueno y verdadero. Nuestra búsqueda es tener el carácter de Dios, formado en nosotros para que Sus pasiones ardan en nosotros.

GRITE: «¡LIBERTAD!»

La pasión humana hace arder en nosotros el deseo. Nuestros corazones anhelan la libertad del placer y el placer de la libertad. Lo que eludimos a menudo es el hecho de que estas dos cosas no son lo mismo. Mientras más nos conducimos por la vida, una parte significativa de nuestra odisea consiste en encontrar esta elusiva experiencia llamada libertad. Es una fuerza dominante dentro de cada importante transición en nuestras vidas. Desde nuestros primeros pasos independientes como infantes, hasta nuestras luchas por la independencia financiera en nuestros años de retiro, estamos todo el tiempo luchando para redefinir lo que significa ser libres. Más profundo que nuestro instinto de vivir es nuestro anhelo a «estar vivo». El estar vivo es diferente a existir. Esto último es una pelea por sobrevivir; una sed de vida. Todos tenemos una instintiva conexión entre estar vivo y vivir en libertad. Todos nosotros vivimos por la libertad.

Hay algo elusivo, en un modo extraño, sobre la libertad. No importa en qué estado estemos, parece que la libertad está siempre en otra parte, en un lugar o experiencia que nosotros no tenemos. El niño no puede esperar para ser adolescente; el adolescente no puede esperar por tener licencia de conducir. Cuando se está en la secundaria, no puedes esperar hasta estar en la universidad. Pasamos muchos años esperando los años por venir. Vemos en ellos una libertad que se nos niega en el presente. Entonces, aunque somos absolutamente libres para elegir una carrera, nos encontramos también en las prisiones de nuestra propia elección. Odiamos nuestros trabajos. Soñamos con nuevas oportunidades. Adquirimos la certeza de que perdimos nuestras verdaderas vocaciones o destinos personales.

No hubo seguramente momento en la historia humana en que las personas hayan tenido tanta oportunidad como la tienen ahora la mayoría de los norteamericanos, no sólo para elegir sus propias vidas, sino para diseñar sus propias carreras de forma personal. Pero una abrumadora cantidad de nosotros se siente atrapado en las vidas que nosotros mismo creamos. Nos encontramos esclavos de nuestros trabajos, el reloj y nuestras deudas. La ironía es que *nosotros mismos* somos los tiranos que nos mantienen cautivos. Pero nuestra auto-impuesta esclavitud va más allá de las rutinas que nos tienen atrapados. La tragedia de nuestro encierro alcanza las partes más profundas de nuestras almas. Nuestra pasión por ser libres nos enciende y nos traiciona, y más seguido de lo que no lo hace, nos conduce a ser consumidos por un fuego implacable. El mismísimo fuego que arde en nosotros puede destruirnos.

¿Quién de nosotros no esperó ansioso la libertad para hacer lo que siempre haya querido? ¿Cuántos de nosotros no nos hemos rebelado contra las reglas y regulaciones impuestas por nuestros padres u otras personas, en relación con acciones definidas con la libertad? Y cuando somos por fin libres, ¿qué acciones definen nuestra libertad? Somos ahora al fin libres para beber hasta más no poder todos los viernes por la noche, y para usarnos el uno al otro teniendo sexo sin sentido, sin que se requiera ningún significado o compromiso de vida. Somos ahora libres para buscar nuestro propio éxito, placer y ambición sin tener que dar algo para el bien de las personas que nos rodean. Estos deseos se volvieron los símbolos de nuestra libertad. En cambio, los Diez Mandamientos se vuelven símbolos de opresión religiosa, y como personas libres podemos ahora, sin aprehensión, vivir detrás de estos restos arcaicos. Estamos ahora en libertad de ser infieles el uno al otro y matar a nuestros enemigos, de tomar lo que queremos, material o marital, no importa qué, y olvidarnos de Dios en el proceso. Después de todo, somos libres. Sin embargo, las cosas que elegimos en nuestra libertad pronto nos tienen como sus prisioneros. Descubrimos que lo que elegimos como personas libres es lo que luego nos encierra. Nuestras pasiones pueden crear la apariencia de la libertad mientras nos guían a un calabozo oscuro y sin misericordia. No todos los actos libres nos llevan hacia la libertad. En realidad, si no es cuidadoso, las elecciones que toma como persona libre pueden costarle una vida de libertad genuina. Por esto la Biblia habla de la experiencia humana en términos de ser esclavos del pecado. Una de las características del pecado es que es un acto libre que nos hace esclavos. El pecado crea la ilusión de la libertad. Al final nos engaña, haciendo que busquemos librarnos de Dios en vez de buscar la libertad en Dios.

Pablo nos recuerda: «Estad, pues, firmes en la libertad con que Cristo nos hizo libres, y no estéis otra vez sujetos al yugo de esclavitud» (Gálatas 5:1). Él obviamente afirma esto basándose en las propias palabras de Jesús: «Así que, si el Hijo os libertare, seréis verdaderamente libres» (Juan 8:36). Jesús también prometió: «Conoceréis la verdad, y la verdad os hará libres» (Juan 8:32).

Sea lo que fuere que Jesús vino a hacer, una cosa está clara: Él vino a liberarnos. Es importante que no perdamos este punto. Dios ha sido muy mal representado. Ha sido visto como el divino legalista, con el eterno gozo de matar. Es como si Dios pasara Su tiempo en la eternidad diseñando trajes y moldeando grillos sólo para usted. No sería raro que la gente empezara a correr por sus vidas tan solo al escuchar el nombre Dios. Dios no es un carcelero; es un libertador. Y está tan interesado en nuestra libertad que se entregó para ser capturado y crucificado en nuestro beneficio, para que fuéramos libres. Es por esta misma razón que Pablo nos advierte: «Porque vosotros, hermanos, a libertad fuisteis llamados; solamente que no uséis la libertad como ocasión para la carne, sino servíos por amor los unos a los otros». (Gálatas 5:13).

¿Es solamente una coincidencia que el viaje completo de la nación de Israel fuera de la esclavitud a la libertad? Y no sólo una vez, sino una y otra vez: esclavos de Egipto, esclavos de Babilonia, esclavos de Roma. Gran parte de la expedición israelita por el desierto fue para tratar con su libertad. Ellos parecían no saber cómo arreglárselas con todas las oportunidades que tenían, ni cómo vivir con todas sus responsabilidades. Dios, que era su libertador, fue muchas veces tratado como su opresor. Se les dieron muchas oportunidades, y ellos quedaban paralizados por su propio miedo y duda. Fuera de las fronteras de Egipto, una esclavitud imaginaria los mantenía lejos de ser libres.

Si bien esto puede parecer muy desalentador, Dios parece determinado a convencernos de que no hay condición que nos pueda impedir ser libres. La iglesia de Jesucristo no fue construida por gente libre, sino por esclavos de Roma. Ni siquiera el imperio romano tuvo la fuerza para detener el movimiento de soñadores y visionarios. ¿Cuántos de nosotros leemos el libro de los Hechos sabiendo que narra la obra de esclavos bajo el dominio del imperio pagano? La iglesia nació en este mismo contexto. No obstante, la política de esclavitud no podía disminuir la libertad que ellos encontraron en Jesucristo.

Usted fue creado para ser libre. Si es un seguidor de Jesucristo, también esta llamado a ser libre. Pero para experimentar esta libertad debe haber primero un despertar: una revolución del alma. Para esto es que Jesucristo lo está llamando. Su liberación requiere que vea más allá de la ilusión de la libertad... actos libres que guían a la bondad. Nuestra libertad no debe nunca tratarse de nosotros y de nadie más que nosotros. La libertad es el regalo de servir a otros por amor. Esta es la libertad que solamente Dios puede dar, y es aquí donde una vez más nos volvemos como Él. Es aquí y sólo aquí que la libertad existe sin fronteras. Usted es libre de amar sin límites, de perdonar, de ser misericordioso, de ser generoso, de ser compasivo, de arriesgar, de sacrificar, de gozar y de vivir.

ESPACIOS ABIERTOS

Hay satisfacciones que son buenas sin límites. Cada acto libre y genuino sólo libera y nunca presiona. Cuando está viviendo una vida de completa libertad, no hay cadena alguna que lo retenga, ni peso alguno que lo detenga. Y cuando uno es libre, lo sabe. La libertad no es más una experiencia elusiva que está fuera de sus parámetros presentes. Muchos de nosotros hemos sido burlados por falsas libertades. Sin obligación alguna seguimos nuestras pasiones y encontramos que nuestras pasiones nos han robado nuestra libertad. Y después de que hicimos todo eso que queríamos hacer, hay todavía una voz dentro de nuestras almas que grita: «¡Yo vivo para ser libre!»

En los últimos momentos de la premiada película *Corazón valiente*, William Wallace era torturado. Pero cuando se le ofreció una muerte rápida a cambio de sólo confesar su acto de traición, se encontró a sí mismo tomando un último y profundo respiro y gritando para que toda la gente escuchara: «¡Libertad!». Su último respiro, su última declaración, su elección final, fue vivir y morir libre. En el transcurso de su historia se nos recuerda que todo hombre muere, pero no todos viven. Hay una inseparable relación entre vivir, pasión, libertad y muerte.

Una definición para la palabra pasión es «una emoción o deseo». La más inusual definición para pasión es el sufrimiento de Cristo en la cruz. Esta segunda definición fue por muchos años la principal definición del *Diccionario Webster*. No es casualidad que la muerte de Jesús haya llegado a ser conocida como la Pasión. La cruz de Jesucristo muestra todo a lo que Dios es apasionado. Dios el Hijo odia de forma tan apasionada la fuerza destructiva del pecado que estuvo dispuesto a morir para vencerle. Y Él amó tan apasionadamente a la humanidad que dio su propia vida a su favor. Usted sabe que es en realidad apasionado cuando daría hasta su vida por algo.

A partir de esta definición me pregunto cuántos de nosotros estamos en realidad apasionados por algo. Cuando nuestras pasiones son transformadas por la presencia de Dios, son siempre guiadas a la libertad. Así como con todas las verdaderas pasiones, la vida que es nacida con ellas debe pasar por la muerte. Por eso sólo cuando morimos a nosotros mismos podemos recién comenzar a entender la vida. Así como William Wallace, entenderemos que la libertad no se obtiene por evitar el dolor y el sufrimiento, ni por hacer nuestra existencia más larga, sino por la libertad del miedo y la confianza en que ni la muerte nos puede quitar la vida.

Vivir no es una propuesta con bajo porcentaje de riesgo. Si la vida es una aventura, entonces el peligro es inherente a nuestro viaje. En la misma forma la libertad y el miedo son grandes adversarios. ¿Cuán a menudo hemos rendido nuestra libertad a causa del peso del miedo? Esta es una de las principales razones por las que confundimos vivir con existir. Así como es trivial y casi rutinario existir, nos provee de un nivel de razonamiento, pronóstico y seguridad. La libertad es salvaje y abierta. Esta llena de territorios desconocidos y terrenos no localizados en los mapas.

David declara: «Por el camino de tus mandamientos correré, cuando ensanches mi corazón» (Salmo 119:32). ¡Qué diferente perspectiva tiene él de la relación entre la verdad de Dios y nuestra libertad personal! Es porque Dios ha hecho libre su corazón que él puede correr y buscar una vida llena de verdades. David nos muestra la esencia real de la libertad. Es sólo cuando Dios hace que los corazones sean libres de las pasiones que nos aprisionan que somos al fin libres para estar vivos de forma plena. David también nos da el secreto para vivir una vida de pasiones no prohibidas: «Deléitate asimismo en Jehová, y él te concederá las peticiones de tu corazón» (Salmo 37:4).

Cuando usted hace de Dios su mayor pasión, Él transforma todas las pasiones de su corazón. El resultado de esta transformación es que el placer de Dios llenará dichas pasiones. Detrás de estas maravillosas promesas esta la verdad de que cuando esta transformación esté ocurriendo, sus pasiones se vuelven la mejor brújula para su viaje espiritual. Cuando Dios es su deseo, puede confiar en las pasiones de su corazón. Es en este estado que puede vivir de forma plena una vida única y apasionada.

Cuando empieza a vivir de este modo, se encuentra corriendo libre, cosa que nos lleva de vuelta a Adán y Eva. ¿Qué estaban ellos haciendo tan sólo con acercarse a ese árbol? Se les dio un deleitoso huerto de interminables placeres... ¿por qué eligieron pasar por el único árbol que les estaba prohibido? Ahora, yo sé que el árbol de la ciencia del bien y del mal estaba en el medio del huerto. Pero el Señor les había dicho: «De todo árbol del huerto podrás comer». ¿Cuán grande era el huerto? ¿Cuánto cubría del territorio de la tierra este huerto?

VIDA SIN LÍMITES

Me he preguntado si Dios había establecido límites en ese huerto. La descripción de Génesis nos da suficientes detalles como para saber que había un río en el jardín, que corría desde el Edén y luego se separaba en cuatro afluentes. Hasta nos da también los nombres de estos ríos. Nos cuenta en qué tierras estaba cada uno de estos ríos y por dónde pasaban, y además nos relata la riqueza de esas tierras, oro, resina aromática y ónix (Génesis 2:10-14). Sin embargo, nunca menciona límites.

¿Es posible que el Edén no haya tenido límites? Aún así, no había orden alguna que dijera que había que pasar por ese árbol. ¿Por qué no tomó Adán un poco de madera, construyó una balsa, levantó a Eva en brazos y dijo: «Querida, este es el bote del amor y nos estamos yendo en un crucero»? ¿Es posible que Adán y Eva hayan caído en la misma trampa que nosotros: el punto de vista de que la libertad es ir y experimentar lo que Dios nos ha prohibido, en vez de experimentar en forma plena lo que Dios ha creado para nuestro placer? Recuerden, el Edén no era ningún tugurio. No se trataba de que Dios estuviera forzando al ser humano a vivir en un barrio marginado y pobre. El Edén no era una cruel experiencia de negación sensorial. Ni era una vida monástica. Adán y Eva estaban desnudos y sin vergüenza por ello. Era una colonia nudista. Edén significa «placer» o «deleite». Era un buffet de «todo lo que pueda comer» sin peligro de quedar con sobrepeso. Era placer interminable, sin gula. La primera orden de Dios en el Jardín del Edén fue: «De todo árbol del huerto podrás comer» (Génesis 2:16). El propósito del nacimiento de Adán y Eva fue llevar una vida de libertad y placer. Aunque con tanto por descubrir, tanto por experimentar, y tanta oportunidad, ellos eligieron pasar por el árbol cuya fruta les estaba prohibida.

Y se adentraron en la mentira: «Dios no quiere que ustedes sean libres. Miren en la terrible prisión en la que los metió. ¡Rápido, escapen mientras sea posible! ¡Corran antes de que los vea! Y, ¡ah! Me olvidé de mencionarlo, este camino de libertad los guía solo a su encierro». Esto sería equivalente a que un oso pensara: «Si tan sólo pudiera meter mi garra en medio de esta trampa, sería libre».

Si ha tenido casi todo lo que pudo tomar de esta clase de libertad, acompáñeme entonces a dejar el medio del jardín y la sombra del árbol para aventurarnos y explorar la verdadera esencia de la libertad. La libertad está llena de oportunidad, y con eso viene la responsabilidad. Estamos atraídos como por un imán a un mundo lleno de oportunidades, y a menudo paralizados por las responsabilidades. Cuando renunciamos a nuestras responsabilidades, eliminamos nuestras oportunidades. Empezamos a lucir como si hubiéramos sido ensamblados en una línea en serie de una fábrica, en vez de parecer seres vivientes creados con divinidades únicas. No es suficiente el libre ejercicio de nuestro poder de elección; también debemos aceptar las consecuencias o beneficios de nuestras acciones. Por esto detrás de la libertad yace la disciplina.

Unos cuantos años atrás me fascinó el sorprendente talento de un pianista clásico llamado Chris Crossan. Después de tocar una larga sinfonía de música, pasando de Beethoven a Bach y a los Beatles, invitó a un admirado estudiante para que subiera y tocara. El estudiante parecía un poco desconcertado y confundido con la invitación. No era de los que se abochornan frente un público, sino que no sabía tocar el piano. Pero Chris insistió, casi olvidándose de la parte más importante de la información. Chris continuó diciendo que él podría tocar cualquier instrumento que quisiese. Una vez más, el estudiante, un tanto avergonzado, explicó que no sabía tocar el piano. Así Chris demostró su punto.

Aunque el estudiante tenía la oportunidad, en realidad no tenía la libertad. Oportunidad y libertad no son lo mismo. La libertad de Chris para tocar todo ese repertorio musical, para expresar con pasión la música con su alma, le estaba disponible a él después de años y años de disciplina. La disciplina puede ser confundida con la conformidad. Muchas veces huimos de la disciplina o nos resistimos a ella porque sentimos que estamos siendo forzados a conformarnos en el sentido más negativo de la palabra. Nadie quiere ser un clon. Nadie quiere ser una copia al carbón de alguien más (exceptuando a todos esos fanáticos de Elvis). No obstante la ironía es que cuando abandonamos la disciplina en nuestro intento por evadir la conformidad, perdemos nuestro potencial de ser libres de verdad. El camino puesto ante nosotros ofrece la libertad que viene de una disciplina del alma. Hay un desafío que vencer. Al principio la búsqueda del carácter puede parecernos como si aprendiéramos las escalas, pero pronto lo que se va formando se vuelve música para nuestros oídos. Sin el carácter todo lo que esta haciendo es oír la radio. Cuando el carácter de Cristo se conforma en nosotros, no es más un eco, sino una voz.

Si bien la ciencia moderna ha creado nuevas posibilidades y grandes inquietudes en el área de la clonación humana, la historia no es nueva en lo que se refiere al proceso de clonación. Históricamente nos hemos permitido ser producidos en masa. Hemos renunciado a nuestro ser único llegando a ser mucho menos de lo que estábamos supuestos a ser. Hemos confundido negligencia con libertad. Y mientras abandonamos la disciplina, nos hemos destinado a volvernos como cualquier otra persona. El viaje a la libertad esta pavimentado por la sustancia de nuestro carácter. El carácter es literalmente «el conjunto de rasgos y características que forman la naturaleza individual de una persona». O dicho de forma simple, el carácter es una marca definitoria. Nuestra capacidad de correr libres esta relacionada con nuestros compromisos por mantenernos firmes. Hay una disciplina del corazón que marca al espíritu libre. Todos nosotros debemos tocar la canción con nuestra alma, y yo imagino que todos lo haríamos si no se requirieran las interminables horas de estudiar las notas.

Cuando abandonamos la disciplina en nuestro intento por evadir la conformidad, perdemos nuestro potencial de ser libres de verdad.

EL GRAN ESCAPE

Hay un lado humano en el cambio divino. En Romanos 12:2, Pablo nos exhorta: «No os conforméis a este siglo, sino transformaos por medio de la renovación de vuestro entendimiento, para que comprobéis cuál sea la buena voluntad de Dios, agradable y perfecta». Para todas las promesas enlazadas con este texto, hay una orden que es generalmente rechazada. Es claro que somos responsables de no volvernos conformistas, sin importar cuanta presión nos ponga el mundo. Aun así, perdemos a menudo el sutil y al mismo tiempo significativo designio de «ser transformados». Las Escrituras son claras en cuanto a que hay una innegable actividad divina que cambia al corazón humano por siempre a través de Jesucristo.

En 2 Corintios 5:16 se nos recuerda: «De modo que si alguno está en Cristo, nueva criatura es; las cosas viejas pasaron; he aquí todas son hechas nuevas». Esto no es nada menos que una metamorfosis divina de nuestra propia esencia. Al mismo tiempo hay un rol significativo que cumplimos en este viaje de transformación. Es esta parte del viaje la que va a ser el centro de nuestra carrera hacia la libertad. Nadie puede forzarnos en esto, ni tampoco puede ser una ambición de otra persona para nuestra vida. Tiene que salir de dentro de nosotros. A veces es necesaria una combinación de diferentes experiencias para llegar a esto. Algunos de nosotros insistiremos en atravesar dolor, decepciones y fracasos para llegar. Al final tendremos que ser capaces de mirarnos a nosotros mismos en el espejo y decidir que queremos ver a otra persona allí. Pero cualquiera que decida hacer este viaje tendrá que pasar por el mismo desafío por el que pasé yo para llegar hasta ese lugar donde en el ensordecedor silencio podemos escuchar a nuestra alma gritando: «¡Quiero cambiar!»

El viaje a la libertad está pavimentado por la sustancia de nuestro carácter.

Cuando se levanta a la mañana y se ve al espejo, ve a la persona que más odia. Ha hecho todo lo posible para escapar de sí mismo, pero sigue ahí, mirándolo a los ojos. No es una pesadilla; está bien despierto. Y luego otra vez, esas son las peores pesadillas, de las que solo puede escapar cuando se duerme. De todos los desórdenes que pueda imaginar este es el más grande. Al fin y al cabo, todos tenemos alguna fobia. Pero ahora el temor a las alturas o a las arañas no parece tan grave. Tiene un tipo de claustrofobia raro o poco mencionado. No es que tenga miedo de quedar atrapado en lugares pequeños o reducidos. Puede lidiar con eso. Todo lo que debería hacer sería evitar los ascensores, armarios y automóviles coreanos.

Esta clase de claustrofobia es epidérmica en naturaleza. No soporta estar atrapado dentro de su propia piel. Ha conocido gente que le gusta, o al menos ha leído sobre ellos, pero usted no es uno de ellos. Lo compensa con arrogancia, pero eso no es más que una máscara. Si tan sólo pudiera engañarse a sí mismo como lo hace con los demás... Pero al final del día, cuando todos regresan a sus casas, no puede escapar del lugar que detesta. Está desesperado por escapar, pero no hay salida, no hay hacia dónde correr, no hay dónde esconderse. Está atascado... en usted mismo. Daría cualquier cosa por ser otra persona. Pero ni siquiera el mago Houdini logró imaginar cómo escapar de su chaleco de fuerza. ¿Qué hacer cuado lo que nos está sofocando es la persona en la que nos hemos convertido? ¿Qué hacer cuando no soportamos vernos a nosotros mismos?

Y entonces se da cuenta. Hay una salida. Hay una salida que ha estado pasando por alto. No, no es el suicidio. No está listo para darse por vencido, esta listo para rendirse. Cada uno es lo que es. Estará por siempre atrapado en su propia piel. Pero puede transformarse en alguien diferente. Puede dejar atrás a la persona que siempre despreció y transformarse en una persona a la cual admirará. Penn y Teller no podrán lograrlo esta vez. Lo último que necesita es una ilusión. Para esto no se necesita a nadie más que a Jesucristo. Sin ilusiones, sin magia, sin artimañas. Él lo hará libre a través del poder del cambio. Él es el don de la transformación. Sabe que hay un lado humano en el cambio divino, pero primero deberá conocer el lado divino del cambio humano. Una cosa es cierta... necesita cambiar.

Cambiar: (1) hacer de forma diferente; (2) transformar; (3) intercambiarse por otro, ej.: *La bruja cambiará al príncipe por un sapo*; (4) llegar a ser transformado, ej.: *El sapo volverá a ser príncipe*.

¿Cambiar a qué? De quien es a quien puede llegar a ser sólo con Cristo. Su persona será el reflejo de Dios. ¿Qué forma tendrá? Sólo Dios puede saberlo, pero será diferente a cualquier otro, único en la forma en que Dios lo ha creado. ¿Está cansado de ser un conformista, con la misma apariencia que todos los demás? ¿Es la senda y la rutina de su vida nada más que un patrón sin significado en el mundo? ¿Aceptará ser sólo un eco en un mundo de ruido sin sentido? Si ha vivido demasiado en la cámara del eco, entonces únase a mí en este viaje que nos llevará donde los ecos terminan. Esto no es una localidad sino un lugar en el alma... un lugar para esos que cambian de la imitación a la autenticidad. No al tipo de autenticidad que quiere simplemente ser real, sino a la que está determinada a ser lo real. No una copia o un clon... sino un original. Una expresión única y auténtica de aquello para lo que Dios nos ha creado.

Si quiere ser libre, primero observe toda la falsedad que hay a su alrededor, que conforma los patrones de este mundo. Segundo, debe conocer el camino a través de la formación del carácter. El buscar el carácter de Dios es una cosa, pero adquirirlo es otra. El curso de este viaje está dirigido por nadie más que Jesucristo. El camino está marcado por Sus huellas. Al elegir Su camino nos comprometemos a realizar tres búsquedas que nos cambiarán por completo... una búsqueda del honor, una búsqueda de la nobleza, y una búsqueda de la iluminación. Con cada una de ellas alejaremos a la falsedad y nos acercaremos a la liberación. Dejamos una vida de egoísmo para empezar una de servicio. Es difícil dejar de ser el centro de uno mismo. Parece poco probable dejar nuestra alma para servir a otros. Hasta los hermanos Wachowski predican esto en la película «Matrix», protagonizada por Keanu Reeves. Con Morfeo y Trinity llamándolo a salir de la falsedad de la Matrix, Neo debe elegir dejar un intoxicante sueño por una peligrosa realidad. Al igual que Neo en su viaje dejó su Matrix, nosotros debemos, primero ver la mentira, y luego dejarla por la libertad. Hay un despertar: una revolución del alma que nos espera. Si elige ser libre, se alejará de la multitud. Por momentos será un lugar desolado, y se verá parado solo en medio de la nada. Pero si está dispuesto a arriesgarlo todo descubrirá dos cosas que lo cambiarán por siempre... ¡Dios y usted mismo!

2

El estanque de los ahogados

Era indescriptiblemente bien parecido. No, quizá en su caso debiera decirse que era hermoso. Con sólo dieciséis años, era un imán para el afecto y el deseo, y si viviera en nuestros tiempos, aparecería en todas las pantallas de cine del mundo. No era sólo hermoso a la vista; era la imagen de la perfección. Su lista de pretendientes era interminable, sus ofertas de amor, incontables, y sin embargo, las rechazaba a todas. Jamás había visto su propia imagen, pero el elogio y las descripciones de los demás le aseguraban la sensación de ser único. Su nombre era Narciso, y quizá sea el mejor candidato para el puesto de santo patrono de la humanidad.

El mito griego de donde tomamos esta historia explica que rechazaba el amor de todos los demás, concluyendo que jamás había encontrado pretendiente que le mereciera. Entonces, un día, al caminar por el bosque, Narciso se inclinó para beber agua de un estanque claro y fresco. Allí vio una imagen tan hermosa que por primera vez se sintió enamorado. Estiró sus manos para abrazar la visión, para besar a su amor, pero al hacerlo, la imagen se rompió en mil ondas de agua.

Por supuesto, se había enamorado de su propio reflejo. Jamás se había visto, pero sólo podía amarse a sí mismo. El objeto de su amor se perdía en las aguas cada vez que intentaba tomarlo, y él lloraba con angustia. Luego, cuando volvía la imagen, una vez más se sentía cautivado por su belleza. Una parte de la leyenda nos dice que al final Narciso supo que se había enamorado de su propio reflejo, y que sabiendo lo imposible de su intención, perdió la voluntad de vivir y murió a la orilla del agua. Jamás dejó la orilla, y se lamentó, anhelando solamente su propio reflejo. El amor por sí mismo le paralizó, dejándolo en el estanque de los ahogados, cobrando el precio de una vida de calidad divina.

Curiosamente, la admiradora más ferviente de Narciso era una ninfa llamada Eco. Eran la pareja perfecta, después de todo. Porque Narciso sólo hablaba de sí mismo, y ella repetía sus egocéntricos elogios.

Cuando estamos enamorados de nosotros mismos, tenemos una tendencia a escuchar sólo lo que queremos oír. Nos volvemos más propensos a buscar la reafirmación en lugar de la comprensión. Queremos sentirnos bien, más de lo que deseamos ser buenos.

¿QUÉ TIPO DE TONTO SOY?

Eco amaba a Narciso, pero debemos descartarlos a los dos. Esto no significa que usted y yo no seamos importantes. Cada persona es única, creada por Dios. Aun cuando le preguntaron a Jesús cuál era el mandamiento más importante, Él dijo que no sólo había que amar a Dios nuestro Señor con nuestro corazón, nuestra mente y nuestra alma, sino que también debemos amar al prójimo de la misma forma en que nos amamos a nosotros mismos.

Hay un aspecto del amor propio ordenado por Jesús, pero hay una diferencia entre amarnos a nosotros mismos y estar enamorados de nosotros mismos. Lo primero se basa en nuestro valor ante Dios, lo segundo demanda que nos valoremos más que a los demás. Cuando nos valoramos a nosotros mismos con propiedad, no desvaloramos a los demás. Cuando nos desvaloramos, negamos nuestro valor divino. Cuando tratamos a los demás de una manera inconmensurablemente valiosa, nosotros mismos nos volvemos invaluables.

Jesús describe una inseparable relación entre amar a Dios, al prójimo y a nosotros mismos. Mientras que amar a otros es el resultado del derramamiento del amor a nosotros mismos, el amor a uno mismo es el resultado natural de entregarse al amor de Dios. Las Escrituras dicen que cuando amamos a Dios estamos devolviendo Su amor hacia nosotros. Es aquí donde el amor se inflama y arde, dejando de ser amor por uno mismo para ser un amor desinteresado. Es en el amor desinteresado donde nos sentimos completamente bien con nosotros mismos. El amor propio poco a poco nos va consumiendo, hasta que llegamos al punto en que sólo pensamos en nosotros mismos. Es fácil cambiar de «Todo se trata de mí» a «Soy todo lo que necesito». Pero cuando concluimos que no necesitamos a nadie más que a nosotros, al final nos daremos cuenta de que estamos en un error. Cuando decidimos vivir una vida de egoísmo nos convertimos en una versión contemporánea de lo que los antiguos griegos llamaban un necio.

Ahora, me imagino que estoy navegando en aguas peligrosas a este punto. Salomón nos dijo: «Aunque majes al necio en un mortero entre granos de trigo majados con el pisón, no se apartará de él su necedad» (Proverbios 27:22). En otras palabras, si quiere vivir y morir como un tonto, nadie lo va a detener. De alguna manera la necedad se adentra en nuestro cuerpo y forma parte de nuestra personalidad. Me imagino que muchas diosas trataron de alejar a Narciso del estanque antes de que se ahogara en su propio reflejo. Pero si a pesar de la ayuda que le pueden llegar a dar sigue empeñado en el egoísmo, nada ni nadie lo podrá alejar de él.

Salomón también describe esta imagen: «Como perro que vuelve a su vómito, así es el necio que repite su necedad» (Proverbios 26:11). Encuentro esto realmente desagradable, pero admito que me ha pasado más de una vez. Y para que no seamos engreídos cuando miramos a los necios Salomón también nos avisa: «¿Has visto hombre sabio en su propia opinión? Más esperanza hay del necio que de él» (Proverbios 26:12).

Aparte de cualquier cosa que podamos deducir de estas verdades, debemos tomar en serio la necesidad de comenzar aplicándolas a nosotros mismos. Cada uno de nosotros debe apartarse de su reflejo en el estanque, o mejor dicho, debemos calmarnos y mirarnos en el espejo atentamente. Debemos aceptar el hecho de que el mundo no comienza ni termina con nosotros. Debemos reconocer que nuestra necesidad de ser amados y valorados fue puesta en nosotros por Dios, y que sólo Él puede satisfacernos de esa manera. Nuestras inseguridades y maldades nos han llevado a hacernos cargo de esta tarea.

Irónicamente, al llenar nuestras vidas con amor propio y egoísmo, no le dejamos lugar al amor que Dios nos proporciona. Cuando llenamos nuestras vidas con egoísmo y amor propio no solo nos volvemos indignos de ser amados, sino que también disminuimos nuestra capacidad de expresar el amor. Esta es la vida que lleva un necio. Pero si es como yo, llegará un momento en que se cansará de su necedad. Como un glotón sentado en un restaurante en el que puede comer gratis, aun la indulgencia hacia uno mismo puede llegar a ser enfermiza. Me he dado cuenta de que una vida como esta no vale la pena, no es digna. No necesito que mi vida se trate solo de mí. Pero estoy esperando desesperadamente algo lo suficientemente digno como para dedicarle toda mi vida.

UNA PRISIÓN CONSTRUIDA POR NOSOTROS MISMOS

Así que, ¿cómo nos libramos del estanque de los ahogados e iniciamos este viaje de transformación? ¿Cómo podemos ir de amar nuestro reflejo a reflejar al Dios que nos ha creado? Si nuestro último destino es el de ser una vez más la expresión fiel del Creador, ¿por dónde comenzamos?

En Filipenses 2:3-11 encontramos que Jesús nos muestra el camino:

> Nada hagáis por contienda o por vanagloria; antes bien con humildad, estimando cada uno a los demás como superiores a él mismo; no mirando cada uno por lo suyo propio, sino cada cual también por lo de los otros. Haya, pues, en vosotros este sentir que hubo también en Cristo Jesús, el cual, siendo en forma de Dios, no estimó el ser igual a Dios como cosa a que aferrarse, sino que se despojó a sí mismo, tomando forma de siervo, hecho semejante a los hombres; y estando en la condición de hombre, se humilló a sí mismo, haciéndose obediente hasta la muerte, y muerte de cruz. Por lo cual Dios también le exaltó hasta lo sumo, y le dio un nombre que es sobre todo nombre, para que en el

nombre de Jesús se doble toda rodilla de los que están en los cielos, y en la tierra, y debajo de la tierra; y toda lengua confiese que Jesucristo es el Señor, para gloria de Dios Padre.

Si bien el camino está lleno de promesas de todo lo que vendrá y todo lo que llegaremos a ser, nuestra búsqueda comienza por lo que debemos dejar atrás, por aquello de lo que debemos despojarnos. Se nos instruye a no hacer nada movidos por la ambición egoísta y la vanagloria. El viaje para convertirnos en la persona que Dios sueña requiere que nos apartemos de la vida llena de orgullo y codicia. Cuando vivimos la vida alimentados por esos motivos, nos resignamos a la vida de un necio. ¿Cuántas veces nos hemos rendido a nuestras motivaciones más bajas o a la ambición egoísta?

Es importante observar que la ambición por sí misma no es mala. En realidad, la Biblia jamás habla de la ambición en sí misma como algo negativo. La ambición es una motivación dada por Dios. Una de las grandes tragedias que sufren muchos de los seguidores de Cristo es la pérdida de la ambición una vez que llegan a la fe. Se convencen de que toda ambición personal es deshonra a Dios. He conocido a algunos que han ido tan lejos como para hacer sólo lo opuesto a lo que desean, porque estaban muy persuadidos de que toda pasión por lograr algo debía ser rechazada y vencida. Su razonamiento es: «No puede ser la voluntad de Dios si es lo que yo quiero hacer».

De algún modo han perdido de vista el aspecto más importante de la advertencia en contra del egoísmo. La ambición no es el problema: es de la ambición *egoísta* de lo que debemos librarnos... y hay mucha en todas partes. Irónicamente, hemos sido mejores para destruir la ambición que para destruir el egoísmo. No debería sorprendernos que la raíz del significado de la frase *ambición egoísta* sea la palabra *lucha*.

La ambición egoísta se manifiesta en la codicia. Es tomar para nosotros a expensas de otros. Todos vivimos en peligro de perdernos a causa de lo que deseamos. La mitad de los Diez Mandamientos se concentra en nuestra propensión a querer lo que otros tienen. El combustible de la ambición no es el problema; es el foco de la ambición lo que nos libera o nos traiciona. Estudiar medicina con el objeto de sanar es tan noble como es innoble hacerlo con el objeto de robar.

Casi toda empresa o profesión humana puede estar motivada por lo honorable o lo igualmente deshonroso.

La ambición egoísta nos hace como agujeros negros emocionales, relacionales y materiales, los cuales consumen todo lo que hay alrededor. Todo lo que tiene potencia para la luz es tragado por la oscuridad de nuestros corazones. Nuestra inclinación por el deseo, por el tomar y obtener, es una cosa cuando somos niños... pero es muy diferente cuando llegamos a la adultez. Como un padre que llega a casa luego de un largo viaje, naturalmente traduciría el «¿Qué me trajiste?» por «Te extrañé tanto que no podía esperar hasta abrazarte, papá».

Si bien la ambición egoísta podría describirse como egoísmo activo, la vanagloria, por otra parte, se ve motivada y alimentada por el egocentrismo. Si la ambición egoísta aspira a tomarlo todo para uno mismo, la vanagloria anhela hacer de todo un tributo a nuestra propia grandeza. En el peor de los casos, el orgullo nos mueve más allá de la autoadulación, a la autoadoración. Sin embargo, enlazado con el significado de la vanagloria, podríamos decir más precisamente que es una gloria vana, vacía.

Hay un sentido del orgullo saludable que debiera describirnos a todos —orgullo por nuestro trabajo, nuestras familias, nuestros hijos, por un sentido de logro— pero hay una naturaleza corruptora en nuestro orgullo. Si bien utilizamos los mismos términos para describir a una persona que puede sentirse orgullosa de sus logros que para una persona que es orgullosa, las diferencias entre ambas son profundas. Una vive una vida digna de atención, mientras la otra vive la vida buscando obtener atención.

Cuando nos mueve la vanagloria, nos convertimos en esclavos de la actuación. En nuestra desesperada búsqueda por obtener el elogio o la aprobación de los demás terminamos viviendo como actores poco auténticos. La tragedia del egocentrismo es que nuestro centro es esencialmente hueco. Nos convertimos en lo que pensamos que otros esperan que seamos. Renunciamos a ser la persona que Dios sueña y conoce para convertirnos en una persona creada por los caprichos de otros. El hombre arrogante es menos lo que es en verdad y más lo que resulta de la suma de las opiniones de los demás. La mujer perdida en la vanagloria pasa más tiempo con los cosméticos y es negligente con su espíritu.

La vanagloria es todo lo que viste nuestra desnudez. No importa cuántas luces brillantes encendamos para alumbrar nuestro camino, siempre estará la ausencia de la gloria que Dios anhela hacer brillar en nuestras vidas. Sólo la vida que se resiste a la ambición egoísta y a la vanagloria, y rechaza una vida definida por el orgullo y la codicia, puede librarse del estanque de los ahogados.

AHOGÁNDONOS EN EL ORGULLO Y LA CODICIA

No debiéramos subestimar la dificultad de esta empresa. Se podría pensar que es fácil mudarse de una vida llena de codicia y orgullo una vez decidida la mudanza. Sin embargo, tan pronto comenzamos a vivir vidas que nos llevan fuera del centro, encontramos que la atracción magnética de la vida egocéntrica es difícil de resistir, aun cuando reconozcamos que una vida de autoindulgencia, motivada por el egoísmo y el egocentrismo, no es otra cosa que la vida de un necio. A veces, cuando nos encontramos enredados y expuestos a causa de nuestra codicia y orgullo, con dolor nos damos cuenta de nuestra propia necedad. Como un estudiante universitario borracho que cree que ha sido genial con las mujeres, mientras todos los demás saben que estuvo actuando con un tonto desde antes de la hora del almuerzo, del mismo modo el necio se ve infinitamente más sabio, hasta que se ve obligado a ver su necedad.

Por eso es tan difícil que cambiemos hasta tanto veamos nuestra propia insensatez. Hasta que llegue ese momento, somos esencialmente incapaces de aprender. A fin de cuentas, nadie puede hacernos vivir una vida si no lo hacemos nosotros mismos. Nadie nos puede arrastrar por un camino, o convertirnos en algo que no queremos ser. Con respecto a nuestro carácter, no tenemos que cambiar solos. En realidad, no puede cambiar solo, pero sólo usted debe sentir el deseo de cambiar. Todas mis encuestas informales demuestran que todos luchamos contra algún aspecto del orgullo.

Todos necesitamos librarnos de la fuerza de gravedad que el mismo ejerce sobre nuestras vidas. El desafío de no hacer nada motivados por la vanagloria es realmente de proporciones épicas. Y esto es cierto también en lo que respecta a su tenebroso gemelo, la codicia.

Probablemente hayamos tenido unos catorce años cuando mi hermano Alex, nuestro vecino y yo iniciamos nuestra primera empresa: la Compañía Cortadora de Césped Correcaminos. Mientras otros niños cobraban dos, tres y hasta cinco dólares por jardín, nosotros teníamos una empresa de paisajes de gran envergadura. Ni siquiera pensábamos en aceptar un jardín que no representara un ingreso de dos cifras. Algunos de nuestros trabajos iban de dieciséis dólares a tres veces esta suma. Era mucho dinero para un niño de la secundaria en la década de 1970. Teníamos que dividir las ganancias al final del verano. Aun habiendo comprado el equipo, quedaban varios cientos de dólares para dividir entre los tres.

Todo iba perfectamente, hasta el último centavo. Había un centavo para dividir entre los tres. No era demasiado, hasta que nuestro tercer socio lo reclamó. Insistía en que era suyo por derecho. Honestamente, a Alex y a mí no nos había importado el centavo... hasta ese momento. Entonces el centavo se convirtió en algo de valor incalculable. Casi con comunicación psíquica, Alex y yo nos miramos, explicándole a nuestro enojado socio que como éramos dueños de dos tercios de la empresa el centavo sería nuestro. Nuestro antiguo socio salió contrariado hacia su casa.

Cuando mi madre oyó esta historia —y supongo que sería ella el equivalente a la junta de directores de la empresa— no se mostró muy feliz con Alex y conmigo. Expresó su desilusión y vergüenza porque habíamos peleado por un centavo. Nosotros, por supuesto, nos defendimos e insistimos que no era por el centavo; era un asunto de principios. Ella no se conformó, invocando una ley más alta... la ley de «harán lo que yo les diga, o si no...» Alex y yo, de mala gana, devolvimos el centavo e hicimos las paces con nuestro amigo de tantos años.

No debiera sorprendernos que la codicia y la pelea vayan juntas en las Escrituras. Mucho de lo que nos motiva en nuestros anhelos es aquello que otros tienen y nosotros no. En realidad, algunas cosas sólo tienen valor porque alguien más las quiere. Y cuantas más personas quieran la misma cosa, tanto más valiosa se hace. Aun al crecer y madurar seguimos siendo como niños de preescolar, donde todos quieren el juguete que otro tomó primero.

FUERA DE CONTROL

En este contexto en que se nos dice que no hagamos nada motivados por la vanagloria o la ambición egoísta podríamos preguntarnos: ¿cuánto de nuestras vidas está definido por motivos en realidad más importantes que estos? En un sistema solar en el que el centro es el sol, alrededor del que gira todo lo demás, el orgullo, la codicia y la necedad son nuestros planetas más grandes. Y en este escenario, la fuerza de gravedad que opera en los espacios oscuros intermedios es nuestra necesidad de control. Mientras vivimos para nosotros mismos y nuestras vidas giran en torno a nosotros, lucharemos por controlar todo lo que esté alrededor. Cuanto más orientados hacia nosotros mismos estemos, más controladores seremos. Todo lo que hay en nuestro universo debe funcionar del modo que decidamos nosotros.

Por desgracia, cuanto más intentemos controlar al mundo que nos rodea, tanto más quedará fuera de control. Hay cosas que simplemente no podemos controlar. Cuando Dios no forma parte de nuestras vidas tendemos a actuar como si *nosotros* fuéramos Dios. Esta es una razón importante por la que aquellos que viven vidas sin Dios intentan controlarlo todo.

En una reunión con el ex presidente Bill Clinton, me sorprendió una intrigante observación que hizo: «No creo que la gente quiera vivir vidas caóticas, perdidas». Todos buscamos algún modo de manejar el caos que nos rodea. Cuando estamos en la relación adecuada con Dios, confiamos todo a Su control, y podemos enfocar nuestras vidas en aquello por lo que se nos ha hecho responsables. Cuando lo hacemos, podemos dejar de preocuparnos por las cosas sobre las que no tenemos control.

Pero nuestra incesante necesidad de controlar es demasiado obvia, y a veces hasta graciosa.

En nuestro hogar, el término metafórico que utilizamos para esta disfunción es el control remoto. Con seguridad tenemos más controles remotos de los que nuestra tecnología nos permite usar. Tenemos canastos donde guardamos los controles remotos, para evitar buscar interminablemente el que necesitamos. Tenemos el control remoto del televisor, el de la video casetera, el del DVD y el del sonido Dolby... y por supuesto, el control remoto universal.

Hasta tenemos algunos otros, que ni siquiera sabemos para qué son. No podemos tirarlos a la basura, porque pensamos que podemos llegar a necesitarlos para encender o apagar algo. Ha habido momentos en que desesperadamente queremos cambiar de canal. Nos estamos perdiendo el comienzo de nuestro show favorito, y frenéticamente comenzamos a buscar el control remoto del televisor. Nos ponemos de mal humor, y acusamos a otros que lo han usado por última vez. Miramos bajo el sofá, detrás de la mesa... hasta en la cocina, en el dormitorio y, sí, lo confieso, en el refrigerador. Lo gracioso es que en medio del frenesí, nadie piensa en simplemente caminar hasta el aparato de televisión y cambiar el canal de forma manual.

Muchos de nosotros estamos dispuestos a sentir que estamos en control, en lugar de hacer las decisiones que genuinamente nos liberarían.

Y luego, hay más de cien opciones para nuestro placer visual. No sé si sucede esto en su casa, pero en la nuestra, cambiar de canales constantemente es como una adicción. Ya no es suficiente mirar un solo programa; hay que ver varios a la vez. Después de años de entrenamiento y habilidad para criticar programas, debiéramos poder ver tres, cuatro y hasta cinco programas al mismo tiempo. Pero al final, todo tiene que ver con el control. Todo el poder reside en quien tenga en su mano el control remoto. Hay momentos en que recurrimos a la fuerza para quitar de entre los dedos de otro este instrumento de infinitas posibilidades.

Nuestro hijo adolescente, Aaron, creció en total conexión con el control remoto. Aun cuando no le permitamos elegir los programas, quiere tener el instrumento en la mano, por si acaso. Ha habido ocasiones en que me he sentido un agente del FBI intentando quitarle un arma peligrosa, diciéndole: «Suéltalo, hijo. Dije que lo sueltes».

Hace poco decidí hacer un experimento de control, y le dije a Aaron que no podía tocar el selector de canales. No sólo eso, sino que además su hermana de diez años estaría ahora a cargo de esta peligrosa tecnología. Sé lo que está pensando: es demasiado poder en manos de una niña. Pero nuestra situación requería de una intervención radical. Los resultados fueron concluyentes. No se trataba de tener el televisor sintonizado en el canal que deseaban; se trataba de tener poder para controlar esa elección. ¿No es esto muy parecido a lo que sucede con nuestras vidas? Muchos de nosotros estamos dispuestos a sentir que estamos en control, en lugar de hacer las decisiones que genuinamente nos liberarían. Una de las cosas más extrañas en la vida de la codicia y el orgullo es que nos volvemos esclavos de la vergüenza y la culpa. Y mientras vivimos sin otro propósito que el de nosotros mimos, terminamos siendo controlados por los temores al rechazo y el fracaso. Es por eso que el camino que nos ofrece Jesús nos lleva a recorrer un viaje en dirección diametralmente opuesta a una vida de egoísmo.

LA GESTA DIVINA

Mientras luchamos por alcanzar la plenitud y permanecemos totalmente vacíos, Jesús se vació a sí mismo y vivió plenamente. Mientras gastamos energías protegiendo nuestros derechos personales y cuidándonos, Jesús, por el contrario, que en Su propia naturaleza era Dios, no pensó en igualarse a Él por derecho propio. Hizo de sí mismo nada. El viaje al que se nos invita no se parece a la vida de Narciso, sino a la de Jesús. Deberemos tomar una decisión importante en el cruce de caminos, y elegir cuál es el reflejo que adoraremos.

El misterioso autor del libro de Hebreos nos desafía: «Despojémonos de todo peso y del pecado que nos asedia, y corramos con paciencia la carrera que tenemos por delante, puestos los ojos en Jesús, el autor y consumador de la fe, el cual por el gozo puesto delante de él sufrió la cruz, menospreciando el oprobio, y se sentó a la diestra del trono de Dios» (12:1-2).

Este peregrinaje comienza cuando dejamos de mirarnos a nosotros mismos y fijamos la vista en Aquél que sufrió por nosotros. El camino no es fácil, pero es el correcto. Elegir otro camino quizá nos aliviane la carga, pero hará de nuestra vida una carga en sí misma a fin de cuentas. El escritor continúa alentándonos: «Considerad a aquel que sufrió tal contradicción de pecadores contra sí mismo, para que vuestro ánimo no se canse hasta desmayar» (v. 3).

La senda que Jesús recorrió no fue fácil. No había un camino de lozas amarillas para Él, ni soluciones dadas por el grande y poderoso mago de Oz. Así que lo que Jesús nos ofrece en este viaje de transformación no es un transitar fácil. No hay desvío que sirva para que escapemos de los verdaderos desafíos y de las dolorosas realidades de la vida. Lo que Jesús ofrece es un camino a la verdadera grandeza. Nos promete que si le seguimos, llegaremos a ser como Él al final de camino. En lugar de la seguridad y la comodidad nos promete aventura y riesgo. Y más importante que todo beneficio terrenal, como la riqueza y el éxito, nos asegura que nuestro mayor tesoro será la innegable realidad de Cristo en nosotros, la esperanza de gloria. Nos pregunta: «Porque ¿qué aprovechará al hombre, si ganare todo el mundo, y perdiere su alma? ¿O qué recompensa dará el hombre por su alma?» (Mateo 16:26).

Mientras luchamos por alcanzar la plenitud y permanecemos totalmente vacíos, Jesús se vació a sí mismo y vivió plenamente.

En este viaje nuestro progreso no se mide según los parámetros de este mundo, sino según la calidad de nuestro carácter. Este es un sendero hacia nuestro interior, con efectos hacia el exterior. No podemos seguir a Cristo y permanecer iguales. El viaje mismo nos cambiará para siempre... no sólo nuestras prioridades, sino nuestras pasiones. No altera sólo nuestra dirección, sino nuestros deseos. Transforma no sólo nuestras acciones, sino nuestros valores. Nos hace como Cristo, y diferentes de cualquier otro. Es nada menos que dejar lo falso por lo real. Hay un gran riesgo en abandonar lo artificial en la búsqueda de lo auténtico. Sin embargo, si jamás conocimos lo verdadero, es fácil entender por qué nos hipnotiza y fascina la mejor versión de la imitación.

A lo largo de los años nos hemos hecho muy amigos de una familia en Nueva Zelanda. Algunos de los miembros del clan Crawford cruzaron el océano hace poco para disfrutar de nuestro hogar aquí en Los Ángeles. Recuerdo cuando les llevé al centro de la ciudad de Disney. Ansioso, los conduje a uno de mis lugares favoritos, donde hay una cascada en miniatura que produce un sonido sedante en su recorrido sobre las rocas hacia un pequeño estanque. Debo admitir que me sentí un tanto desilusionado cuando Philip me dijo: «Ven a Nueva Zelanda, y te mostraremos lo que es una cascada de verdad». ¿Qué podía yo esperar de quienes viven en la maravillosa Nueva Zelanda?

Me percaté de que mi apreciación había sido formada por el contexto en el que vivo. En comparación con una ciudad de cemento, hasta la imitación de lo natural me admiraba. Desde su punto de vista ventajoso, aun la más hermosa expresión posible proveniente de las habilidosas manos del hombre era inadecuada en comparación con la majestuosidad de la obra de Dios.

Es extraño quizá, pero el único modo en que podemos descubrir lo que significa ser verdaderamente humano es volviéndonos a Dios. En todos nuestros esfuerzos, en lugar de confesar que hemos perdidos el camino, hemos trazado el curso de nuestras vidas hacia un punto de vista equivocado en cuanto a la grandeza. Hemos elegido construir fachadas, y sobre cimientos de arena, lo cual nos lleva siempre al punto de partida una vez más.

Jesús resume las opciones que tenemos:

Cualquiera, pues, que me oye estas palabras, y las hace, le compararé a un hombre prudente, que edificó su casa sobre la roca. Descendió lluvia, y vinieron ríos, y soplaron vientos, y golpearon contra aquella casa; y no cayó, porque estaba fundada sobre la roca. Pero cualquiera que me oye estas palabras y no las hace, le compararé a un hombre insensato, que edificó su casa sobre la arena; y descendió lluvia, y vinieron ríos, y soplaron vientos, y dieron con ímpetu contra aquella casa; y cayó, y fue grande su ruina (Mateo 7:24-27).

No es que el necio no sepa qué hacer; es que elige ignorar la voz de Dios. La persona que Dios considera sabia es aquella que no sólo oye Su voz, sino que inmediatamente actúa según lo que ha oído. En las siguientes páginas caminaremos por camino marcado con las pisadas de Jesús. El discípulo Juan lo presentó de este modo: «Pero el que guarda su palabra, en éste verdaderamente el amor de Dios se ha perfeccionado; por esto sabemos que estamos en él. El que dice que permanece en él, debe andar como él anduvo» (1 Juan 2: 5-6).

La persona que Dios considera sabia es aquella que no sólo oye Su voz, sino que inmediatamente actúa según lo que ha oído.

Este camino será experimentado en tres búsquedas que nacen de la tríada bíblica de la fe, el amor y la esperanza. Son el camino que nos libera del orgullo, la codicia y la necedad. En cada búsqueda, el resultado final no es sólo caminar como lo hizo Jesús, sino llegar a ser como Él. Y si la vida se encuentra al abandonarnos a nosotros mismos a Jesús, entonces comencemos con estas palabras, que resumen Su invitación a todos nosotros: «¡Ven, sígueme!»

matriz del carácter

HACIENDO DISCÍPULOS ÍNTEGROS A PARTIR DE PERSONAS QUEBRANTADAS

EDIFICANDO GRANDES VIDAS A PARTIR DE PEQUEÑOS COMIENZOS

3 - HUMILDAD

4 - INTEGRIDAD

5 - CORAJE

6 - GRATITUD

7 - PLENITUD

8 - GENEROSIDAD

9 - FIDELIDAD

10 - PERSEVERANCIA

11 - SABIDURÍA

*A*hora tiene ante usted un desafío. El destino que busca requiere que transite por un terreno traicionero. Este viaje le lleva por un sendero que le presenta tres búsquedas: una búsqueda del honor, una búsqueda de la nobleza, y una búsqueda de la iluminación. Nadie puede decirle por dónde empezar. Deberá elegir su curso. Comience por el lugar que su corazón elija como el camino hacia la libertad. La forma de su carácter será la forma de su futuro. Estos lugares del alma no pueden simplemente atravesarse; deben ser conquistados y liberados. Vaya primero adonde haya mayor capacidad de incitar un despertar: una revolución del alma.

Su compañero de viaje,

—ERM

LA BÚSQUEDA DEL HONOR
Humildad, Integridad y Coraje

LA BÚSQUEDA DE LA NOBLEZA
Gratitud, Plenitud y Generosidad

LA BÚSQUEDA DE LA ILUMINACIÓN
Fidelidad, Perseverancia y Sabiduría

EN BUSCA DEL HONOR

DESENTERRANDO EL CORAZÓN DEL GUERRERO

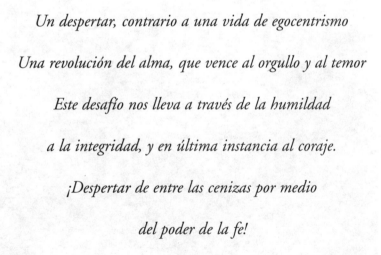

Un despertar, contrario a una vida de egocentrismo

Una revolución del alma, que vence al orgullo y al temor

Este desafío nos lleva a través de la humildad

a la integridad, y en última instancia al coraje.

¡Despertar de entre las cenizas por medio

del poder de la fe!

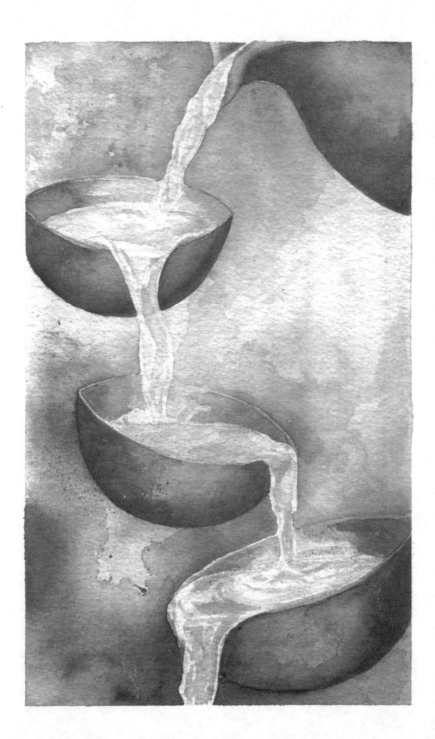

謙
遜

3

Ascender yendo hacia abajo

Había una vez una ciudad portuaria que fue invadida por piratas y filibusteros. Dondequiera que iban estos invasores había desastre y destrucción. Su presencia era como un imán para quienes amaban la violencia y las orgías. La única esperanza que tenía la ciudad era que solían saquearlo todo y retirarse al terminar. Por fortuna, para quienes vivimos en Los Ángeles, los *Raiders* [Saqueadores] se fueron luego a Oakland, llevándose consigo su infamia. A pesar de que luchaban contra su reputación de criminales y chicos malos, los fanáticos de los *Raiders* no le hicieron favor a su causa al incendiar todo, después de que su equipo perdiera en el partido de los *Tampa Bay Bucaneers* en la Supercopa XXXVII. La proporción en el número de arrestados fue de cincuenta a uno. Casi cien *Raiders* fueron arrestados, en tanto sólo dos fanáticos de los *Bucks* fueron a la cárcel.

En este domingo de la Supercopa en particular, los *Raiders* fueron humillados por los *Buccaneers* [Bucaneros]. Era como ver a un grupo de piratas saqueando y destruyendo lo que había robado otra clase de piratas. Parecía lógico que un equipo llamado Bucaneros le robara el campeonato a otro que se llamaba Saqueadores. A pesar de que la derrota de los *Raiders* no arregló del todo la situación, por cierto ayudó.

Me gustan los *Raiders*. Me he sentido tentado a alentar su juego. No es que no me sienta conmovido por las historias de algunos, como Rich Gannon, Jerry Rice y Tim Brown. Es sólo que me parece que todo lo que hay en ellos de admirable parece estar continuamente opacado por todo lo que no lo es. Pero al igual que Gandhi, que dijo que se convertiría al cristianismo si no fuera por los cristianos, se me hace difícil alinear mi postura con el lado oscuro de los *Raiders*. Algunos fanáticos son más revoltosos que otros. Hay una cierta arrogancia cultural en su entorno. Y si bien todos los fanáticos verdaderos son leales con intensidad, y un poco locos, hay otros que llevan su fanatismo al punto de la náusea, lo cual explica por qué su respuesta es más violenta. Cuanto más alto trepamos sobre el pedestal, tanto más violentamente caeremos cuando se nos quite la plataforma que pisamos.

La violencia es la arrogancia cuando no logra lo que se propone. Perder no es humillante si uno ya es humilde; si se es humilde, la derrota no es una humillación. La arrogancia siempre quiere salirse con la suya. Cuando no podemos ganar, intentamos lograrlo por la fuerza, o destruirlo para que nadie más pueda disfrutarlo. La derrota es una gran maestra, al igual que el fracaso. No es tanto lo que aprendemos sobre la actividad; sino lo que aprendemos acerca de nosotros mismos. Nada nos posiciona mejor para actuar con deshonor que el orgullo.

Es una ironía, pero cuanto más enfrascados estemos en nosotros mismos, tanto más propensos seremos a quedar como tontos. Y cuando estamos centrados en nosotros mismos no le damos la oportunidad a Dios de poner en nuestro interior aquellas cosas que más necesitamos. El orgullo llena el espacio que necesita ocupar la integridad. Cuando somos arrogantes podemos atacar con violencia, pero no viviremos vidas realmente valientes.

EL CORAJE DE LA HUMILDAD

En esta búsqueda descubriremos que el coraje es la fuerza del corazón, nacido de la integridad. Sin integridad jamás viviremos una vida verdaderamente de coraje. Entonces la pregunta es, ¿cómo crecemos en integridad? Una persona íntegra es una persona de verdad.

No podemos crecer en la integridad si no crecemos en la verdad. Y sin embargo, la verdad no es sólo lo que conforma la integridad, sino lo que la *informa*. Para que la verdad sea el combustible en nuestra búsqueda del honor, nuestros corazones deben estar en la posición adecuada. Sólo el corazón que desea aprender recibirá con gusto la verdad que se necesita en cada momento. Si no deseamos aprender no habrá transformación. Si no estamos dispuestos a escuchar somos incapaces de aprender. Es por eso que Jesús nos llama a ser discípulos y a que hagamos discípulos. Es el estudiante de la vida quien aprenderá cómo vivir. Y si bien la inteligencia, la disciplina, el enfoque y la determinación son elementos importantes en el proceso de aprendizaje, hay una característica que es esencial: la humildad. La integridad se forma en el corazón del humilde. Sin humildad ni siquiera podemos iniciarnos en esta gesta. La búsqueda del honor nos lleva al coraje por medio de la integridad, y a la integridad por medio de la humildad. No hay otro camino. Si nos negamos a humillarnos nos encontraremos —no importa cuán lejos viajemos— cayendo otra vez en el punto de partida. El orgullo no viene sólo antes de la caída, sino que su magnitud también afecta desde cuán alto caeremos.

Podemos llegar a ser muy exitosos siendo muy orgullosos. En realidad, algunas de las personas más exitosas del mundo podrían definirse como centradas en sí mismas. Con todo, parecería que la arrogancia facilita el éxito en lugar de impedirlo. Este es, por supuesto, el dilema. Si sus ambiciones personales se centran en la riqueza, el poder, el prestigio y el placer, es muy posible que el orgullo le guíe hacia su cometido. Si todas sus aspiraciones personales están desprovistas de virtudes divinas, entonces está recorriendo su propio camino hacia este destino final. Pero si aspira a la grandeza como la define Dios, la historia es totalmente diferente. Si aspira al tipo de grandeza que no sólo inspira admiración en los demás, sino que también lleva a una vida en la que hay amistades genuinas e intimidad verdadera, entonces únicamente el camino de la humildad será el que le llevará allí.

Sin embargo, incluso en un mundo sin Dios, los beneficios de la arrogancia han sido de corto plazo. Y aun cuando obtengamos gran éxito en esta vida, los logros alimentados por el orgullo duran poco, y no van más allá de sus narices. Si todo lo que le importa es usted mismo, entonces eso será todo lo que obtendrá. Esté preparado para vivir y morir en soledad. La humildad, por otro lado, es una de las característica humanas más atractivas y elusivas. Siempre nos atrae la humildad de otros, aunque no sea lo que busquemos para nosotros mismos. La humildad no sólo atrae a otros, sino también atrae a Dios.

LA HUMILDAD PARA LIDERAR

Hablando del liderazgo espiritual, Pedro nos instruye:

> Apacentad la grey de Dios que está entre vosotros, cuidando de ella, no por fuerza, sino voluntariamente; no por ganancia deshonesta, sino con ánimo pronto; no como teniendo señorío sobre los que están a vuestro cuidado, sino siendo ejemplos de la grey. Y cuando aparezca el Príncipe de los pastores, vosotros recibiréis la corona incorruptible de gloria. Igualmente, jóvenes, estad sujetos a los ancianos; y todos, sumisos unos a otros, revestíos de humildad; porque:
>
> *Dios resiste a los soberbios,*
> *Y da gracia a los humildes.*
>
> Humillaos, pues, bajo la poderosa mano de Dios, para que él os exalte cuando fuere tiempo; echando toda vuestra ansiedad sobre él, porque él tiene cuidado de vosotros. (1 Pedro 5:2-7, énfasis añadido)

Como líderes espirituales somos llamados a servir a quienes nos han sido confiados. El liderazgo en el reino de Dios siempre tiene que ver con crecer hacia abajo. Se nos llama a vestirnos con humildad. A relacionarnos con los demás de modo que el otro siempre esté por encima de nosotros. Imagine un mundo en donde todos compitan por servir mejor a los demás.

En Mosaic, quienes llegan por primera vez siempre preguntan: «Si debo tener como prioridad el servicio a los otros, ¿cómo podré cubrir mis propias necesidades?» En medio de este llamado a humillarnos a nosotros mismos y a servirnos los unos a los otros se nos indica: «Echa sobre Jehová tu carga» (Salmo 55:22). Es Él quien atiende con sumo cuidado nuestras necesidades. No tiene sentido que si nos pasamos la vida entregándonos a otros, descubramos al final del camino que no estamos vacíos, pero así es.

No sólo se nos llama a relacionarnos entre nosotros con humildad, sino también se nos recuerda que no hay manera más segura ni expeditiva de oponernos a Dios que por medio del orgullo. Dios no se opone al débil, al quebrantado, al pobre, al dolorido, ni aún al pecador. Pero sí se opone al arrogante. En realidad, Él es el abogado de todo aquel que pueda parecer el menos merecedor de Su gracia. Él da gracia a los humildes.

La humildad es el atributo más cercano a la honestidad. La humildad no requiere que nos despreciemos a nosotros mismos. No tiene que ver con subestimarnos, ni con tener una mala imagen de nosotros. La humildad tiene que ver con estar al tanto de quiénes somos. Es importante conocer nuestros talentos, nuestros dones, habilidades e intelecto, pero en relación con nuestra salud espiritual, es mucho más importante conocernos en el aspecto del carácter personal. Si nos vemos como somos, y nos aceptamos con toda honestidad, la humildad será el único resultado. Dios no nos está pidiendo que digamos mentiras acerca de nosotros mismos. Dios nos pide que nos miremos detenidamente al espejo y que nos veamos como realmente somos, y que después de eso, tengamos el coraje de pedir ayuda.

Nuestra humildad abre la puerta a la intervención de Dios. La palabra «humildad» tiene su origen en la palabra latina «humus», la cual significa tierra, polvo. «Humilde», en su etimología, significa inclinado hacia la tierra. La humildad nos acerca a nuestra humanidad. La Escrituras describen al orgulloso como quien está «inflado». El orgullo es la determinación de vernos más grandes de lo que somos. Cuando somos humildes tenemos los pies en la tierra. No malgastamos energías en fingir. El hombre humilde puede ser catalogado por el valor que muestra. Es irónico que la imagen de la humildad sea la de rebajarnos. La humildad no significa estar por debajo, en términos de servidumbre. Es en esta posición en la que Dios se deleita en revertir el orden. Cuando nos ponemos por debajo, Dios está ansioso por ponernos por encima. Sólo para el humilde hay promesa de Dios de ser exaltado. Sólo para el humilde dejará Dios un legado de grandeza.

Cuando el pueblo de Israel estaba cautivo en Egipto, Dios oyó su llanto y eligió a Moisés para que les liberara. Si bien sabemos por Esteban que Moisés era poderoso en palabra y acción, y educado en la sabiduría de los egipcios (Hechos 7:22), no era por esas razones que Dios le eligió. A veces hablamos de Dios como si Su único modo de usar a las personas fuera justamente *utilizarlas.* Pero Dios nos creó para que tengamos una relación, no sólo con otros, sino con Él. Dios nos disfruta. Y aunque nos llama a servirle, también nos llama a recibir Su amistad. Jesús no fue sólo el Salvador de los pecadores, sino además el Amigo de los pecadores. Y Moisés conversaba con Dios, cara a cara, como quien habla con un amigo (Éxodo 33:11).

Tendría sentido que si la intención final de Dios no es el uso utilitario de la humanidad, sino una comunión íntima con Sus hijos, él deseará y destinará que expresemos las virtudes que más admira. En Números 12:3, escrito por Moisés, Dios interpone un pensamiento sobre él: «Y aquel varón Moisés era muy manso, más que todos los hombres que había sobre la tierra».

Es aquí donde encontramos el criterio de Dios para haber seleccionado a Moisés. No se trata de que el resto no importara. Por cierto, Moisés tenía muchas cosas que se requerían para cumplir con esta extraordinaria tarea. Pero la característica definitoria de Moisés era su humildad. Sólo Dios podía saber que no había nadie más en toda la tierra que anduviera con mayor humildad.

UNA CAÍDA DESDE LOS LUGARES ELEVADOS

Nos parece difícil de creer, pero Dios no se impresiona tanto por el talento como por el carácter. Quizá no haya característica más importante para el corazón de Dios que la humildad. La humildad, la gratitud y la fidelidad son la tríada crítica que necesitamos para andar en los pasos de Jesús. Al igual que David, Moisés exhibió gran coraje al enfrentar una tremenda oposición. Al oponente de Moisés, el Faraón de Egipto, Dios le preguntó algo muy sencillo: «¿Hasta cuándo no querrás humillarte delante de mí?» (Éxodo 10:3).

El Faraón era exactamente lo que Moisés no era: arrogante ante Dios. Y al negarse a renunciar a su orgullo se convirtió en enemigo de Dios. Sin embargo, Moisés era exactamente lo que el Faraón no era. Al elegir el camino de la humildad, Moisés inició una divina odisea que marcaría por siempre a la historia de la humanidad. Cuando Dios llamó a Moisés, todo lo que este último pudo ver fue su falta de idoneidad. Cuando Dios le llamó a acercarse a Él, Moisés estaba conciente de que no era tan valioso como se requería. Cuando Dios le ordenó ir y lograr grandes cosas, Moisés se sintió sobrecogido por el temor, preguntándose cómo aun Dios podría lograr tanto por medio de él. Moisés carecía del coraje necesario a tal punto que le pidió a Dios que asignara la tarea a alguien más. Pero Dios sabía que la humildad que Moisés tenía en ese día alimentaría la integridad para los días por venir, y liberaría un coraje que Moisés no podía siquiera imaginar.

Hubo un tiempo anterior en su vida en que Moisés golpeó y mató a un hombre. Durante cuarenta años después de este trágico error vivió escondido en el desierto, marcado por su falla. Su acción no había sido falta de estrategia, sino falta de carácter. Le tomó cuatro décadas más a Moisés el convertirse en un hombre diferente. Mientras que una vez había estado definido por la sabiduría de Egipto, ahora se hallaba marcado por la sabiduría de Dios. Aprendió del modo más duro que el propósito de Dios debe siempre cumplirse en correspondencia con el carácter de Dios.

Cuando Kim y yo comenzamos a salir, nuestra relación era un tanto turbulenta. Algunas parejas jamás pelean cuando están noviando. Viven en un estado de permanente dicha premarital. Es más un sedante que otra cosa. Esto los lleva a transitar el camino al altar, suponiendo tontamente que siempre será de este modo. El mundo se pone cabeza abajo cuando aparece su primer conflicto real.

Kim y yo éramos todo lo contrario. Peleábamos todo el tiempo. Todo pronosticador emocional habría predicho que jamás habríamos llegado al día de la boda. Imagino que un buen consejero nos habría desalentado en cuanto a casarnos, preguntándose si en verdad lo lograríamos. En verdad, creo que todas esas peleas anteriores a nuestro matrimonio nos fueron de gran ayuda. Apenas discutimos durante los primeros dieciocho meses de casados. Y el hecho de que permanecimos juntos cuando en verdad no estábamos obligados a hacerlo hace que sea mucho más fácil seguir estando juntos ahora que vivimos bajo una alianza. Entendemos que todos tienen conflictos, y que eso también pasará. Recuerdo uno de nuestros primeros desacuerdos. No recuerdo en verdad el tema, pero sí el sentimiento. Por algún motivo no podíamos encontrar la salida a la pelea. Pasaron unos días, y estaba por viajar a Nueva Orleáns para asistir al *Mardi Gras*. Cada año iba a compartir la vida de Cristo con cualquiera que estuviera dispuesto a escuchar. Todo lo demás está nublado en mi memoria, pero la conversación que Kim y yo tuvimos antes de mi partida permanece conmigo. Me miró fijamente, inflamada por la furia, y espetó una serie de palabras que me hirieron sin piedad: «Estás tan lleno de orgullo». No podía creer que tuviera la audacia de decirme eso. En verdad me enojó. ¿Para qué estaba perdiendo el tiempo con esta mujer? Debía encontrar una novia que me apreciara de veras. Y entonces supe que debía casarme con ella. Es muy raro encontrar a alguien que nos diga la verdad. Tenía toda la razón del mundo en cuanto a quién era yo, y yo no quería ser así, pero al igual que un tigre en un pantano, no podía encontrar la salida. Cuanto más luchaba, tanto más parecía hundirme. Si está a punto de ahogarse, y tiene miedo, lo que hace es estirar el cuello tan alto como puede. No quería perder mi vida en la insignificancia, pero tampoco quería definir mi vida por medio de la arrogancia.

LA BÚSQUEDA EN HUMILDAD

¿Cómo vamos hacia la humildad sin perderla por el camino? Una vez que nos vemos como realmente somos sabremos cuánto debemos cambiar. La humildad comienza por el conocimiento de sí mismo, que debe estar seguido por el abandono de uno mismo. Recuerde el viejo dicho: «Si dices ser humilde es que no lo eres». ¿No es presuntuoso buscar la humildad? ¿Es un círculo vicioso sin comienzo ni fin? Si Dios da gracia al humilde, allí es donde quiero estar. Pero este camino no está ni bien pavimentado ni bien transitado. Lo que se me presenta con toda claridad es que aun en las instituciones religiosas que son expresión de la fe cristiana, el talento supera al carácter.

Por cierto, gran parte del conflicto que existe en las iglesias es el resultado de que hay personas que son más prominentes que otras debido a razones que no tienen que ver con el carácter. En lugar de educar líderes, las iglesias contratan basadas en un currículum. Nos prostituimos en nombre de Cristo. ¿No es esto exactamente lo que hacemos cuando se nos paga por nuestras habilidades, sin importar nuestro carácter? ¿Cuántas personas han sido utilizadas por sus talentos y luego descartadas a causa de su infidelidad? No debería sorprendernos que nuestros líderes caigan cuando nuestro criterio de elección no está de acuerdo a los parámetros de Cristo. Los líderes caídos son el reflejo de las faltas de las comunidades. Es fácil señalar al ofensor público y castigarlo con vergüenza y juicio. Pero es mucho más difícil vernos y reconocer que nuestros sistemas y valores pueden ser aún más corruptos que las personas a las que exaltamos en algún momento. Simplemente porque algo sea religioso no significa que sea espiritualmente admirable. Hay demasiada evidencia por ahí que nos muestra todo lo contrario.

Sin embargo, para todos los que genuinamente desean andar el camino de la humildad, aunque sea un camino rara vez recorrido, esto no significa que sea intransitado por completo. En realidad, aun si no lo hubiera recorrido nadie antes que nosotros, el camino está claramente marcado por las huellas de Dios. Esta es la compresión súbita más impactante que he tenido. Que Dios es más poderoso que todos nosotros, no fue difícil de descubrir. Que Dios en Su infinita sabiduría sabe más que todos nosotros, tampoco es difícil de ver. Pero que Dios, con todo Su poder, sabiduría y maravillas, es más humilde que cualquiera de nosotros, es algo que escapa a nuestra comprensión. La humildad de Dios quizá sea la virtud que menos vemos y menos apreciamos. No debiera sorprendernos que Dios nos llame a una vida de humildad, ni que nos encontremos con la guardia baja al descubrir que este fue el camino que Jesús eligió para sí mismo. En Filipenses 2:3 encontramos el plano para esta búsqueda que estamos por iniciar. Pablo nos muestra el recorrido cuando nos dice: «Nada hagáis por contienda o por vanagloria; antes bien con humildad, estimando cada uno a los demás como superiores a él mismo», y nos llama a la humildad recordándonos que Jesús «estando en la condición de hombre, se humilló a sí mismo, haciéndose obediente hasta la muerte, y muerte de cruz» (v. 8).

La postura que Pablo nos llama a adoptar es la que se refleja en la vida y la persona de Jesucristo. Si somos sinceros en nuestra búsqueda de la humildad, pero todavía nos falta encontrar el camino, sólo tenemos que andar detrás de Jesús de Nazaret, y nos encontraremos vestidos con la misma humildad que vistió Él. La humildad es una virtud que no es muy buscada por las personas, pero es esencial si vamos a ser restaurados a imagen y semejanza de Dios. La humildad de Cristo no debe ser vista como una experiencia nueva para Dios. Este no era el primer esfuerzo de Dios por la humildad. Dios en Su naturaleza es humilde. Se relaciona consigo mismo en humildad. El Padre glorifica al Hijo, el Hijo glorifica al Padre, y el Espíritu jamás busca la gloria para sí mismo, sino que siempre la da a los otros. Aun en su naturaleza como Trinidad, Dios es un modelo de humildad. Incluso con Su infinito poder, no utiliza ese poder para hacer alarde. Cuando le dijeron a Jesús que hiciera milagros para probar Su divinidad, se negó. Cuando sí hizo milagros fue para glorificar a Dios y para ayudar y sanar, no para impresionar a los escépticos.

LA HUMILDAD DE DIOS

Sin humildad, un Dios de infinito poder utilizaría Sus recursos para impresionar, no para transformar. Sin humildad, Dios no encontraría valor en nosotros, ni se preocuparía por nuestro bienestar. Asusta imaginar la creación de un Dios arrogante y egoísta. El lugar que Jesús eligió para sí mismo al nacer en la historia de la humanidad estaba en total acuerdo con su carácter. Vino en el anonimato a una familia humilde y de baja posición. Se sintió cómodo viviendo durante treinta años en la oscuridad, ganándose la vida como hijo de un carpintero. El trabajo duro no le era extraño. Los callos en sus manos no eran desagradables. El sudor de la labor física y la vida de un ciudadano común no le hicieron menos Dios; nos mostraron más de Dios.

Y aun en Su humildad, Su participación con la humanidad estableció nuevos parámetros. A pesar de que era en Su propia naturaleza Dios, estaba más que dispuesto a despojarse de Su realeza para vestirse con el vestido de la humanidad. No se guardó nada para sí en Su generosidad y sacrificio. Se redujo a sí mismo a la nada.

Si Dios no fuera humilde, seguramente habría elegido un camino diferente. Se podría argumentar que habría sido mucho más efectivo si hubiera llegado como un personaje de la realeza. Si Dios hubiera caminado como Rey, por cierto habría llamado la atención de forma mucho más poderosa que al haberlo hecho como siervo. ¿No se habrían tomado más en serio sus palabras si hubiera poseído todos los tesoros de la tierra u ostentado todo el poder del mundo, poniendo a todo rey y a todo príncipe bajo Su autoridad? ¿No se estaba arriesgando a que no le prestaran atención al elegir una expresión de Su divinidad tan por debajo de Su poder? ¿Cómo podía esperar que le reconocieran como Dios si eligió mostrarse como una persona tan común?

Pero si Él hubiera venido bajo cualquier otra forma, habría afirmado todas nuestras suposiciones equivocadas acerca de lo que Dios es en verdad. Si hubiera venido con poder y realeza, riqueza y prestigio, habría estado dando su aprobación a todas las cosas por las que sentimos lujuria. Si hubiera elegido el camino que apuntaba a los más grandes tesoros de los hombres, nos habría apartado del camino de Dios. Jesús tenía que venir en humildad para no descarriarnos a nosotros. Nos habríamos convencido de que los oscuros anhelos de nuestros corazones estaban de acuerdo con el corazón de Dios.

Dios vino en humildad porque Dios *es* humilde. Nos llama a ser humildes para que seamos un reflejo de la divinidad. Dios ama y atesora lo que es manso y afecto a servir. Dios ni siquiera habría pensado en venir como hombre si no fuera por Su humildad. Si le preocupaba Su reputación, ¿por qué se rebajaría de ese modo? Fue capaz de despojarse de todo, no por Su bien, sino por el nuestro. Su humildad se expresó no sólo a través de la integridad, sino a través del coraje. Se humilló a sí mismo, y obedeció hasta la muerte... muerte de cruz. En medio de su dolor, en el huerto de Getsemaní, cuando clamó a Su Padre preguntando si había algún otro modo, su postura siguió siendo: «No se haga mi voluntad, sino la tuya».

Proverbios 11:2 nos recuerda que la sabiduría viene sólo con la humildad. La humildad produce obediencia a la voz de Dios, no sólo cuando trae bendición y prosperidad, sino también cuando trae dificultades y sufrimientos. La humildad de Cristo le llevó a la cruz. Su muerte fue una entrega de sí mismo para que pudiéramos llenarnos nosotros.

El libro de Proverbios también nos dice que la humildad viene antes del honor (15:33). Y así fue también con Jesús. Pablo dice: «Por lo cual Dios también le exaltó hasta lo sumo, y le dio un nombre que es sobre todo nombre, para que en el nombre de Jesús se doble toda rodilla de los que están en los cielos, y en la tierra, y debajo de la tierra; y toda lengua confiese que Jesucristo es el Señor, para gloria de Dios Padre» (Filipenses 2:9-11). Jesús recibió el mayor honor porque fue el más humilde. Ha sido exaltado al más alto lugar, un lugar sólo para Él, porque estuvo dispuesto a bajar hasta lo más bajo. Jesús ilumina el camino a un sendero que ha sido olvidado ya hace mucho tiempo. No es fácil ver el honor oculto detrás de la humildad. Este viaje desafía violentamente la intuición. Cuando luchamos por trepar, no nos damos cuenta de cuán bajo podemos caer. ¿Es posible que el camino que desciende nos lleve a las más altas cimas? Como en un viaje a través de un antiguo portal, debemos ir en contra de nuestro instinto natural, y confiar en el camino que nos llevará hacia arriba, descendiendo.

Uno de mis músicos favoritos en mi amigo Joby Harris, que escribe canciones de adoración específicamente para nuestra comunidad en Mosaic. En una canción que se llama «Vivo para ti» dice:

> *Padre, oye mi alabanza*
> *No hay lugar conocido*
> *Lo suficiente bajo como para*
> *Que pueda reverenciarte como debo.*

Estos son sentimientos de humildad. La humildad nos trae ante Dios, no por obligación, sino por gratitud. La humildad no exige nada de Dios, y ni siquiera piensa en reclamar derecho o posición alguna. Cuando nos humillamos, elegimos el lugar de menor honor, y permitimos que Dios nos llame a cumplir con cualquier servicio que Él elija para nosotros.

La humildad comienza por vaciarnos de nosotros mismos para poder recibir de Dios todo lo que necesitamos para el viaje. Jesús tuvo que despojarse a sí mismo de Sus atributos divinos mientras mantenía sus virtudes divinas, y nosotros debemos despojarnos de nuestra ambición egoísta y vanagloria. Somos llamados a descargar y dejar atrás todo lo que tenga que ver con el egocentrismo.

UNA BÚSQUEDA VACÍA

Era el Día de Acción de Gracias de 1976, y estaba probándome como empleado de un aserradero. Estábamos trabajando al pie de las colinas de Virginia, derrumbando enormes árboles que estaban a disposición de quien quisiera limpiar el terreno. Era un novato rodeado de veteranos. Para mí era sólo otro trabajo más, el cual me daría algo de dinero, permitiéndome trabajar al aire libre. El plan era trabajar toda la mañana y llegar a casa a tiempo para cenar con nuestras familias.

Era un día frío y húmedo. La temperatura era muy baja, casi a punto de congelamiento, por lo que en lugar de nieve teníamos lluvia. Todo iba bien, y progresábamos según lo esperado. Al final de día, comenzamos a prepararnos para ir a casa. Subimos a los camiones y regresamos a Carolina del Norte, de donde habíamos venido.

No nos tomó demasiado tiempo darnos cuenta de que no iríamos a ninguna parte. El peso inmenso de los árboles había hundido a los camiones en el barro. Las ruedas giraban en falso. No importaba cuánto lo intentáramos, nuestros esfuerzos eran en vano. Después de poner en práctica varias teorías, desde balancear los camiones hasta poner madera debajo de las ruedas y todo lo demás que se nos ocurriera, nos dimos cuenta de que estábamos atascados allí. Tendríamos que descargar todos los árboles y dejarlos atrás. Y aún así, no sabíamos si podríamos mover los camiones.

Pasamos el resto de la tarde descargando los troncos. Eran pesados cuando los habíamos cargado, pero pesaban más ahora. Hay una adrenalina que fluye cuando el trabajo es productivo. Pero no existe cuando los esfuerzos son improductivos. Teníamos la esperanza de salvar al menos parte de nuestro producto, pero esto tampoco fue posible. Debimos dejarlo todo. Por fin nos contentamos con al menos poder salir del lugar. La cena de Acción de Gracias fue una pizza. También el momento marcó mi retiro de la actividad maderera.

No le encontraba sentido al hecho de trabajar todo el día para lograr algo y luego tener que trabajar el doble para librarnos de ello.

Y sin embargo, es la misma locura que muchos vivimos día tras día en nuestras vidas. Damos nuestras vidas para ganar el mundo, y cuando descubrimos que estamos atascados en el barro y no podemos volver a casa, aprendemos demasiado tarde que el único modo de desatascarnos será despojarnos de todo y comenzar de nuevo. La humildad comienza por vaciarnos *de nosotros mismos*. Es llegar ante Dios sin agenda, sin reservas. Si nos relacionamos con Dios por medio de negociaciones, es que todavía no hemos encontrado el camino de la humildad. Si nuestra pregunta todavía es: «¿Con cuánto me quedaré?», o «¿Cuánto tengo que dejar?», todavía estamos junto al estanque de Narciso. La búsqueda del honor comienza por la humildad que nos deja vacíos. Y no es un vacío que nos deja huecos, sino una humildad que nos hace capaces de aprender. Hay mucho que descartar si vamos a iniciar esta gesta tan única. Debemos volvernos nada para recibir todo lo que Dios anhela darnos. La humildad nos llama no sólo a vaciarnos de nosotros mismos, sino también a sujetar nuestras vidas a Aquel que es el más humilde de todos.

SUMISIÓN DE LA FUERZA

En uno de nuestros viajes a Japón dedicamos un tiempo a visitar el antiguo castillo de Shogun. Una de las características más inusuales de este hogar tan fuertemente custodiado es el modo en que han construido la muralla exterior. Las puertas están a una altura de unos treinta centímetros del suelo, y para una persona de estatura promedio, son al menos sesenta centímetros más bajas de lo normal. Para entrar a la casa de Shogun hay que bajar la cabeza y pasar por la puerta con ella por delante. En otras palabras, para ser admitido en el hogar de este maestro guerrero hay que exponer la cabeza a su espada. Esta era la expresión física y visceral de la sumisión. Uno ponía su vida en manos de la persona en cuyo hogar entraba. Ningún enemigo se pondría en posición tan vulnerable.

La sumisión venía antes de la admisión, y la admisión era necesaria para la comunión. Esto es igual en nuestra relación con Dios. No podemos entrar en una relación genuina con Dios si no vamos ante Él en humildad. Todo seguidor de Jesucristo ha caminado en humildad al menos una vez. Puede haberse recuperado rápidamente, pero el arrepentimiento requiere de humildad. No sólo debemos venir ante Dios en humildad, sino vivir toda nuestra vida en humildad. La manera más práctica de expresar la humildad es mediante la sumisión. El orgulloso no se someterá ante nadie. El humilde siempre se someterá ante lo que es bueno y verdadero. Jesús se sometió ante Su Padre, aun cuando esto le llevó a la cruz. Somos llamados a hacer lo mismo. Debemos someter nuestras vidas a la persona de Jesucristo, ponernos en Sus manos. Si vamos a vivir donde vive Dios, debemos ser como es Él. Dios es santo y Su santidad elige vivir entre los humildes. Esto es tanto el destino como el viaje, y quizá, de manera más evidente, es también el punto de entrada.

Isaías escribe respecto a este mismo tema: «Allanad, allanad; barred el camino, quitad los tropiezos del camino de mi pueblo. Porque así dijo el Alto y Sublime, el que habita la eternidad, y cuyo nombre es el Santo: Yo habito en la altura y la santidad, y con el quebrantado y humilde de espíritu, para hacer vivir el espíritu de los humildes, y para vivificar el corazón de los quebrantados» (57:14-15).

Cuando nos sometemos a Dios, ponemos nuestras vidas a disposición de Su misión. Por supuesto, esto es siempre más fácil cuando estamos de acuerdo con Dios, y mucho más difícil cuando no lo estamos. No podemos suponer que estamos viviendo una vida de genuina sumisión a Dios simplemente porque hacemos lo que Dios dice cuando estamos de acuerdo. La verdadera prueba de sumisión está en cumplir su voluntad cuando no estamos de acuerdo, cuando no nos gusta lo que Dios ha dicho porque va en contra de nuestros intereses o deseos personales. Si encontramos que no estamos dispuestos a someternos a la verdad en esos casos, entonces vivimos por la verdad no porque estamos de acuerdo con Dios, sino porque Dios está de acuerdo con nosotros.

ELEVACIÓN DEL PARÁMETRO

Cuando llegué por primera vez a Mosaic era un visitante más. No tenía intención de llegar a ser el pastor de esta comunidad de fe.

Habíamos estado allí durante casi un año cuando aceptamos la invitación de la iglesia para reemplazar al anterior pastor, que había estado con ellos durante veinticuatro años.

La iglesia organizaba un retiro de liderazgo una vez al año, y todos los que habían aceptado cierto nivel de responsabilidad se reunían y planificaban para el futuro. Era obligatoria la asistencia al retiro, y por lo que había oído, no era negociable. Los estatutos indicaban claramente que todo líder que no asistiera sería removido de su puesto. Nunca me gustaron mucho las reglas y políticas, y siempre intento mantenerlas al mínimo. Pero si existen, me comprometo a cumplirlas. Mi punto de vista es que no debiera haber reglas que no estamos dispuestos a implementar o respaldar. Por eso, cuantas menos reglas, mejor. Pero como yo era nuevo, intentaba ser cauteloso y respetar todos los procedimientos habituales.

La reunión comenzó y yo asumí mi nuevo rol, anunciando informalmente que me gustaba mucho ver a todos los líderes allí y recordándoles que los líderes que no estuvieran presentes serían removidos, pero que podrían volver a presentarse al año siguiente. Esto no era gran cosa. Sólo supuse que estaban todos. No conocía bien la historia, por lo que estaba seguro que esto era una reestructuración anual en la iglesia.

Casi inmediatamente después de que bajé del púlpito uno de los miembros del personal se me acercó con cara de pánico y me preguntó qué creía estar haciendo. Confundido, le pregunté qué quería decir con eso. Me explicó que jamás removían a los líderes que no asistían. Le recordé que eso estaba escrito en el reglamento. Me corrigió, aclarando que era algo que se decía nada más, pero no se cumplía.

Menos mal que aparentemente no había causado daño alguno, hasta el domingo por la mañana, cuando recibí una llamada telefónica inesperada. Era uno de los ancianos de la iglesia. Le habían elegido hacía poco, y había estado sirviendo durante el mismo tiempo que yo, pero era un miembro antiguo de la iglesia. Había llegado a los setenta y durante casi una década su mentor personal había sido el antiguo pastor, que seguía en la junta de ancianos.

El llamado comenzó con: «Pastor, tenemos un problema». Comenzó a explicarme enseguida que él no había estado en el retiro de líderes. Su esposa sí había asistido, y le había llamado para informarle que ya no era uno de los ancianos.

Sentí el corazón en la garganta, y el estómago hecho un nudo. No podía creer que había hecho esto. Jamás habría desplazado a un anciano de manera tan displicente si lo hubiera sabido. Hacer algo como esto no sólo mostraba insensibilidad hacia el individuo, sino era en realidad un mal liderazgo.

Rápidamente busqué la forma de controlar el daño. Y dije:

—Rick, estoy seguro de que tenía una buena razón para no estar allí.

—No. Sólo es que decidí no ir —respondió.

—Bueno, seguramente tenía alguna buena razón. ¿Un asunto familiar? ¿De trabajo? —pregunté.

—No. Fui a ver un partido.

Quería gritarle: «¡Sígame el juego, hombre!», pero era inútil. Debí aceptar su renuncia por teléfono.

Rick Yamamoto es sinceramente uno de los hombres más humildes que haya tenido el privilegio de conocer. No lo conocía bien, pero esta experiencia produjo un gran avance en nuestra relación. Después de renunciar, me preguntó qué podía hacer para reparar su error de criterio. Estaba dispuesto a ver todas las cintas grabadas, e insistía en presentarse ante la congregación para pedir perdón. Desde su punto de vista, había deshonrado mi liderazgo como nuevo pastor, y no había cumplido con sus compromisos.

El siguiente miércoles invité a Rick durante el servicio a que subiera al podio para hablar con la congregación. Comenzó a hablar con tal contrición que se produjo un silencio total en el edificio. Habló en términos de fracaso, pecado y arrepentimiento. Sus palabras estaban cargadas con el peso de la tragedia del fracaso moral. A medida que hablaba, observé que la congregación se apresuraba a juzgar. La conclusión natural era que Rick había renunciado a su mayorazgo como resultado de una violación importante. Imagino que se les figuraba el adulterio o la estafa.

Luego de expresar la profundidad de su pena, explicó que había sido negligente con respecto a su responsabilidad de estar presente en el retiro de líderes. Se podía respirar entonces la sensación de alivio en el aire. Al mismo tiempo, la sinceridad de la humildad de

Rick y su determinación de someterse ante la autoridad establecieron un nivel de respeto por el liderazgo espiritual nunca antes visto. Rick no era solamente uno de nuestros ancianos, sino también un exitoso hombre de negocios que dirigía una compañía de inversiones de dos mil millones de dólares. En su falta de arrogancia, la textura de su humildad le hizo no sólo valioso, sino también espiritualmente sumiso. Era la prueba viviente de que las personas de gran poder pueden vivir en sumisión.

Inmediatamente después de ofrecer su renuncia Rick bajó del podio, ante el silencio de la congregación. Entonces tomé su lugar en el estrado y le agradecí a Rick por su humildad y por su disposición a someterse a la autoridad. Luego le pregunté a la congregación si no era exactamente este tipo de personas las que queríamos tener como ancianos. E inmediatamente lo reinstauré en su puesto. En medio de la aclamación, instantáneamente pusimos de vuelta a Rick en su posición de liderazgo espiritual. Rick sigue siendo uno de los ancianos en Mosaic en el día de hoy, y es uno de mis amigos y compañeros de ministerio más cercanos.

La sumisión no tiene que ver con la falta de poder, sino con la mansedumbre. Ser manso es tener la fuerza bajo control. Como el centurión romano (Mateo 8:5-13), Rick era un hombre de autoridad y sometido a la autoridad. Se requiere de fuerza de carácter para poder estar bajo una autoridad, y aun así, ejercer la propia. Ambas posiciones representan un desafío, ambas ponen a prueba nuestro carácter. No se nos puede confiar autoridad sobre otros si no estamos dispuestos a someternos a la autoridad de alguien más. Esa es una razón por la que los niños a quienes no se les enseña a honrar y someterse a sus padres son luego adultos tan difíciles. La humildad nos da la movilidad para adaptarnos al contexto que sea. Cuando somos arrogantes, nos volvemos duros, con un corazón endurecido.

En Sudamérica, la llama sirve como metáfora cultural del orgullo. Para mantener acorraladas a las llamas ni siquiera hace falta un cerco. Sólo hace falta demarcar el corral con una soga. Al poner la soga a una altura por debajo de sus cabezas, y por encima de la base del cuello, las llamas permanecen en su corral. En lugar de pasar por debajo de la soga, las llamas permanecen erectas, pero cautivas.

O se niegan, o son físicamente incapaces de doblar el cuello, por lo que se consideran un símbolo de la arrogancia.

Los orgullosos no bajan sus cabezas ni hincan la rodilla. Mantienen sus cabezas en alto y permanecen prisioneros del lugar en el que están, aunque estén a sólo unos centímetros de la libertad. ¡Qué trágico será, si jamás hemos inclinado nuestros corazones ante Jesucristo en esta vida, cuando reconozcamos cuán cerca estaban la libertad y la vida! La promesa que Dios nos da es: «Riquezas, honra y vida son la remuneración de la humildad y del temor de Jehová» (Proverbios 22:4).

UNA BÚSQUEDA HUMILDE

Aquí es donde comienza la búsqueda del honor. En la Biblia jamás se nos llama a orar pidiendo humildad; se nos ordena ser humildes. Hay algunas cosas que Dios hace y otras cosas que Él nos exige. La humildad es un atributo divino, que se ubica sobre nuestros hombros para elegir este camino. Si nos negamos a humillarnos y Dios debe actuar en lugar de hacerlo nosotros, esto es más que humillarnos, es humillante. Las Escrituras nos advierten: «La soberbia del hombre le abate; pero al humilde de espíritu sustenta la honra» (Proverbios 22:4).

Cuando elegimos el camino bajo, no hay dónde caer, y el único rumbo posible es hacia arriba. Si nos encontramos sobrecogidos por el sentimiento de que somos demasiado buenos o de que estamos por encima de esto, debemos recordar que Dios no camina por encima de donde estamos nosotros. Para mantener nuestra perspectiva se nos invita a tomar la actitud de Cristo. La palabra actitud se refiere a nuestra posición. En lenguaje bíblico, comprende nuestra disposición, nuestros sentimientos y nuestra postura física.

Las emociones que sentimos se relacionan con nuestro físico. Cruzamos los brazos cuando estamos renuentes a algo; caminamos con andar cansino cuando estamos desalentados; se nos dice que mantengamos la cabeza en alto cuando nos falta inspiración. No debe sorprendernos que la expresión espiritual, como lo es la oración o la adoración, sean experiencias emotivas y también físicas. Nuestra actitud hacia Dios a menudo se expresa en posturas como arrodillarnos, alzar las manos y hasta postrarnos ante Él.

Cuando elegimos la actitud de Cristo nuestras vidas se afirman. La actitud de Cristo nos hace más humildes y también nos inspira. No hay circunstancia por difícil que sea que nos venza. No hay fracaso, por devastador que parezca, que sea permanente ni que pueda derrotarnos. Del mismo modo en que se conforma nuestra perspectiva en el contexto de la gratitud, expresando cómo caemos desde la codicia hasta llegar al agradecimiento, nuestra actitud toma forma en el contexto de la humildad.

Ni la perspectiva ni la actitud se forman en el vacío. Son expresiones de realidades más profundas que están dentro de nosotros. Cuando alguien tiene un problema de actitud, lo que en verdad tiene es un problema de arrogancia. Una mala actitud se evidencia en la falta de humanidad. La actitud es un monitor que refleja con exactitud nuestra posición en el espectro que va del orgullo a la humildad. Por esto dos personas pueden vivir una misma experiencia y responder de maneras tan diferentes. Esta es la razón por la que necesitamos a veces reajustar nuestra actitud. La humildad es el remedio quiropráctico para dar flexibilidad a los cuellos rígidos que no pueden doblarse ni inclinarse.

A través de Jesús vemos que el poder de Dios se libera para lograr Su mayor bien cuando estamos dispuestos a caminar en humildad. La búsqueda del honor no es aquella en la que buscamos la humildad para obtener grandeza, sino donde buscamos la grandeza de la humildad. El objetivo no es saber si uno es humilde, sino vivir como siervo para dar la vida por el bien de otros, sin que importe nuestro beneficio o consecuencia personal.

¿Estaría dispuesto a dar su vida si nadie jamás se enterara de cuál es su nombre? Si el anonimato fuera la paga que debiera pagar por hacer algo importante, ¿sería un precio demasiado alto? Vivir una vida de coraje no es garantía de prestigio o adulación, pero hay libertad en la humildad. No importa ya lo que piensen o digan los demás. Sólo importa si vive y muere cumpliendo la misión para la cual nació.

Salomón observó una vez la paradoja de un hombre que logró grandes cosas sin que se llegara a conocer su nombre. «[Había] una pequeña ciudad, y pocos hombres en ella; y viene contra ella un gran rey, y la asedia y levanta contra ella grandes baluartes; y se halla en ella un hombre pobre, sabio, el cual libra a la ciudad con su sabiduría; y nadie se acordaba de aquel hombre pobre» (Eclesiastés 9:14-15).

La oscuridad jamás le ha impedido a Dios lograr grandes cosas. Nuestra pobreza jamás le ha limitado, y nuestra posición jamás ha sido importante para Su gloria y ventaja. Nuestra reputación no es más que un detalle. Sólo nuestro orgullo puede dejarnos vacíos, y sólo cuando nos vaciamos es que podemos comenzar el viaje. Esta es la búsqueda del honor

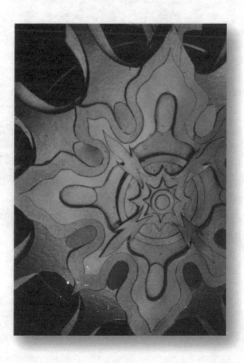

i
n
t
e
g
r
i
d
a
d

4

Un cambio de adentro hacia afuera

No habían transcurrido cinco minutos de nuestro vuelo de Dubai a Nueva Delhi cuando recibimos la noticia de que debíamos volver. Los Emiratos Árabes Unidos eran sólo una escala en nuestro viaje por Pakistán, India y luego Asia. La azafata nos preparó para lo que sería un giro abrupto, asegurándonos al mismo tiempo que estaríamos a salvo. Era algo desconcertante el hecho de que mientras ella nos explicaba tranquilamente la razón de nuestro regreso, el piloto interrumpió por el intercomunicador y nos dio una explicación totalmente distinta. ¿Eran problemas meteorológicos, técnicos o algo más? Nunca lo sabríamos. Sólo sabríamos que en este vuelo deberíamos despegar dos veces para poder salir de Dubai.

En ese momento sabía que había algo que no nos decían... pero no estaba seguro de querer saberlo. Como no había otra opción, confié en la tripulación de vuelo, pero el hecho de que dijeran dos cosas diferentes le daba cierta incertidumbre a esta confianza. Es más fácil confiar en alguien que demuestra coherencia. Si bien estoy seguro de que deseaban tranquilizarnos, lo que lograron fue poner en juego su integridad.

En vuelo, o con los pies en tierra firme, este principio es el mismo: no podemos decir dos cosas al mismo tiempo y esperar que confíen en nosotros. O quizá, más gráficamente, no podemos decir una cosa y hacer otra, y aun así considerarnos íntegros. La integridad es el contexto en el que se forma el coraje. La integridad, como la plenitud, es un subproducto de nuestra integración espiritual. La palabra *integridad* tiene como raíz la palabra *entero*, que significa completo, indivisible... en otras palabras, un todo. Si un avión carece de integridad, se desintegra. Si su turbina carece de integridad, no se puede terminar el vuelo. Si el capitán y su tripulación carecen de integridad, no puede uno esperar llegar a destino.

Cada uno de estos principios se aplica a nosotros cuando nos hallamos volando en nuestra búsqueda del honor. Cuando se trata de nuestro éxito o fracaso en esta empresa, al final, no tendrá nada que ver la turbulencia exterior. Si bien algunos descubren que sus viajes son tranquilos, hay otros que pasan por una gran turbulencia. En ambos casos la presión exterior y la condición de los vientos pueden hacer quizá que el viaje sea un desafío mayor, pero no pueden impedir que lleguemos a destino. El viaje depende íntegramente de la integridad del vehículo y su piloto... lo que significa, por supuesto, de usted y de mí.

El ARTÍCULO ORIGINAL Y GENUINO

En estos tiempos en nuestra cultura le asignamos un gran valor a la autenticidad, pero no estamos demasiado preocupados por la integridad. Esto se ve influenciado por un desprecio por lo fingido y un anhelo por todo lo que es real. En principio, con todo gusto doy la bienvenida al cambio, excepto cuando la autenticidad se convierte en tema de una novela romántica. Cuando buscamos la autenticidad, debemos tomar en cuenta seriamente la pecaminosidad y el quebranto del corazón humano. Si ser auténtico significa ser quienes somos realmente, o expresar lo que realmente sentimos, entonces votaré a favor de la hipocresía. Nuestras prisiones están llenas de hombres y mujeres que actuaron siguiendo sus sentimientos e impulsos. Si la autenticidad significa ser fieles a sí mismos, estos individuos debieran ser nuestros modelos de inspiración.

No queremos pensar en ello, y por cierto, no queremos reconocer que es verdad, pero a veces lo que hay en realidad dentro de nosotros es más feo y más oscuro de lo que los demás ven. Si el sentimiento sincero de alguien hacia mí es el odio, y lo que más querría esta persona es matarme, espero que elija el camino de la hipocresía. Quisiera que el individuo que es un ladrón de corazón no robara, aun si en verdad quiere hacerlo. Desearía que el que está convencido de estar enamorado de una mujer que no es su esposa, no obedezca lo que su corazón le indica, y se niegue a tener un romance extramatrimonial.

Nuestra afirmación de compromiso por la autenticidad puede en verdad ser una fachada para la autoindulgencia. Si no tenemos cuidado, auténtico será la nueva palabra para arrogante. Mientras uno sea sincero consigo mismo, diciendo lo que siente, sacándolo afuera, ¿cómo puede alguien hacernos daño alguno? Esta perspectiva nos libera de toda consideración por los sentimientos de los demás. He visto demasiadas situaciones en las que una persona comprometida a ser sincera y real insulta a todos los que lo rodean, lastimando e hiriendo a sus compañeros de equipo. Su brújula ética le indicaba hacer lo que sentía. La autenticidad puede hacernos creer que tenemos toda la razón, y entonces nuestro abuso se ve justificado. ¿Está bien hacer algo porque queremos, decir algo porque lo sentimos?

La autenticidad puede hacernos creer que tenemos toda la razón, y entonces nuestro abuso se ve justificado.

Si nos comprometemos a ser artículos originales y genuinos, será mejor que miremos primero de qué material estamos hechos. La autenticidad sin integridad es letal. Ser auténticos cuando nuestros corazones son negros y corrosivos es equivalente a abrir la caja de Pandora. Por mucho que despreciemos las reglas de la sociedad, debemos reconocer que la mejor solución para la humanidad sin Dios es la de establecer leyes que limiten o al menos intentes restringir el mal que acecha dentro de nosotros.

Más allá de esto, hay otro obstáculo que nos impide ser verdaderamente auténticos. Ser auténticos significa literalmente que no somos copias ni falsos, que reflejamos el original, que somos genuinos en cuanto a la intención del creador. Cuando algo está autenticado uno puede establecer que es producción genuina del autor. La belleza de la obra es el reflejo de la imaginación del artista. Y si bien una copia podrá duplicar la imagen, no tendrá el mismo valor del original. Sólo la obra creada por la mano del artista califica como auténtica. No servirán las réplicas.

Nuestra separación de Dios ha hecho de nosotros no sólo ecos, sino imitaciones, ya no somos reflejos del Creador, sino réplicas de una copia pobre y de mala calidad. Aunque nacimos de un molde diseñado a la imagen del Dios Creador, el modelo se rompió y la reproducción es defectuosa. Somos copias clásicas. Para el ojo poco avezado pasamos por auténticos. Hasta podemos engañarnos a nosotros mismos. Pero la evidencia de que no somos auténticos podrá verse en nuestra separación del carácter de Dios. Nos hemos vuelto copias al carbón unos de otros y en la peor manera. En lugar de ser el amor, el perdón y la compasión los temas de la humanidad, nuestros temas más comunes son justamente aquellas cosas que decimos despreciar. No necesitamos enseñarnos a robar los unos a los otros; naturalmente lo sabemos. Nuestra historia está llena de violencia y traición, pobreza y gula, guerra y apatía. El corazón humano se ha desviado hacia el propio ser. Necesitamos enseñar a nuestros niños los valores que son admirables, porque ellos no los aceptan por naturaleza.

El primer y más importante paso en el proceso de convertirnos en artículos originales y auténticos es ser autenticados por el diseñador. Esto es parte del lado divino del proceso de cambio humano. Dios desea darnos a cada uno de nosotros un nuevo corazón, un corazón que le refleje a Él, no sólo en la acción sino también en el deseo. Las Escrituras hablan de esta transformación como de una metamorfosis. Nos transformamos literalmente en nuevas creaciones; no en un tipo diferente de criaturas, sino en un tipo diferente de humanidad.

AUTENTICADOS

La transformación divina que Dios busca en nosotros no es ni más ni menos que hacernos verdaderamente humanos. Lo que significa ser humano se ha vuelto tan foráneo a nosotros, y la intención original de Dios tan remota, que sentimos que es una nueva manera de ser humanos. Es una realidad; es volver a lo auténtico. Dios literalmente nos da vuelta de adentro hacia fuera. Cuando se abre la caja, encontramos que Dios ha transformado el contenido. Hay consonancia entre nuestras acciones y nuestros deseos. El modo en que vivimos se vuelve la genuina expresión de aquello que nos importa. Ya no somos guiados por leyes, sino por valores.

Aunque la religión opera para restringir nuestras acciones desde el exterior y hacia adentro, Dios siempre opera desde el interior y hacia fuera. Sólo puede durar un cambio que sea de este tipo, porque su poder proviene no sólo del Espíritu de Dios, sino de nuestro deseo de convertirnos en la persona que Dios sueña que seamos. Nuestra motivación ya no es lo que los demás piensen de nosotros, y ni siquiera las consecuencias de nuestras acciones, sino nuestro anhelo por reflejar la imagen de Dios. Simplemente queremos ser una persona diferente.

Es en este estado en el que nos convertimos en personas de integridad. Es más que «lo que se ve». La integridad no es sólo quién somos, sino quién buscamos llegar a ser. Cuando tenemos integridad no necesitamos fingir. Conocemos muy bien nuestras debilidades y defectos. La integridad no es ser perfecto, sino no ser falso. Cuando vemos a una persona íntegra podemos saber exactamente qué hay dentro de ella. La persona es transparente. Se le ve el corazón, y se percibe la luz que emana de su interior.

Todo lo que Dios crea tiene integridad. El cosmos entero es una obra de integridad. Nuestro sistema solar no podría sostenerse sin integridad. Todo lo que Dios crea está en perfecta relación consigo mismo y con su entorno. En realidad, las Escrituras nos dicen que hoy el cosmos carece de integridad y clama por su redención. Sin embargo, la elegante organización del universo aún refleja maravillosamente la integridad de Dios.

Cuando Dios crea algo le pone dentro la esencia de la verdad. Lo damos por sentado en nuestra vida cotidiana. Esperamos inhalar y que el aire tenga el equilibrio de gases que requiere nuestro organismo. Jamás pensamos dos veces en el fenomenal líquido que fluye por las laderas de las montañas y que forma los ríos, llevando una composición que no sólo calma nuestra sed, sino que además nos mantiene vivos.

Los frutos son también un sutil recordatorio de la integridad de Dios. ¿Ha ido alguna vez a comprar bananas? Si es así, lo que compró son cáscaras de banana; nunca supo lo que había dentro. Sólo vio la cáscara. Y sin embargo, cada vez que pelaba una, dentro había una banana. ¿Se sorprende cada vez que lo hace? ¿Hay un proceso de anticipación y deleite cuando elegimos una banana y la pelamos lentamente para ver qué encontramos? No, lo damos por sentado. Sabemos exactamente lo que habrá dentro.

Si alguna vez compró sandías, nuevamente tiene ahí una situación interesante. Usted gasta el dinero que tanto le cuesta ganar para comprar una cáscara de sandía. ¿Alguna vez ha controlado que esté jugosa y madura? ¿Cómo verifica lo que compra? La golpea con los nudillos. Si la cáscara suena a hueco, entonces compra la sandía. ¿Y estas acciones son las de seres racionales e instruidos? ¿No debiéramos pelar todas las bananas para asegurarnos de que no nos estafan al pagar con nuestro dinero? ¿Qué pasa si compra una sandía y cuando llega a casa encuentra que está vacía? ¿Cómo logrará recuperar su dinero? ¿Qué le dirá al vendedor? «La golpeé, sonó a hueco, y cuando llegué a casa en verdad estaba hueca. Quiero que me devuelvan mi dinero».

Puedo decir con toda seguridad que esto jamás sucederá por una razón sencilla: todo lo que Dios crea tiene integridad. Si nosotros hubiéramos fabricado la sandía, sí podría estar vacía. Después de todo, decimos que vendemos automóviles y en verdad lo que pasamos de mano en mano son cascajos. No nos dediquemos a fabricar fruta, por favor. ¿Qué hay de usted? Si alguien lo pelara y le quitara la cáscara ¿qué encontraría? ¿Se asustaría?

Una vida integrada

Con la integridad viene la integración. Alineamos lo que otros ven con lo que vamos siendo. Y lo que es más importante, alineamos lo que somos en verdad con lo que es Dios. Cuando Jesús oró por Sus discípulos, para que fueran uno como Él y el Padre son uno (Juan 17), el tema central de Su oración era la unidad. Si bien la unidad entre nosotros fue obviamente el resultado directo de la unidad por la que oró Jesús, estoy convencido de que este era Su propósito secundario, no el primario. La unidad de la que Él habló en primera instancia tenía que ver con nuestra comunión *con Dios*. Y esto es esencial porque sólo en unidad con Dios es que encontramos plenitud e integración.

Dios creó todo para que estuviera en relación adecuada con Él. Dios es la fuente de todo lo bueno. Es bueno que todo y todos estemos en relación con Él. Como Dios busca nuestro bien, debe buscar nuestra reconciliación con Él. Fuimos creados y diseñados para ser uno con Él. Cuando somos uno con Dios encontramos la plenitud y la integridad. La integridad nace de una relación con Dios y fluye hacia nuestra relación con los demás. La integridad es la personificación de la verdad. Cuando construimos nuestras vidas sobre la verdad y vivimos según lo que sabemos que es verdad, comenzamos a vivir desde dentro hacia fuera. Hasta los enemigos de Jesús eran capaces de identificar esta característica en la persona que tanto despreciaban.

Marcos describe un encuentro con los fariseos y herodianos, los cuales intentaron atrapar a Jesús con Sus propias palabras, para encontrar así algo de qué acusarle. «Viniendo ellos, le dijeron: Maestro, sabemos que eres hombre veraz, y que no te cuidas de nadie; porque no miras la apariencia de los hombres, sino que con verdad enseñas el camino de Dios. ¿Es lícito dar tributo a César, o no? ¿Daremos, o no daremos?» (Marcos 12:14).

Aun cuando sus palabras estaban llenas de hipocresía, la observación de ellos era exacta. Como persona de integridad, Jesús no cedió Sus valores. Tanto si la persona era rica o pobre, oprimida o poderosa, famosa o anónima, Jesús se relacionará con ella de la misma manera. No cambiaba Sus convicciones basándose en la posición o en Sus sentimientos hacia la gente. Aún quienes lo odiaban sabían que Él era la misma persona con todos los que conocía, sin importar el contexto. Sus acciones estaban informadas en la verdad, y como tales, siempre eran acciones íntegras.

Cuando carecemos de integridad podemos alterar nuestras decisiones basándonos en quién es el otro, o aún en cómo nos sentimos con respecto a los demás. Si admiramos a alguien o aspiramos a que esa persona nos tenga en estima, la carencia de integridad hará que nos conformemos a lo que creemos que esa persona quiere que seamos. Jesús tenía una sola cara. Cuando les mostramos a diferentes personas distintos aspectos de nosotros, al final nos convertimos en personas de dos caras. Cuando carecemos de integridad somos muchas personas a la vez, dependiendo de las circunstancias. Subdividimos nuestras vidas y justificamos nuestros sistemas de valores diferentes basado en el contexto. Nuestro carácter es un producto a vender. Somos vendedores de personalidad en lugar de personas con sustancia.

Una vez Kim estaba pensando en comprar un automóvil rojo. Me sorprendió el modo en que el vendedor comenzó a contarnos su historia de cómo su esposa al principio no estaba muy conforme con el auto rojo que él le había comprado, pero que al día siguiente estaba muy contenta. Kim, con su modo tan peculiar, le miró y dijo: «Si pensara comprar un auto azul, ¿habría sido azul el auto que a su esposa terminó gustándole?»

Jesús era siempre la misma persona, y eso es exactamente lo que Dios pide y espera de nosotros. Este mismo tipo de integridad debe formarse en nosotros y dar forma a nuestras vidas. Como sucede con Jesús, la integridad se muestra mejor en el contexto de la oposición o aun la persecución.

Podemos aparentar que tenemos integridad cuando en realidad todo lo que hacemos es adaptarnos. Si una decisión encuentra la más mínima oposición y es una que tiene que ver con la integridad, podríamos convencernos de que en verdad estamos definidos por esta característica. Es cuando nos enfrentamos con el momento de la verdad que probamos nuestra integridad y comprobamos si es genuina o no.

En los tres años de ministerio de Jesús Su entorno se hizo cada vez más hostil, y cada una de las decisiones de integridad que se le presentaban aumentaban en grado. Que Jesús caminó en integridad en todo momento, aún cuando le costó Su vida, fue la prueba acabada de quién era Él. Cuando la integridad nos define respondemos con coraje moral. El coraje es la más alta prueba de la integridad. La integridad nos da el coraje de caminar en la verdad, aun cuando signifique caminar hacia la boca del dragón.

Salomón nos dice que el impío escapa cuando nadie le persigue; pero que el recto es valiente como un león (Proverbios 28:1). Cuando carecemos de integridad, vivimos con temor. Y si bien el temor puede manifestarse de modos diferentes es fundamentalmente el temor a que nos descubran, a que alguien sepa quiénes somos en verdad. Cuando caminamos en la rectitud y el amor hacia lo que es bueno, cuando vivimos vidas de integridad, no tenemos nada que temer.

Salomón también nos dice: «El que camina en integridad anda confiado; mas el que pervierte sus caminos será quebrantado» (Proverbios 10:9). Mark Twain señaló: «Si uno dice la verdad no necesita recordar nada». Pero por supuesto, si uno es mentiroso, necesitará tener muy buena memoria. Cuando decimos la verdad, eso es todo lo que necesitamos recordad. Si vivimos en el engaño, tendremos demasiadas caras y mentiras que llevar en un registro.

EL CORAJE DE LA INTEGRIDAD

Al crecer en integridad, crecemos en coraje para vivir vidas de convicción. La integridad también reduce la cantidad de opciones a considerar. Sólo las acciones que reflejan el carácter de Dios son opciones elegibles. La integridad nos da la fuerza de buscar y preservar el bien. Y si bien nos limita a las acciones verdaderas y buenas, también aumenta nuestra capacidad para vivir y actuar de modo heroico y genuino.

Una de las personas que mejor personifica el coraje en la historia de la Biblia es David, hijo de Isaí. David entra en escena en dos situaciones diferentes. Primero, cuando Samuel buscaba un heredero para el trono de Saúl, y fue a ver a la familia de Isaí en Belén para ungir a uno de sus hijos como rey. Uno de los hijos de Isaí, Eliab, estaba ante Samuel, pero Dios le dijo: «No mires a su parecer, ni a lo grande de su estatura, porque yo lo desecho; porque Jehová no mira lo que mira el hombre; pues el hombre mira lo que está delante de sus ojos, pero Jehová mira el corazón» (1 Samuel 16:7). Uno por uno los siete hijos mayores de Isaí pasaron ante Samuel. Dios los rechazo a todos. Al final, Él eligió al más joven de todos, a David, el joven pastor que hasta su padre pasaba por alto. El criterio era lo que

David llevaba en su corazón, no la fuerza de su personalidad ni la calidad de su estatura física o sus capacidades.

La segunda situación por la que David es quizá más conocido es cuando se enfrentó a Goliat. No se suponía que David estuviera allí. Era demasiado joven como para ser soldado. Mientras sus hermanos peleaban en la guerra, él se quedó cuidando las ovejas. Por cierto, no era porque no quisiera estar luchando. Se le describe yendo y viniendo de las líneas de batalla donde estaba Saúl con su ejército al rebaño de su padre en Belén.

En una ocasión David llegó para entregar comida a los soldados y queso al comandante. Estando allí, oyó que un aguerrido gigante conocido por el nombre de Goliat acosaba a los ejércitos de Israel. Goliat era enorme en tamaño, y hasta el más valiente de los soldados del ejército de Dios temblaba al oír su nombre. Cada vez que se acercaba, desafiándoles con burlas sobre ellos y sobre el nombre del Señor, los hombres de Israel escapaban corriendo, sobrecogidos por el miedo.

Aquí David estuvo a la altura de las circunstancias y estableció su legado. De un momento a otro se convirtió de pastor en guerrero... al menos eso es lo que se muestra en la historia. Cuando ofreció sus servicios a Saúl, él le preguntó si David podría enfrentar el desafío. La respuesta de David fue un resumen de su actividad como pastor:

> Tu siervo era pastor de las ovejas de su padre; y cuando venía un león, o un oso, y tomaba algún cordero de la manada, salía yo tras él, y lo hería, y lo libraba de su boca; y si se levantaba contra mí, yo le echaba mano de la quijada, y lo hería y lo mataba. Fuese león, fuese oso, tu siervo lo mataba; y este filisteo incircunciso será como uno de ellos, porque ha provocado al ejército del Dios viviente. Añadió David: Jehová, que me ha librado de las garras del león y de las garras del oso, él también me librará de la mano de este filisteo. Y dijo Saúl a David: Ve, y Jehová esté contigo (1 Samuel 17:34-37).

En David encontramos, no un momento de inspiración, sino un patrón de integridad. Lo que estaba dispuesto a intentar no era más que una dimensión mayor de lo que ya había vivido. ¿Quién le habría culpado si un león o un oso se hubieran comido a una de sus ovejas? Nadie esperaría que David se enfrentara a las feroces bestias para arrancarles las ovejas de entre las fauces. Pero David estaba dispuesto a cumplir con sus responsabilidades al punto de atacar a un león y arriesgar su vida por los corderos que tenía a su cuidado.

Asaf, un contemporáneo de David, escribe lo siguiente acerca del rey pastor-guerrero: «[Dios] Eligió a David su siervo, y lo tomó de las majadas de las ovejas; de tras las paridas lo trajo, para que apacentase a Jacob su pueblo, y a Israel su heredad. Y los apacentó conforme a la integridad de su corazón, los pastoreó con la pericia de sus manos» (Salmo 78:70-72).

El coraje para enfrentar a leones, osos y gigantes era la consecuencia natural de la integridad de su corazón. El coraje es la cara de la integridad cuando se enfrenta a las fuerzas de las tinieblas y la maldad. Sin integridad carecemos del coraje necesario para enfrentar nuestros desafíos más grandes, mantenernos en curso y continuar en nuestra búsqueda del honor. Fue a causa de su integridad que David mereció la confianza de Dios para dirigir a Su pueblo. Sí, les guió con «la pericia de sus manos», pero no era esta capacidad la que le hacía calificar para el liderazgo espiritual. ¿Cuán a menudo ponemos más énfasis en el desarrollo de nuestras capacidades que en el desarrollo de nuestro carácter?

A menudo, cuando oímos la palabra *pastor*, pensamos en alguien cuya característica primordial es la de cuidar y alimentar. Para David ser pastor significaba algo totalmente diferente. Un pastor era alguien con coraje, dispuesto a arriesgar hasta su propia vida. David, aun cuando estaba solo cuidando a las ovejas, respondía con el coraje que nace de la integridad. La integridad de su corazón para guiar al pueblo de Dios se vio en su espíritu guerrero. David pasó la prueba entre protegerse a sí mismo o brindar protección a otros. Podría haber justificado muy fácilmente una acción egoísta diciendo que su vida valía más que la de una oveja. Pero no se trataba del valor de una oveja. No, para nada. Se trataba del valor de su palabra. Hacer menos que esto habría sido para David señal de menor valía como hombre. Se le había confiado la responsabilidad, y él iba a cumplir.

La seriedad con que tomó su responsabilidad como pastor fue el mejor indicador de cómo respondería si se le confiaba la responsabilidad de guiar al pueblo de Dios.

UN CORAZÓN FORMADO POR DIOS

La integridad nos mueve a intervenir en favor de los indefensos. Un corazón con integridad no puede mantenerse impávido cuando tenemos la posibilidad de ayudar. La integridad no sólo produce un corazón lleno de coraje, sino que nos libera de la apatía y la pasividad. La integridad no es sólo mantener nuestras manos limpias. Hay ocasiones en que se trata de ensuciarnos las manos. La integridad no sólo se aparta del camino del mal, sino que nos mueve con toda determinación hacia el camino del bien.

Quizá el mejor resumen de la integridad es decir que el corazón de Dios está unido al corazón del hombre. Los latidos de Dios laten dentro de nuestros corazones. Su sangre fluye por nuestras venas. Lo que da placer a Dios, también nos lo da a nosotros. Lo que enoja a Dios, nos enoja también. La integridad no puede quedarse sin actuar al ver al débil oprimido por el malvado. Al igual que David, nos hacemos fuertes, no para juzgar a los que tienen miedo, sino para liberarlos de su miedo.

Cuando Nehemías estaba reconstruyendo las murallas de Jerusalén, tenía la difícil tarea de elegir líderes confiables para que dirigieran el proyecto. En su diario nos da una definición perfecta de lo que es un líder: «Mandé a mi hermano Hanani, y a Hananías, jefe de la fortaleza de Jerusalén (porque éste era varón de verdad y temeroso de Dios, más que muchos)» (Nehemías 7:2).

Nehemías establece una correlación entre la integridad y el temor de Dios. Nuevamente, esto está en correspondencia con el desarrollo del coraje. Cuando uno teme a Dios, no le teme a nada más. Cuando tememos a Dios, nuestro temor se ve absorbido en Su infinita compasión e incondicional amor. Estamos libres de todos los temores que acechan nuestros corazones, y sólo tememos a Dios. Este temor apropiado, esta reverencia, entiende que nada hay que temer cuando nuestros corazones están alineados con el Dios que nos creó para vivir todo lo que es bueno.

El temor a Dios nos vincula con todo lo que es verdadero y bueno, y transforma la motivación más profunda de nuestro corazón para que se convierta en amor. Al crecer en integridad, crecemos en confiabilidad. La integridad no sólo nos hace más confiables, sino también provoca que a los demás les sea más fácil confiar en nosotros. Cuando vivimos desde dentro hacia fuera, los demás saben quiénes somos y pueden depositar su confianza en nuestra influencia y liderazgo.

Hace años tenía un automóvil con más de 150,000 kilómetros recorridos. Siempre había funcionado perfectamente, y jamás había tenido problemas mecánicos. Se le veía ya un tanto viejo, por lo que imaginé que valía la pena gastar algún dinero en restaurarlo. Lo envié a pintar y quedó como nuevo. Pero un año más tarde se descompuso y nunca volvió a funcionar. Había mejorado el exterior, ignorando los problemas en su interior.

La integridad repara el motor, aun cuando la pintura esté descascarada. Cuando se cuida el motor, uno puede confiar en que el auto nos llevará donde queramos ir. Un buen trabajo de pintura sólo promete que nos veremos bien cuando se descomponga el automóvil en medio del camino.

Hay una razón por la que depositamos nuestra confianza en las personas que tienen integridad. La integridad o su falta tienen que ver con el modo en que utilizamos el poder. Cuando pensamos que alguien tiene integridad, y luego somos víctimas del abuso de su poder, nos sentimos desilusionados, y hasta víctimas de esa persona. La percepción de la integridad nos lleva a poner más confianza en una persona de lo que merecía.

Este tipo de situaciones, en las que el carácter de alguien se tergiversa según nuestra percepción, nos lleva a una falsa conclusión de la relación entre el poder, la autoridad y el carácter. Hay un dicho que reza: «El poder absoluto corrompe absolutamente». Si bien esto puede parecer muy cierto, es totalmente falso. Sólo hay uno que ha conocido el poder absoluto, y es Dios. Sin embargo, Él es el único que jamás abusó de Su poder. Esto es exactamente lo que nos separa a nosotros de Dios. Él es verdaderamente diferente de lo que somos nosotros sin Él. En realidad, encontramos que Dios hace exactamente lo opuesto de lo que haríamos nosotros si tuviéramos poder ilimitado.

Juan 13:3 dice que Jesús sabía «que el Padre le había dado todas las cosas en las manos, y que había salido de Dios, y a Dios iba». Jesús renunció a Su omnipotencia para caminar entre nosotros, y fue en ese punto en que todo el poder que tenía reservado le fue restaurado. Podía hacer lo que quisiera. Nada lo detendría. Sin embargo, lo que comprobamos es que la motivación que dirigía Su poder determinaba el modo en que el poder era utilizado. Dos versículos antes Juan dice: «Como había amado a los suyos que estaban en el mundo, los amó hasta el fin» (Juan 13:1).

El resultado final del poder absoluto motivado por el amor puro no era la tiranía, sino el servicio. El primer acto de Jesús después de saber que le había sido dado el poder bajo Su autoridad fue tomar una toalla, enrollarla alrededor de Su cintura, y lavar los pies de Sus discípulos.

El poder absoluto

no corrompe;

revela.

En Jesús, el poder absoluto no corrompió, porque jamás lo hace. El poder absoluto no corrompe; revela. Jesús es prueba de esto. Nuestra hostilidad hacia Él sería más que suficiente para justificar Su represalia, y aun sufriendo en la cruz, se negó a utilizar Su poder para hacer otra cosa que no fuera el bien. En contraste, ¿cuántos de nosotros nos hemos visto impedidos de herir a alguien simplemente porque nos faltaba el poder? Si el poder absoluto corrompe absolutamente, ¿no sería la indefensión absoluta la clave a toda virtud? La corrupción no tiene que ver con el poder; tiene que ver con la pasión. El poder nos permite dar rienda suelta a nuestras pasiones. Lo que está oculto cuando no tenemos poder sale a la luz una vez que lo tenemos. El poder absoluto muestra a la persona como es en verdad. El poder y la autoridad que Jesús tenía no le hicieron cambiar, sino que permitieron que le viéramos en su forma más pura. La razón por la que pareciera que el poder corrompe es que el mismo magnifica lo que está oculto dentro de nosotros. Podemos aparentar tener integridad cuando en realidad lo que sucede es que no tenemos poder. No es un acto de integridad tratar bien o con justicia a alguien porque le tememos, o porque sentimos que no podemos hacer otra cosa. No podemos decir que alguien es «moral» sólo porque se ve impedido de dar

rienda suelta a sus más profundos deseos. De otro modo Hannibal
Lecter sería considerado la más perfecta expresión de moralidad,
simplemente porque estaba restringido por su chaleco de fuerza. No
es moral porque *no pueda* comernos. La verdadera moralidad en este
caso residiría en que *ya no quisiera* que fuéramos su cena.

NUESTRA MARCA DEFINITORIA

El carácter no es conformidad. Y tampoco es uniformidad. El carácter es la marca que define quiénes somos cuando se llega al fondo, al
centro mismo. Cuando nuestro carácter se define por la integridad
se nos puede confiar el poder. El poder no se convierte en un agente
corrosivo, sino en energía creativa. Cuando nos falta integridad, utilizamos el poder para controlar. Cuando lideramos con integridad,
utilizamos el poder para bendecir. El poder menos la integridad da
como resultado la voluntad de tener poder. El poder más la integridad da como resultado la voluntad de dar poder a otros. La condición y profundidad de nuestra integridad determina el modo en que
utilizamos la autoridad cuando nos es confiada.

En Mateo 28:28, Jesús les dice a sus
discípulos: «Toda potestad me es dada en el
cielo y en la tierra». No sé qué tipo de pro-
moción haya recibido recientemente, o
cuánta autoridad le haya sido confiada,
pero sí sé que en comparación con esto ha
de ser equivalente a muy poco. El modo en
que Jesús utilizó Su autoridad fue una
extensión de Su uso del poder. Con Su
poder, sirvió; con Su autoridad, autorizó;
con Su lugar de autoridad, eligió no con-
servar el poder, sino repartirlo. Después de

Cuando nos falta
integridad, utilizamos el
poder para controlar.
Cuando lideramos con
integridad, utilizamos el
poder para bendecir.

declarar que toda la autoridad en el cielo y en la tierra era suya les
comisionó lo siguiente: «Por tanto, id, y haced discípulos a todas las
naciones, bautizándolos en el nombre del Padre, y del Hijo, y del
Espíritu Santo; enseñándoles que guarden todas las cosas que os he
mandado; y he aquí yo estoy con vosotros todos los días, hasta el fin
del mundo» (Mateo 28:19-20).

En lugar de acaparar Su poder, Jesús lo libera. Para él, ni el amor ni el poder son mercancías limitadas. No hay escasez de amor ni de poder, y no hay necesidad de guardarlos bajo llave. Al igual que lo que sucede con el amor, la naturaleza del poder se expande cuando se da, cuando se reparte. Cuando tememos perder el poder es que ya ha comenzado a debilitarse. Cuando vemos el poder como un regalo que recibimos para el beneficio de otros, entonces hemos aprendido el verdadero secreto: el poder puede controlarnos o puede ser controlado por nosotros.

Cuando sentimos anhelo de poder, somos sus esclavos. Cuando vivimos para otros, somos poderosos siervos de Dios. Sólo a quienes quieren vivir para servir les puede Dios confiar Su poder. Pareciera que hacemos lo contrario. Oramos por el poder de Dios, mientras dudamos sobre si le serviremos con nuestras vidas. Pero el poder de Dios, sin el corazón de Dios, sería caer en un increíble e inimaginable estado de maldad. Dios se complace en confiar Su poder a quienes le sirven desde su debilidad.

Tenemos suficientes ejemplos en la historia del nivel de violencia que podemos perpetrar cuando no nos vemos limitados por la falta de poder. Y sin embargo, ni una sola vez fue el poder el que corrompió. El poder es una herramienta. Nos permite ser quienes somos en verdad. Es por eso que se vuelve esencial que busquemos la integridad antes que el poder. Si nos falta integridad, debemos agradecer a Dios el no tener más poder. Sólo Dios sabe cuánto daño causaríamos de tener la oportunidad. Resístase a ser promovido a una posición de mayor autoridad si sólo se toman en cuenta sus talentos. A pesar de que David contaba con «la pericia de sus manos» su brújula era la integridad de su corazón. Cuando se nos promueve debido a nuestra capacidad y sin considerar el contenido de nuestro carácter, no se nos está haciendo un beneficio, sino un perjuicio para nosotros y para nuestros subordinados.

La autoridad y la posición, sin la sustancia que las refuerza, nos deja vulnerables, no sólo para causar un gran daño, sino para atravesar por una gran humillación. ¿Cuántos líderes espirituales se han visto expuestos de manera pública porque sus posiciones habían sido ganadas por medio de la fuerza de su talento, no de la fuerza de su carácter? No le hacemos un favor a alguien cuando consideramos sus capacidades por encima de su integridad. La integridad no puede ganarse por medio del poder y la autoridad. Debe ganarse mucho antes de que se nos confíe el poder y la autoridad. Jesús vivió una vida en el anonimato durante treinta años, preparándose para un ministerio público que sólo duró tres. Necesitamos resistirnos a ir por la senda rápida hacia el reconocimiento público, tomando en cambio el camino más largo, que nos lleva en la búsqueda del honor. Cuando buscamos poder y prestigio, dejamos de buscar carácter. Si nuestra ambición es ser grandes a los ojos de los hombres, no estamos buscando grandeza a los ojos de Dios. Si queremos ser los primeros ante Dios, no podemos abrirnos paso a los codazos para ser los primeros ante los hombres. No podemos vivir para nosotros mismos y para Dios. Algunas fuerzas, cuando se las contrapone, actúan anulándose entre sí, y nos hacen detener en nuestro camino

AMBICIÓN NOBLE

La integridad requiere que decidamos qué tipo de persona queremos llegar a ser. Este camino va en contra del flujo natural de la historia humana. Hay una gran diferencia entre buscar el honor y ser honorable. La búsqueda del honor no es el fin de la ambición. No nos llama a renunciar a nuestra búsqueda de la grandeza, sino a redefinir el significado de la grandeza. No podemos reemplazar la arrogancia por la apatía, del mismo modo que no podemos reemplazar el egocentrismo por la indiferencia.

La búsqueda del honor es una búsqueda apasionada de un tipo de grandeza diferente. A pesar de que su sendero va en dirección opuesta al de la ambición egoísta no es menos ambicioso. Inspira a quienes anhelan vivir vidas heroicas. Nos llama a un nuevo tipo de coraje. Exige mucho de nosotros. La integridad no sólo le pone riendas a nuestras pasiones, sino que además nos hace concentrar en nuestras intenciones. Hay varios caminos, varias opciones, varias direcciones, que simplemente no elegiremos. No seremos sólo sinceros con nosotros mismos, sino que además nos apegaremos por completo a la verdad. No estaremos libres de la emoción del temor, pero sí libres de su control, de su efecto paralizante. Nuestro curso es guiado por una brújula interna de convicciones alimentadas por pasiones.

Y si bien estamos al tanto de nuestras circunstancias y entendemos claramente el peso de las potenciales consecuencias, no nos basamos ni en las circunstancias ni en las consecuencias para tomar decisiones. Cuando elegimos este viaje, elegimos relacionarnos con el poder y la autoridad de un modo que se opone a todo lo que sea egoísta. Lo que ganemos en poder y autoridad lo recibimos como un regalo para repartir. Entendemos que no es necesario que otros pierdan poder para que nosotros seamos más poderosos. La medida verdadera de nuestro poder es la libertad y la oportunidad que creamos para los demás. Los hombres y mujeres marcados por la integridad señalan el camino hacia la libertad. Los líderes íntegros no dirigen sólo con el ejemplo, sino con la esencia. Estos líderes llaman a otros sólo para que escojan la vida que ya han elegido. No les señalan el camino, sino que construyen el pavimento donde no hay caminos. Inspiran a otros no sólo con sus palabras y acciones, sino con la promesa del tipo de persona en que pueden llegar a convertirse. Una persona de integridad jamás miente acerca del viaje. Reconoce en humildad de dónde proviene, quién es, y dónde espera ir. Sus logros, por grandes que sean, jamás ensombrecen su carácter.

Cuando el Rey David estaba preparando al pueblo de Israel para construir el templo, los reunió y les pidió que dieran de su riqueza, de sus posesiones y de sus capacidades. Él sirvió de ejemplo al dar generosamente de sus propias riquezas. No les pediría a las personas a su cargo que hicieran algo que él mismo no estaba dispuesto a hacer. Y en su oración, descubrimos por qué:

> Porque ¿quién soy yo, y quién es mi pueblo, para que pudiésemos ofrecer voluntariamente cosas semejantes? Pues todo es tuyo, y de lo recibido de tu mano te damos. Porque nosotros, extranjeros y advenedizos somos delante de ti, como todos nuestros padres; y nuestros días sobre la tierra, cual sombra que no dura. Oh Jehová Dios nuestro, toda esta abundancia que hemos preparado para edificar casa a tu santo nombre, de tu mano es, y todo es tuyo. Yo sé, Dios

mío, que tú escudriñas los corazones, y que la rectitud te agrada; por eso yo con rectitud de mi corazón voluntariamente te he ofrecido todo esto, y ahora he visto con alegría que tu pueblo, reunido aquí ahora, ha dado para ti espontáneamente (1 Crónicas 29:14-17).

David no estaba sólo modelando lo que estaba bien; su corazón anhelaba lo que estaba bien. Entendía que Dios puede ver más allá de las acciones y tener acceso al alma. De entre todos los israelitas había elegido a David para confiarle todo el poder y la autoridad. Su respuesta fue dar primero, y más que los demás. Nada de lo que hacía era forzado ni obligado. Había gozo y entusiasmo por hacer algo que agradara a Dios.

Quizá lo más sorprendente acerca de la integridad es que uno elige hacer lo que está bien incluso cuando nadie le vea, cuando nadie se entere. Es maravilloso mirar dentro de nuestro corazón y sentir que nos gusta lo que vemos.

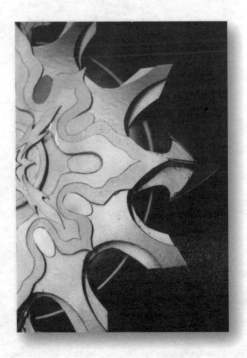

c
o
r
a
j
e

5

Corazones valientes

Después de que mi familia dejara San Salvador, Miami fue mi hogar de la infancia. Cada dos o tres años nos mudábamos a algún nuevo barrio en el condado de Dade. Me encontraba en el quinto grado, y estábamos por empezar en una nueva escuela. El primer día de clases para un niño nuevo en el barrio siempre es un desafío. Y el contexto de nuestra comunidad cosmopolita a veces lo hace más turbulento.

Estaba sentado al fondo del aula, donde suelen juntarse todos los que se consideran sobresalientes. Justo antes de que comenzara la clase vi que debía afilar la punta de mi lápiz para prepararme ante el día de trabajo. Tomé el camino más corto hacia el sacapuntas que había al frente, pero encontré el paso cerrado por la presencia de un grandote de quinto grado llamado Robby. Como era educado, le miré y dije: «Permiso».

Se mostró un tanto irritado. De forma lenta, y a regañadientes, inclinó su silla hacia atrás y me recomendó que buscara otro camino de regreso a mi asiento. «No pases más por aquí», dijo.

Me tardé más de lo necesario para afilar mi lápiz. Sabía que tenía poco tiempo, pero casi llego hasta el extremo de la goma. Estaba consciente de que tenía que tomar mi primera decisión importante. ¡Oh, la pesada responsabilidad de estar en el quinto grado!

¿Volvería a pasar por el mismo lugar? ¿Me atrevería a desafiar al adolescente enorme, o elegiría el camino de la menor resistencia, dando la vuelta? Quizá, de haber sido un monje budista, habría actuado de modo diferente. Pero era un niño de diez años que intentaba hacerse de una reputación y así encontrar mi lugar en la dura sociedad también conocida como la escuela primaria. No tenía elección. Si evitaba la confrontación todos sabrían que era un cobarde. (Y *era* un cobarde, pero no quería que todos lo supieran el primer día. La reputación, después de todo, ¡puede salvarte el pellejo!)

Así que volví por el mismo camino y me enfrenté a mi nuevo adversario. Fui educado, como me había enseñado mi madre. Y volví a decir: «Permiso».

Casi podía sentir el calor que emanaba de su cabeza. Creí que iba a explotar, lo cual habría sido muy bueno para mí. Me habría ahorrado dolor y sufrimiento. Esta vez me advirtió más apasionadamente que no eligiera ese camino de nuevo. Estaba de acuerdo con él, totalmente de acuerdo. Cuidé mucho mi lápiz ese día. Lo último que quería es que se rompiera la punta. Si podía aguantar allí al fondo, y mantenerme fuera de su camino, sobreviviría al primer día. Pero como en toda historia donde el protagonista es un náufrago social, no sucedería de ese modo. Por alguna razón, la maestra me eligió para que fuera al frente de la clase y respondiera una pregunta que de seguro yo no sabía. Es sorprendente lo poco que pueden llegar a saber los maestros sobre lo que sucede en su clase. Piensan que es un ambiente educativo; nosotros sabemos que es una jungla.

No tenía muchas opciones, y me vi obligado a repetir la escena, pero esta vez él le agregó una línea a su respuesta. Corta y sucinta, clara y sin ambigüedades: «Nos vemos a las tres en punto».

Yo era nuevo en el barrio, pero sabía que esta no era una expresión de afecto, ni que buscaba una oportunidad para conocerme mejor. Era una declaración de guerra. A las tres de la tarde, a la salida de clases, la vida se terminaría. Cuando sonara la campana, estaría sonando para mí.

No me escapé. Esperé en el patio de juegos, la arena del circo. El grandote llegaría tarde. Sólo podía esperar que no apareciera.

Quizá era pura cháchara. Quizá al verme allí parado su corazón se llenaría de terror. ¿Sería posible que esta figura solitaria causara que se arrepintiera de haberme desafiado? No, no era posible. Mientras se me acercaba, observé que tenía dos secuaces detrás. Mellizos, seguramente parientes de Goliat. Unas pocas horas antes Robby había sido el niño más grande que hubiera visto yo jamás. Ahora estos dos le ganaban en tamaño, y yo me enfrentaba a la tríada: Robby, Bobby, y Billy.

Mi hermano Alex estaba sentado sobre un tronco a unos pocos metros, alentándome. Yo no me sentía animado para nada. Mientras se acercaban, mi mente buscó algo qué decir, algo ingenioso, algo que me sacara de esta situación. En lugar de eso, dije algo estúpido: «Veo que has traído ayudantes».

Estaba claro que no necesitaba ayuda. Sonó parecido a algo que podía decir Paul Newman cuando interpretaba a Cool Hand Luke. Creo que no recordé las veces en que Luke había sufrido golpizas a manos de los guardias de la prisión.

Sin dejar de avanzar, Robby respondió enseguida: «No, sólo vienen para mirar». Un bravucón, pero sincero.

Y entonces, Dios intervino. Al menos yo sé que fue Dios. Teníamos una niñera de El Salvador que vivía con nosotros. Por algún motivo, mi madre le había dicho que se asegurara de que volviéramos sanos y salvos a casa ese día. Es un poco embarazoso que la niñera aparezca justo cuando uno está a punto de enfrentarse con un grandote. Pero yo me sentí contento. Mis adversarios se sentían algo confundidos. No hablaban español, y no entendían lo que sucedía. Les expliqué que ella trabajaba para mi madre, y que insistía en que me fuese. Le dije que me dieran un minuto para arreglar el asunto.

La miré y grité algo así como: «Ve a casa. Tengo un asunto que resolver». Luego les expliqué que ella no entendía el inglés muy bien, por lo que tendría que traducir al español mi indicación. Entonces le grité: «No me dejes aquí. Me van a matar».

Hice diversos intentos (en inglés, por supuesto), por librarme de ella, pero la niñera se me acercó y me llevó a la fuerza.

Gracias a Dios por mis dos idiomas. Pensé que igual tendría que enfrentármele al día siguiente, pero al menos en ese momento estaba vivo, entero. No sé muy bien qué sucedió después. Robby lo olvidó. Creo que le sorprendió que me presentara en el campo de batalla. Sea lo que fuere, el asunto quedó terminado.

NACIDOS PARA SER HÉROES

Como se habrá dado cuenta ya, no nací para ser héroe. Supongo que hay personas que son naturalmente valientes, talladas de una roca heroica, con una infraestructura de nervios de acero. No soy de esos. Siempre he conocido el miedo, una sensación bastante natural en mí. Ahora, he sido creativo con mi miedo. Nunca tuve miedo a una sola cosa. Ya sea que se trate del miedo al dolor, al rechazo, al fracaso, a la humillación, a la muerte, a lo que se le ocurra... lo he sentido ya. No es que siempre tenga miedo. Ha habido momentos en que me sorprendo a mí mismo con algún acto de valentía. Pero para poder despejar cualquier duda que haya quedado, antes de iniciar nuestra tercera búsqueda, quiero aclarar: «Soy Edwin McManus, y soy cobarde».

Estamos por iniciar una búsqueda del honor. Nuestro destino final es una vida definida por el coraje. Desde el comienzo hasta el fin seremos llamados a tomar decisiones valientes, aun cuando el miedo nos exprima el corazón. No hay excepciones. Todo tipo de reclamo a su derecho de exención es rechazado. Todo intento por crear una categoría exclusiva para quienes viven vidas heroicas, quedándose usted mismo fuera de esta categoría, será inaceptable. Si su argumento es que no ha nacido para este tipo de aventura, puede estar seguro de tener razón, toda la razón, y es exactamente por eso que Jesús nos llama. Nos llama a comenzar una búsqueda del honor. El coraje no es cuestión de linaje. Es una expresión del corazón. Tener coraje significa, literalmente, tener un corazón valiente. El temor y el coraje son condiciones del corazón. Si tiene un corazón débil, no tema. Todos los que eligen seguir a Jesús reciben un transplante de corazón. Este nuevo corazón viene equipado por completo con el coraje y el espíritu de Dios, listos para ser bombeados en su tímida alma.

Seguir a Jesucristo es elegir vivir en Su aventura. ¿Cómo podría tan siquiera imaginar usted una vida de fe que no requiera de riesgo?

La fe y el riesgo son inseparables. No debiera sorprendernos entonces que una vida de fe sea una vida de coraje. Si bien la fe, como sustantivo, puede significar creencia, en la práctica la fe tiene que ver con la acción. No se puede caminar en la fe y vivir con miedo. No se puede caminar con Dios y no enfrentar los temores. Dios nos llama a poseer sueños más grandes, y a tener el coraje de vivirlos. Los sueños grandes requieren de gran coraje.

Pocas veces tememos cuando nuestro adversario es más pequeño que nosotros. Mientras el desafío sea manejable, podemos tratar con nuestros temores y recurrir a nuestra fe. Un modo de enfrentar los miedos es rodearnos de seguridad, de lo predecible nada más. Podemos parecer valientes, pero en verdad sólo hemos minimizado nuestros riesgos. Cuando Dios nos llama a algo, esto nos inspira fe, pero también temor. Dios siempre nos llama a algo que es más grande que nosotros. Cuando nos llama a la batalla, la oposición siempre será mayor a nuestras fuerzas.

Cuando nos iniciamos en esta búsqueda del honor, siempre nos encontramos comenzando como cobardes, para luego ver que nuestro coraje crece. Un estudio somero de la Biblia nos llevaría fácilmente a concluir que las Escrituras están llenas de hombres y mujeres heroicos que se reían del peligro y no conocían el temor. Después de todo, hasta los nombres de esos hombres y mujeres de la antigüedad evocan inspiración y respeto. Sin embargo, la realidad es muy diferente. La historia del pueblo de Dios no es un registro de Su búsqueda por encontrar hombres y mujeres valientes que pudieran enfrentar la tarea que tenían por delante, sino es el relato de Dios transformando los corazones de cobardes, llamándoles a vivir vidas de coraje. Adán y Eva se escondieron; Abraham mintió; Moisés escapó; David engañó; Esther dudaba; Elías pensó en suicidarse; Juan el Bautista dudó; Pedro negó; Judas traicionó. Y esta es sólo una lista de los personajes más sobresalientes.

Cada vez que aparece un ángel, comienza la conversación diciendo: «No temas». La única oración apostólica del libro de los Hechos, finaliza diciendo: «Ahora, Señor, fíjate en sus amenazas y concede a tus siervos que anuncien tu mensaje sin miedo» (4:29, DHH).

¿Por qué ora uno pidiendo valentía? Sólo por una razón: Porque tenemos miedo. Las mismas personas que habían crucificado a Jesús miraban ahora en dirección a los creyentes. Temían por sus vidas y le pedían ayuda a Dios. Pero observe qué tipo de ayuda... no que Dios quitara a los enemigos del medio, ni siquiera que Dios cambiara las circunstancias, sino que Dios les diera el coraje para hacer lo que sabían que debían hacer. Las Escrituras están llenas de cobardes que conocieron a Dios y comenzaron a vivir vidas valientes.

La palabra hebrea *ruach*, que se traduce de forma usual como «espíritu», «viento» o «aliento», también puede traducirse como «coraje». Cuando Dios infunde Su Espíritu en nosotros no sólo nos da Su poder, sino —lo que es más importante— Su coraje. Cuando leemos la indicación de Pablo: «Sed llenos del Espíritu» (Efesios 5:18), muchas veces lo traducimos para que signifique: «Sed llenos del poder de Dios». Sería mucho más acertado que esto se entendiera como: «Sed llenos del coraje de Dios». Pues, ¿de qué sirve tener el poder de Dios si carecemos del coraje para utilizarlo? Sólo cuando abrazamos el llamado de Dios para nuestra vida es que necesitamos el coraje inspirado por Dios. Muchas veces pedimos el poder de Dios para cumplir nuestros pequeños sueños. En lugar de esto, debiéramos clamar porque Dios nos dé coraje para iniciarnos en Su valiente aventura. Quizá por esto Pablo nos dice que no nos embriaguemos con vino en esta misma Escritura. Cuando carecemos del coraje para vivir las vidas que tenemos, cuando nos sentimos vencidos por los desafíos que enfrentamos, cuando ya no tenemos fuerzas para sobrevivir el día, buscamos recursos externos para poder seguir adelante. Intentamos sedar, medicar e intoxicar nuestros miedos, hacemos lo que sea por un poco de alivio. Lo que Dios nos ofrece cuando nos invita a llenarnos con el Espíritu no es simplemente un poder mágico o elusivo, sino el carácter para vivir con coraje, enfrentando nuestros miedos. Sin coraje, no podemos vivir la vida que elegimos... sólo elegimos renunciar a la vida. Nos conformamos con el sendero de la menor resistencia, y abdicamos a nuestra libertar. Por lo tanto, ¡la vida sin coraje es una vida sin virtud!

LLAMADOS AL CORAJE

Una de las personalidades bíblicas que más me gustan es Josué. Se ha vuelto un modelo de inspiración para muchos seguidores de Cristo. Hay padres que llaman Josué a sus hijos, porque admiran las cualidades que él personifica. En todo momento en que fuera necesario, Josué salía adelante. Cuando doce guerreros fueron a espiar la tierra de Canaán, diez de ellos volvieron presas del miedo. Pero Josué y Caleb se animaron. Los otros diez describieron su situación en dicha tierra como un contraste entre gigantes y saltamontes. Los enemigos, por supuesto, eran los gigantes y los saltamontes eran el pueblo de Dios. Afirmaban que la tierra era grandiosa, pero que recomendaban no acercarse. Dejarían que el sueño de una vida mejor se fuera por la borda en lugar de asegurar su existencia futura. Literalmente, preferían existir en lugar de vivir.

Josué y Caleb vieron lo mismo que ellos. No disputaron la información, pero su conclusión era exactamente opuesta: «Vayamos y tomemos la tierra» (Números 13:16-33).

¿Cómo puede dejar de gustarnos alguien como Josué? El problema, por supuesto, es que él es Josué... y yo soy Edwin. Se ve la diferencia con sólo decir el nombre. Cuando uno oye el nombre Edwin, llama a su contador. Hasta ahora no ha habido mucha gente que pusiera a sus hijos el nombre Edwin, pero aun miles de años más tarde, Josué sigue siendo un nombre muy popular y favorito. Es demasiado fácil poner a Josué en otra categoría, concluyendo que es tan diferente que jamás podríamos parecernos a él. ¿Podrá Edwin alguna vez llegar a ser un Josué? La respuesta no es sólo un sí, porque la verdad es aún más sorprendente. Josué empezó siendo un Edwin. Veamos juntos el primer capítulo de su diario.

Aconteció después de la muerte de Moisés siervo de Jehová, que Jehová habló a Josué hijo de Nun, servidor de Moisés, diciendo: Mi siervo Moisés ha muerto; ahora, pues, levántate y pasa este Jordán, tú y todo este pueblo, a la tierra que yo les doy a los hijos de Israel. Yo os he entregado, como lo había dicho a Moisés, todo lugar que pisare la planta de vuestro pie. Desde el desierto y el Líbano hasta el gran río

Éufrates, toda la tierra de los heteos hasta el gran mar donde se pone el sol, será vuestro territorio. Nadie te podrá hacer frente en todos los días de tu vida; como estuve con Moisés, estaré contigo; no te dejaré, ni te desampararé. Esfuérzate y sé valiente; porque tú repartirás a este pueblo por heredad la tierra de la cual juré a sus padres que la daría a ellos. Solamente esfuérzate y sé muy valiente, para cuidar de hacer conforme a toda la ley que mi siervo Moisés te mandó; no te apartes de ella ni a diestra ni a siniestra, para que seas prosperado en todas las cosas que emprendas. Nunca se apartará de tu boca este libro de la ley, sino que de día y de noche meditarás en él, para que guardes y hagas conforme a todo lo que en él está escrito; porque entonces harás prosperar tu camino, y todo te saldrá bien. Mira que te mando que te esfuerces y seas valiente; no temas ni desmayes, porque Jehová tu Dios estará contigo en dondequiera que vayas (Josué 1:1-9).

Esta introducción de Josué establece el ventajoso punto desde donde él vio el llamado de Dios para que guiara al pueblo de Israel. Moisés había muerto. Fue sólo después de su muerte que Dios le habló a Josué.

Es importante que entendamos la disposición de Josué al iniciar esta nueva aventura con Dios. Se describe a sí mismo una sola vez, no como la mano derecha de Moisés, ni como su guerrero más confiable, sino como su asistente, como un ayudante de Moisés. Y sin embargo, la primera tarea que se le asignó no fue sólo que se hiciera cargo de la situación a partir de la ausencia de Moisés, sino que lograra lo que este último no había logrado. Después de cuarenta años en el desierto, Moisés no había logrado llevar al pueblo de Dios a la tierra prometida. Ahora Dios le decía a Josué que él cumpliría lo que Moisés no había podido hacer. La promesa es prominente y abarcadora: «Te daré todo lugar que pisaren tus pies».

La segunda promesa que Josué recibió fue tan reveladora como inspiradora: «Nadie podrá hacerte frente en todos los días de tu vida». Una promesa de conquista, sí, pero no de tranquilidad. Los enemigos de Josué no podrían hacerle frente, pero lo intentarían.

La tierra prometida sería un lugar de paz mediante la conquista, no mediante la tranquilidad. Habría dos caras en este desafío, la parte de Dios: «Yo estaré contigo, no te dejaré ni te desampararé», y la parte de Josué: «Esfuérzate y sé muy valiente». Esta orden se le da a Josué tres veces en el mismo discurso, algo muy parecido al «santo, santo, santo» de los ángeles. Esta es la forma que Dios utiliza para enfatizar lo que dice. Es como decir: «¡Sí, sí, sí!» cuando respondemos a alguien. El éxito de Josué sería igualmente probable a ambos lados de esta ecuación.

DIOS NOS LLAMA

Aquí encontramos un ejemplo perfecto de la intersección entre el lado divino y el lado humano del cambio divino. La magnitud de la responsabilidad que se le confiaba a Josué no puede ser pasada por algo. Pero Dios fue específico en el modo en que él cumpliría con Su propósito en la historia humana. Dijo: «Guiarás a este pueblo para que hereden la tierra que juré darles a sus antepasados». Era la promesa de Dios, pero era responsabilidad de Josué hacer que sucediera.

Esto no era presunción de parte de Josué. Si no tomaba por completo la responsabilidad de esta empresa habría sido negligente y desobediente. Del mismo modo en que Dios había estado con Moisés, lo estaría con Josué. Fue Moisés quien se enfrentó con el Faraón. Fue Moisés quien hizo venir las diez plagas y utilizó su vara para dividir el Mar Rojo. Nadie podía equivocar el papel de Dios en todo esto. Ni tampoco confundir el lugar de Moisés en la historia. El pueblo de Israel no veía una dicotomía entre la obra sagrada de Dios y el importante papel de los hombres y mujeres que hacían el trabajo. Dios estaba con Moisés. Y estaría con Josué. Dios guiaría a Josué, pero Josué guiaría a Israel.

Nosotros nos sentimos incómodos con esta realidad en nuestra comprensión contemporánea del modo en que Dios obra en la historia humana. Fingimos humildad, y sin intención, reafirmamos un sistema de creencias falso. Cuando sucede algo malo, es obvio que fuimos nosotros, usted y yo, no Dios. Pero cuando sucede algo bueno, obviamente no hemos sido nosotros, sino Dios. Es algo así como: «No fui yo; fue el Señor».

A veces, cuando decimos esto, estoy seguro de que Dios no quiere el crédito. He oído canciones horribles, por las que el cantante daba crédito a Dios, no a sí mismo. Mientras los demás aplaudían, yo pensaba: *¿Tan mal canta Dios?* Al mismo tiempo, también he visto y experimentado una sorprendente amabilidad humana. Aun cuando digamos con buena intención: «No fui yo, sino el Señor», estaremos menoscabando la maravillosa obra de Dios en la vida de una persona.

Hay algo que Dios quiere que hagamos, y no es sentarnos a mirarle o a esperar pasivamente que Él haga algo, sino es un llamado que Dios quiere que aceptemos, persigamos y cumplamos. Dios elige confiar Su más sagrada obra a personas como nosotros. Por eso Josué tenía miedo. Entendía lo que estaba sucediendo. Sentía el peso de la responsabilidad sobre sus hombros. Sabía que no se trataba sólo de Dios; también se trataba de lo humano.

Sería grandioso que Dios le hubiera ordenado a Josué acampar junto al Jordán y disfrutar de una temporada de pesca y diversión en el sol. Me imagino que Josué habría estado muy entusiasmado si Dios le hubiera dicho: «Hay gigantes en esa tierra. Sólo dame un poco de tiempo para preparar Canaán para ustedes. Esperen, sean pacientes, disfruten de la estadía y cuando todo esté listo los llamaré». Entonces, Josué podría haber fingido tener el corazón de un guerrero. Podría haber dicho algo así como: «No, Señor, insisto. Déjame ayudar. No está bien que lo hagas todo solo». Y Dios habría respondido: «No, Josué, esto es demasiado peligroso para ti. Lo haré solo, pero volveré. Jamás pensaría en hacerte pasar por esto».

¿No hubiera sido excelente? En verdad, habría sido terriblemente aburrido. Dios esperaba más de Josué y de Su pueblo. Dios les daría la tierra, pero ellos tendrían que conseguirla. Dios iría *con* ellos, pero no lo haría *por* ellos. El futuro que Dios prometía estaba ahora en manos de Josué. Se requeriría de él que fuera un desesperado seguidor de Dios, y también un extraordinario líder humano. Josué no se ahorró la vergüenza de demostrar sus temores. Compartió la lucha con nosotros, y nos permitió, mediante su transparencia, unirnos a él en el viaje: «Sé fuerte y valiente… Sé fuerte y muy valiente… Sé fuerte y valiente. No te aterres, no te desalientes, porque el Señor tu Dios estará contigo dondequiera que vayas».

Esta fue, en esencia, la única conversación que Dios tuvo con Josué para prepararlo como líder. Este era el talón de Aquiles de Josué. Era el punto donde Josué necesitaba refuerzos. Tenía miedo de liderar, pero tendría que hacerle frente a su miedo para poder avanzar hacia su futuro. No es coincidencia que Dios en todo momento le exhortara a ser fuerte y valiente. Dios llamaba a Josué a más que un acto de coraje; le llamaba a una vida de coraje. Esta búsqueda del honor requeriría que Josué tuviese un espíritu pionero, y que se convirtiera en un precursor espiritual, dando forma a una vida que utilizaría como brújula moral para su pueblo. Tendría que liderar el camino tanto en la conquista como en el carácter. Dios siempre eligió a personas para que señalaran el camino.

LA FUERZA DEL CORAJE

Hay una diferencia entre el coraje momentáneo y el coraje moral. El primero nos da la energía para correr hacia un edificio en llamas y salvar a un niño atrapado allí. El segundo nos da poder para vivir una vida digna de ser imitada. Ambos tipos de coraje son importantes. El primero puede existir sin el segundo. El segundo es mucho más profundo y afecta cada decisión, todo lo que hay en la vida de una persona.

Las palabras hebreas para «sé fuerte» significan sujetarse a algo. Es una imagen de alguien que se aferra a algo que es verdadero y recto, negándose a soltarlo. Esta es la parte agresiva del carácter. Es la parte tenaz del coraje.

Uno de los aspectos más importantes y menos glamorosos en la búsqueda del honor consiste en hacer sencillamente lo que sabemos que está bien. Se trata siempre de someter nuestras vidas a la verdad. Ya sea liderando multitudes, o tan sólo viviendo la vida, nos encontramos desafiados a sacrificar lo que está bien por lo que es rápido y expeditivo. Ser fuerte significa definirse y estar arraigado en la verdad.

Dios llamó a Josué a construir su vida sobre lo que Él había dicho. Le instruyó: «Solamente esfuérzate y sé muy valiente, para cuidar de hacer conforme a toda la ley que mi siervo Moisés te mandó; no te apartes de ella ni a diestra ni a siniestra, para que seas prosperado en todas las cosas que emprendas. Nunca se apartará de tu boca este libro de la ley, sino que de día y de noche meditarás en él, para que guardes y hagas conforme a todo lo que en él está escrito; porque entonces harás prosperar tu camino, y todo te saldrá bien. Mira que te mando que te esfuerces y seas valiente; no temas ni desmayes, porque Jehová tu Dios estará contigo en dondequiera que vayas» (Josué 1:7-9).

Y aunque el futuro contenía mucha incertidumbre y había muchas lecciones aún por aprender para este líder, el éxito no dependía de esto. La prosperidad de la empresa dependía en primera instancia de la sinceridad de su brújula moral. No podía desviarse a la izquierda o a la derecha, independientemente de las circunstancias, sino que sólo podía moverse en la debida dirección moral del norte. Él configuraba su brújula y fortalecía la atracción magnética del curso de su vida si no permitía que nada le separara de las palabras de Dios. El camino al coraje estaría pavimentado por una vida de meditar día y noche en lo que Dios había dicho. Su tesón por hacer todo lo que Dios le había ordenado sería lo que determinaría su éxito o caída como líder.

El problema no radica en que no sabemos qué hacer, sino en que no hacemos lo que sí sabemos.

¿Cuántas veces hemos señalado nuestro desconocimiento de la voluntad de Dios para nuestras vidas como motivo para no hacer algo? Sin embargo, como sucedió con Josué, hay suficiente verdad en las Escrituras como para llenar nuestra vida entera. El problema no radica en que no sabemos qué hacer, sino en que no hacemos lo que sí sabemos. Josué sabía lo que Dios había dicho, ahora se le ordenaba hacerlo.

La llave al futuro no es la revelación, sino la obediencia. Cuando sometemos nuestras vidas a lo que Dios nos ha dado a conocer, el futuro se presenta con claridad. Cuando no hacemos lo que sabemos, comenzamos a vivir como si camináramos en la niebla. Si no tenemos cuidado, nos encontraremos condenando a Dios por no hablar, cuando en realidad nos hemos condenado por negarnos a oír. Quizá no sepamos cómo solucionará Dios nuestra crisis financiera, pero sí sabemos que la solución no es robar. Quizá no sepamos cuándo nos enviará Dios esa persona especial a nuestra vida, pero la solución no será quedarnos con lo primero que aparezca. Quizá temamos a las consecuencias de decir la verdad, pero la solución de Dios es no mentir.

Uno de los errores más grandes que cometemos en nuestro viaje espiritual es el de buscar un rodeo para lograr los sueños que Dios nos ha dado, intentando cumplirlos de modo que violamos Su carácter. Josué iba a guiar al pueblo de Dios a la guerra. Y sin embargo, el énfasis de Dios estaba en la calidad de su carácter. Sé fuerte. Ten el coraje de hacer lo que esté bien, sin que importen las consecuencias o las circunstancias. Vive una vida de convicción.

Dios llamaba a Josué —y nos llama a todos— a vivir de adentro hacia fuera. Cuando vivimos por la verdad, construimos nuestra integridad. Cada «sé fuerte» era seguido de un llamado a ser valiente, y hasta muy valiente. Esta frase en particular es única. Implica velocidad y urgencia. Literalmente significa estar alerta, con la mente despierta y ágil. Dios le ordenaba a Josué no sólo que se aferrara a lo que era bueno, sino que lo buscara con pasión. Debía moverse con urgencia y propósito.

Nuestro coraje afecta directamente la velocidad con que se desenvuelve el futuro. El temor y la desobediencia de Israel demoraron su entrada a la tierra prometida durante una generación entera. Josué aceleraría el proceso al moverse con coraje, avanzando. Sería rápido de mente y rápido de pies. Recuerde, cada lugar en donde Josué pisara, sería suyo. Dios quería darle la tierra, pero las plantas de sus pies tenían que tocar el suelo para poder poseerlo. Canaán sería suyo, literalmente, paso a paso. Esta imagen me recuerda las palabras de Pablo en Romanos 16:20: «Y el Dios de paz aplastará en breve a Satanás bajo vuestros pies».

¡Qué interesante confrontación de metáforas! El Dios de paz, en todas las imágenes que se invoquen, aplastará a Satanás. Esta imagen austera es un buen recordatorio de que Dios no es pasivo ni pacifista, sino Hacedor de la paz. Está en guerra contra todas las fuerzas del mal. Y aunque podamos convertirnos en Sus enemigos, Él no será el nuestro. Pelea por nosotros, aún cuando nosotros peleemos en contra de Él. Pero la última parte de este versículo es la que se refiere más específicamente a Josué. Satanás será aplastado no bajo los pies de Dios, lo cual tendría mucho más sentido, sino bajo nuestros pies.

Dios ama hacer Su obra a través de personas comunes como usted y como yo. Hasta las batallas cósmicas serán ganadas con polvo y aliento. De modo extraño, la obra eterna de Dios se hace en gran parte según los tiempos humanos. Dios esperaría a que Josué se levantara. La responsabilidad de Josué implicaba liberar el propósito de Dios en la historia humana paso a paso. Puedo imaginar que ha habido muchas ocasiones en que Dios nos ha llamado con pasión a que demos un paso al frente. Y una de las cosas que más nos ayuda a avanzar rápido en un mundo de caos e incertidumbre es actuar según lo que sabemos y conocemos. Aun si está seguro de pocas cosas, si vive según ellas, sin flaquear, encontrará que avanza cada vez con mayor velocidad.

LA VELOCIDAD DEL CORAJE

Cuando caminamos en la verdad, aceleramos el proceso y, literalmente, avanzamos a toda velocidad hacia el futuro. Cuando quitamos la duda y la desobediencia de nuestras vidas no sólo comenzamos a vivir vidas más plenas, sino que en verdad pareciera que vivimos más que los demás.

Cuando somos lerdos para vivir en la verdad de Dios comenzamos a sentir que la vida es como un cuentagotas. Pero cuando obedecemos Su Palabra con pasión, la vida fluye, caudalosa como una catarata. Al mismo tiempo, cuando nos definimos por medio de la verdad, cuando nuestras vidas toman forma según el corazón de Dios, podemos responder sin dudar en el momento en que se requiera coraje. Las crisis rara vez nos dan tiempo para la contemplación. Si tenemos que sopesar todas nuestras opciones puede llegar a ser demasiado tarde.

Algunos estudios recientes sobre el proceso de pensamiento de los bomberos nos muestran conclusiones sorprendentes. Los investigadores intentaban determinar el modo en que estos individuos podían tomar decisiones tan críticas en el fragor de la crisis, y con tanta velocidad. Una mala decisión costaría vidas... la propia y las de otros. Y sin embargo, una y otra vez, los mejores bomberos parecían saber qué hacer exactamente. Lo que se descubre es que los individuos que salvan vidas no sopesan múltiples opciones a la vez.

No evalúan diversos escenarios para luego elegir el más adecuado. Actúan según su primer impulso o idea. Tiene absoluta confianza en sus instintos. No hay dos opciones entre las que deben elegir. No esperan una segunda opinión. Han desarrollado una intuición que les permite moverse sin dudas y con gran efectividad. En su línea de trabajo, la dura realidad es que quien duda, pierde.

Pero sin este instinto, sin esta única cualidad de la intuición, otra persona podría tomar una decisión igualmente rápida, pero fatal. La mayoría de nosotros nos confundiríamos y estaríamos paralizados mientras la situación se calienta más y más. A pesar de que podemos tener muy buenos instintos para otras áreas, y ser considerados como intuitivos en nuestra especialidad, carecemos de los componentes esenciales para ser efectivos en esta tarea en particular. Los bomberos, de quienes dependemos con tanta desesperación, tienen instintos que se basan en la experiencia y la información adecuadas.

Estoy convencido de que esto es exactamente lo que tenía Josué. Dios le otorgó una reserva espiritual de la que podría abastecerse en el futuro. Si absorbía la verdad de Dios meditando en ella, sería capaz de confiar en su intuición para cumplir con el propósito de Dios. Si se permitía ser conformado según la voz de Dios, resonaría con la voz de Dios al hablar. Si vivía para conocer a Dios, sabría cómo quería Dios que viviera. Hacer la voluntad de Dios es conocer Su voluntad. Cuando tomamos la decisión dura de ser fuertes —de aferrarnos— podremos vivir con coraje y avanzar rápido.

Éramos cuatro en la casa de Don Richardson, autor de *Peace Child* y de *Eternity in Their Hearts*. Paul (el hijo de Don), Cyndi Richardson, Kim y yo estábamos sentados en unas sillas del jardín, disfrutando del sol de California. Repentinamente, el sobrino de Paul y Cyndi cayó en la piscina. En segundos, su cabeza quedó bajo el agua, y su rostro mostraba una mirada de pánico. Recuerdo que pensé: *¡Levántate! ¡Salten al agua! ¡Sáquenlo!* Desde mi perspectiva, estaba saltando de la silla a una velocidad meteórica.

Entonces vi que junto a mí pasaba un bólido. No estoy seguro de si vi u oí la zambullida, pero antes de que pudiera darme cuenta de nada, Cyndi ya estaba sacando al niño del agua. Fue algo sobrehumano. Me sentí como un luchador de sumo corriendo los cien metros junto a un atleta olímpico. Decir que estaba atónito es poco. ¿Recuerda los personajes de *The Matrix* que se movían lentamente mientras Neo era capaz de esquivar las balas? Así es como me sentí yo.

Mientras yo pensaba, ella actuó. No puedo recordar qué era lo que mi mente estaba haciendo exactamente. Puedo decir con toda sinceridad que iba a saltar, vestido y todo, para sacar al niño del agua, pero había una diferencia entre nosotros. El coraje de ella dio como resultado un pensamiento rápido y una acción inmediata. Fue una urgencia apasionada. La fuerza de sus valores y la intensidad de su pasión echaron por tierra con toda duda y cumplió con su cometido. Cuando el coraje está alimentado por la integridad, y se forma en la humildad, nos permite actuar sin dudar en el momento requerido. Hay una relación directa entre el coraje y nuestra capacidad para responder rápidamente.

Cuando el coraje se expresa a plenitud, trabaja de la siguiente manera: nos volvemos fuertes y valientes, no renunciamos a lo que sabemos que está bien, y no dudamos en hacer lo correcto. Cuanto más tenazmente nos aferramos a la verdad, tanto más confiables nos hacemos. Jamás podemos utilizar la excusa de que Dios no nos ha dado suficiente información, ni decir que Dios no nos ha dado suficiente tiempo de preparación.

ATRAVESANDO EL RETO

El momento para hacerlo es cuando sabemos lo que Dios quiere de nosotros. Él no expone el pecado en nuestras vidas para que nos ocupemos de él más adelante. Cuando Dios habla se requiere una acción inmediata. Podríamos sentirnos tentados a postergar todo hasta que fuera más fácil ocuparse de ello. Podríamos dudar, buscando minimizar las consecuencias. Pero el coraje hace lo correcto sin que importe la situación o las consecuencias.

Debemos preguntarnos: ¿Estoy de verdad intentando discernir la voluntad de Dios o estoy evaluando si deseo hacerlo? ¿Estoy de veras viendo todas las opciones para encontrar qué es lo que Dios quiere o intento encontrar la opción que no presente riesgos ni desventajas? Si Dios le mostró Su deseo para su vida, y estaba lleno de peligro y sufrimiento, ¿elegiría un camino diferente?

No podemos vivir esta búsqueda del honor sin tener coraje. Si respondemos al llamado de Dios, se requerirán grandes cosas de nosotros. Estaremos a prueba en lo más profundo de nuestro ser. Dios no nos salvará del fuego, sino que en realidad nos echará en la hoguera. La promesa de que Él estará con nosotros y jamás nos abandonará es una promesa y una advertencia. No se puede completar un viaje divino sin intervención divina. Sería como una odisea sin mapas que nos guíen en nuestro camino. Nuestro carácter será nuestra única brújula durante las largas y oscuras noches.

Es aquí donde nos encontramos paralizados, incapaces de continuar el viaje. Pero debemos llegar al lugar en el que el llamado de Dios se vuelve más importante aún que nuestra propia vida.

Como hemos descubierto en este viaje, el coraje no es la ausencia de miedo; es la ausencia del egocentrismo. El coraje es la más grande expresión de humildad. El coraje nos hace correr riesgos por el bien de otros, o por una causa mayor. El coraje nos permite vivir libres de la autopreservación, y vivir vidas generosamente creativas. El coraje nos libera de los miedos que nos robarían la vida misma. Es aquí donde el coraje y la creatividad se unen. Sin coraje nos volvemos conformistas. Con coraje, nos convertimos una vez más en los seres creativos que Dios diseñó. El temor a Dios no es sólo el comienzo de toda sabiduría, sino también el lugar donde nos liberamos de todo miedo. Cuando nos liberamos del miedo, finalmente somos libres para vivir.

Para mí, la esquina de Ervay y Grand era el lugar donde mi corazón latía y mis manos se humedecían del sudor a causa del miedo. Las implacables calles del sur de Dallas eran un lugar poco común para ser elegido por un pastor, pero evidentemente, eran el lugar que Dios había escogido para mí. Conduciendo a gran velocidad a causa de mi pánico, detuve de forma abrupta mi automóvil cerca de la peligrosa intersección del lado oscuro de la humanidad.

El coraje nos libera de los miedos que nos robarían la vida misma.

Esperé por un versículo que me trajera consuelo, alguna palabra de Dios que me trajera paz. Había memorizado muchas: «Todo lo puedo en Cristo que me fortalece», «Mayor es el que está en vosotros, que el que está en el mundo», y hasta las palabras de Dios a Josué: «Se fuerte y valiente. No temas; no te desalientes, porque el Señor tu Dios estará contigo dondequiera que vayas». Pero no recordé ninguna en ese preciso instante.

El versículo que jamás había aprendido de memoria, sí se me presentó: «Porque para mí el vivir es Cristo, y el morir es ganancia» (Filipenses 1:21). Estas palabras llegaron a mí sin que las llamara, y llenaron cada rincón de mi alma. Era la invitación de Dios para unirme a Él en la búsqueda del honor, para vivir una vida de verdadero coraje. El camino estaba muy claro; si moría, podría comenzar a vivir. La aventura a la que Dios me llamaba era sólo para quienes estaban dispuestos a renunciar a sus vidas y dejar que Dios les levantara de entre los muertos. Este camino era sólo para los muertos. Los cobardes eran bienvenidos, pero debían saber desde el principio que el camino no termina para la persona del mismo modo que comienza. Porque el cambio es sorprendente inclusive para quien está andando en este camino.

Cuando nos liberamos del miedo, finalmente somos libres para vivir.

Si elegimos este camino, descubriremos que nuestros corazones repiten las palabras de Pablo:

> Conforme a mi anhelo y esperanza de que en nada seré avergonzado; antes bien con toda confianza, como siempre, ahora también será magnificado Cristo en mi cuerpo, o por vida o por muerte. Porque para mí el vivir es Cristo, y el morir es ganancia. Mas si el vivir en la carne resulta para mí en beneficio de la obra, no sé entonces qué escoger. Porque de ambas cosas estoy puesto en estrecho, teniendo deseo de partir y estar con Cristo, lo cual es muchísimo mejor; pero quedar en la carne es más necesario por causa de vosotros. Y confiado en esto, sé que quedaré, que aún permaneceré con todos vosotros, para vuestro provecho y gozo de la fe, para que abunde vuestra gloria de mí en Cristo Jesús por mi presencia otra vez entre vosotros. Solamente que os comportéis como es digno del evangelio de Cristo, para que o

sea que vaya a veros, o que esté ausente, oiga de vosotros que estáis firmes en un mismo espíritu, combatiendo unánimes por la fe del evangelio (Filipenses 1: 20-27).

EN BUSCA DE LA NOBLEZA

LIBERANDO EL ESPÍRITU CREADOR

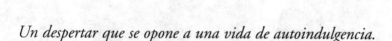

Un despertar que se opone a una vida de autoindulgencia.

Una revolución del alma que derrumba

a la codicia y el odio.

¡Este reto nos lleva, a través de la gratitud, hasta

la plenitud y la generosidad!

Creando a partir de los trozos, por medio

del poder del amor.

g
r
a
t
i
t
u
d

6

Manantiales perennes

«Es una necesidad».
«Es un deseo».
Esto resume nuestra discusión. Kim insistía en que era una necesidad. Yo sostenía que era un lujo. Nos habíamos casado hacía poco tiempo, y si bien nuestro noviazgo había sido algo turbulento, nuestro matrimonio había sido un viaje por aguas tranquilas. Pero en este momento estábamos frente al oleaje. Sosteníamos posiciones diametralmente opuestas, y ninguno quería ceder. Ella sabía cuando nos casamos que yo vivía como un monje moderno. Y estaba muy decepcionado, pues me parecía haber descubierto que Kim era algo materialista.

Mi salario de pastor era de cinco mil dólares al año, y no podía creer que ella quisiera utilizar el dinero de manera tan frívola. Quería comprar una cama, y yo no lo aceptaba. Dormiríamos en el piso. Si Dios quería que tuviéramos una cama tendría que enviarla desde el cielo. Mirando hacia atrás veo que es un milagro que Kim se haya quedado conmigo todo este tiempo.

Yo era rígido, pero ella era increíblemente flexible. Cuando llegaba a casa del trabajo Kim había pasado la tarde decorando el dormitorio. Era una obra de arte de amor y creatividad. En el medio, había extendido todas las sábanas y frazadas que teníamos, formando una cama. Sin amargura. Sin residuo de enojo o resentimiento. Siempre ha sido una maravilla para mí.

Además de un familiar en Florida, nadie más conocía nuestro dilema ni la situación en que vivíamos. Habíamos decidido que si Dios quería que tuviéramos una cama, nos la enviaría. Ambos acordamos que no dejaríamos que se enterase nadie. Esas semanas durmiendo en el piso fueron las noches que más disfruté en mi vida. ¡Nos divertíamos tanto juntos! Pero debo admitir que mi posición cambió con el tiempo. No fueron tanto los pasajes de las Escrituras que leíamos juntos, ni la fuerza de sus argumentos cuando surgía el tema. En realidad, el punto que definió mi comprensión fue el momento en que ya no pude agacharme más. Supongo que a veces, si Dios no puede hacernos entender desde la mente o el corazón, aparece por nuestra espalda. Pronto descubrí que una cama era más una necesidad que un lujo. Sin embargo, no iba a renunciar a mi posición. Quizá era demasiado avaro como para comprar una cama, pero en medio de esto, había una intención genuina y noble.

Entonces recibimos una llamada muy extraña. Era Jim Velas, a quien Kim y yo habíamos conocido en Fort Worth años antes cuando nos contábamos entre las multitudes de seminaristas muertos de hambre. Jim y Neva Velas servían en una iglesia cercana, y adoptaban estudiantes mientras asistían a la universidad. Ellos fueron nuestros ángeles, y tuve el privilegio de ser el mentor de Jim en el proceso.

Habían pasado varios años desde que hubiera guiado a Jim a través del libro de Santiago, pero luego nos mudamos. Y como sucede tan a menudo, nuestro contacto se había vuelto intermitente y esporádico. Por eso la llamada fue una sorpresa. Él estaba en viaje de negocios, según le explicó a Kim. Sentado en el hotel tomó la Biblia de los gedeones que estaba en su habitación y la abrió justamente en el libro de Santiago. Al leer los pasajes tan familiares recordó nuestros tiempos juntos y oró por nosotros. Entonces tuvo un pensamiento extraño. Sintió que debía comprarnos una cama. Jim es una persona muy cuerda, por lo que esta peculiar inspiración le pareció extraña. En lugar de ignorarla, la siguió, como si fuera un mandato directo de Dios. Cuando llamó y le contó esta experiencia a Kim, preguntó si por casualidad necesitábamos una cama. Ella estaba extasiada, no porque al fin tendríamos donde dormir, sino porque Dios, de forma inexplicable, había hecho que alguien supiera de nuestra necesidad, y ese alguien no podría haberse enterado de otro modo.

En su profesión Jim vendía mobiliario para hospitales, así que las camas eran parte de su inventario. Nos dijo que eligiéramos la cama que quisiéramos, y que esa sería la que tendríamos. Comprometido como estaba a dormir en el piso, ahora me sentía comprometido por igual a dormir en el mejor colchón que pudiéramos conseguir. Ese magnífico colchón ortopédico nos duró unos diecisiete años. Esta experiencia le ha dado un nuevo significado al concepto de que Dios cuida mis espaldas.

Hay un versículo que dice que Dios da sueño a quienes ama, pero me he convencido con el tiempo de que Dios hacía más que sólo asegurarme un buen descanso por las noches durante muchos años después de ese día. Buscaba ser monástico, convencido de que era la única opción para evitar ser materialista. Sabía que la codicia era corrosiva, y que el desear siempre más es uno de los modos más seguros de corromper el alma. Quería librarme de la codicia y vivir en libertad. En mi sinceridad, equivoqué la trayectoria de mi curso. Había llegado a la conclusión de que lo opuesto a la codicia era la pobreza, y que la solución era querer no tener. Pero pronto descubrí que lo opuesto a la codicia no es la pobreza, sino la generosidad. Y si bien no es pequeño el desafío de aprender a vivir sin algo, es aún más grande el desafío de aprender a vivir con ello. Parte de mi búsqueda por la pobreza era una abdicación a mi responsabilidad. Si mi único propósito era el no tener nada, me convertiría en el ser más egoísta de todos. Mi vida no tenía que ver sólo conmigo, y al mismo tiempo, no debía temer disfrutar de la vida que Dios me había dado.

Aquí es donde comenzamos nuestra búsqueda de la nobleza. No la nobleza en virtud de haber nacido en la realeza, sino la nobleza definida por el carácter de la persona. Un *noble* era alguien que tenía gran riqueza. Y su nobleza no se expresaba por lo que poseyera, sino por la generosidad que mostrara. La nobleza es más que una clase social. Es un llamado a vivir una vida de la más alta calidad. En realidad, la verdadera nobleza se demuestra mejor a través del sacrificio desinteresado. Si lo que tiene es simplemente para su propio placer, no es noble, sino glotón. Los nobles utilizan todo lo que son y todo lo que tienen para el bien de otros. Y en esto encuentran gran placer.

LA NEGLIGENCIA DE LAS GRANDES COSAS

He visto esta tensión en las vidas de muchas personas que intentan descubrir qué significa ser seguidor de Jesucristo. En una ocasión en particular, durante el servicio, oí por casualidad a un matrimonio que cantaba en la congregación. Aún en medio de las demás voces podía observarse que tenían talento. Buscábamos desesperadamente alguien con talento musical, porque queríamos mejorar ese aspecto en la iglesia. Sabía que podrían ayudarnos y me pregunté por qué no se habían presentado a nuestro pedido. No eran nuevos en la iglesia. Habían venido por fe, y hacía ya casi una década que pertenecían a la congregación.

El marido explicó que habían venido a Los Ángeles con ambiciones en la industria de la música. Sabían que Dios les había dado un don, pero llegaron a la conclusión de que amaban demasiado ser el centro de atención. Según sus palabras, lucharon contra el orgullo y la arrogancia, y entonces decidieron no volver a cantar en público. Intenté ayudarles a ver que dos pecados no son mejor que uno. Si su evaluación les mostraba que luchaban contra el pecado de la arrogancia, la solución no estaba en esconder su talento, sino en elegir la humildad. La negligencia no es una virtud.

La conclusión de ellos era similar a la que yo solía sostener en cuanto a que la solución a la codicia es la pobreza. Lo que necesitaban era un cambio en su corazón. Dios les había confiado estos recursos, no para que los acumularan o los ignoraran, sino para que pudieran utilizarlos para el bien y disfrute de otros. La solución no era dejar de hacer el bien con tal de asegurarse de no estar haciendo un mal. Eso equivale a agregar insulto a la injuria. Dios nos libera del pecado no para dejarnos vacíos, sino para llenarnos de vida. Su objetivo no es reemplazar el pecado con la inacción. En otras palabras, no se llena un vacío con más vacío. Uno vence al egoísmo con el servicio, y a la codicia con generosidad.

Me pregunto cuántos de nosotros somos negligentes en cuanto al bien que podemos hacer para evitar el mal que podríamos llegar a hacer. Nos sentimos tentados a ignorar nuestras responsabilidades hacia otros, a no prestar atención a la contribución que Dios quiere que hagamos en nombre de nuestra propia santidad personal. ¿Está bien elegir una vida de absoluta pobreza si en realidad Dios nos ha confiado la capacidad de generar una gran riqueza? Si nuestras vidas enteras están dedicadas a la salvación de nuestras almas, ¿no hemos simplemente espiritualizado una vida que es esencialmente egoísta?

Puede ser tentador vivir apartados del mundo que nos rodea. Pero esto no está de acuerdo con el corazón de Dios. Jesús no vino a este mundo a dar Su vida en una colina aislada del sufrimiento humano. Caminó entre nosotros, comió con nosotros y compartió nuestra humanidad. No ayudó a los leprosos a distancia, sino que los tocó para sanarlos. Estimuló a Sus discípulos y oró para que estuvieran en el mundo, mas no para que fueran del mundo. El punto central de sus tres años juntos no era la salvación de los doce, sino su ministerio a todo el planeta. Jesús constantemente les hacía pensar en lo que había más allá de su entorno. Les ordenó alimentar a cinco mil personas cuando no tenían más que cinco hogazas de pan y dos peces; sanaba en día de reposo, violando la interpretación tradicional de los líderes religiosos; los comisionó para hacer discípulos de todas las naciones; continuamente les inspiraba a tener grandes sueños y les desafiaba a confiar en Dios, que haría cosas inimaginables por medio de ellos. Parecía decidido a enseñarles que si se comprometían a cuidar de la humanidad, descubrirían la reserva infinita de Dios, el Gran Proveedor.

Juan describe cómo una multitud se reunió alrededor de Jesús mientras Él enseñaba en la ladera de la montaña. Nos dice:

Cuando alzó Jesús los ojos, y vio que había venido a él gran multitud, dijo a Felipe: ¿De dónde compraremos pan para que coman éstos? Pero esto decía para probarle; porque él sabía lo que había de hacer. Felipe le respondió: Doscientos denarios de pan no bastarían para que cada uno de ellos tomase un poco. Uno de sus discípulos, Andrés, hermano de Simón Pedro, le dijo: Aquí está un muchacho, que tiene cinco panes de cebada y dos pececillos; mas ¿qué es esto para tantos? Entonces Jesús dijo: Haced recostar la gente. Y había mucha hierba en aquel lugar; y se recostaron como en número de cinco mil varones. Y tomó Jesús aquellos panes, y habiendo dado gracias, los repartió entre los discípulos, y los discípulos entre los que estaban recostados; asimismo de los peces, cuanto querían. Y cuando se hubieron saciado, dijo a sus discípulos: Recoged los pedazos que sobraron, para que no se pierda nada. Recogieron, pues, y llenaron doce cestas de pedazos, que de los cinco panes de cebada sobraron a los que habían comido (Juan 6:5-13).

GRACIAS POR NADA

La generosidad que Dios planeó mostrar a través de Sus discípulos iba más allá de la capacidad de ellos. Pronto los discípulos aprenderían que el contexto favorito de Dios para los milagros es el sacrificio.

Es muy fácil confundir el cristianismo con el budismo, especialmente en este viaje en particular. Sabemos que la codicia corrompe y destruye, por lo que concluimos que el único modo de ser libres es despojándonos de todo deseo humano, hasta que nos retiramos el mundo en que vivimos. Jesús, por otra parte, fue acusado de ser glotón y pecador. Es evidente que disfrutó de la vida que vivió. Se le castigó por no vivir una existencia monástica. Y hasta Sus discípulos fueron autorizados por Él a romper las reglas. Jesús se divertía demasiado para el gusto de los observantes religiosos que le miraban con desprecio. Creo que además le envidiaban.

¿Es posible ser una persona genuinamente santa y aun así disfrutar de los placeres de esta vida? A veces olvidamos que Dios creó el mundo para el placer y disfrute del ser humano. El huerto del Edén era un lugar de placer, no de obligación. Dios hizo que el hombre se durmiera profundamente, tomó una de sus costillas, y creó una mujer, no porque el hombre no tuviera suficiente responsabilidad, sino porque Dios vio cómo podía realizar este goce de la vida. Las Escrituras nos dicen que Dios llegó a la conclusión de que no era bueno que el hombre estuviera solo. Enlazados con el concepto de lo bueno están el goce, el placer y especialmente el amor.

No estuve allí, pero estoy seguro de que los frutos de los árboles sabían deliciosamente.

Fuimos creados para disfrutar del mundo de Dios, y el mundo fue creado no sólo para declarar la gloria de Dios, sino para satisfacer nuestros deseos y cubrir nuestras necesidades. Desde el diseño de la atmósfera de nuestro planeta hasta el aroma de un buen café con leche, la creación está aquí para nuestro bien y para nuestro goce. Cuando reemplazamos la codicia por la generosidad estamos cambiando un agujero negro por un manantial. El objetivo no es tanto tener menos, sino dar más. La generosidad es el resultado de una vida en continua sobreabundancia. Es el resultado visible de la plenitud. Lo que comienza con un cincuenta y uno por ciento continuará aumentando a medida que crecemos en la plenitud de Cristo.

En nuestra búsqueda de la nobleza descubrimos que Dios es la expresión más acabada de la plenitud. Es allí adonde nos llevará nuestro viaje, pero ¿dónde comienza? ¿Cuál es el camino hacia la plenitud? Veremos con más claridad el camino si reconocemos que la codicia es la fea hermanastra de la ingratitud. La codicia siempre quiere más. Cuando somos codiciosos nunca estamos satisfechos. Creemos que merecemos lo que recibimos de otros. Y sin importar la cantidad, nada nos es suficiente. La falta de gratitud es una manifestación de la abundancia de codicia. Desde el ventajoso punto de vista de quien recibe, se justifica seguir exigiendo. Siempre está desilusionado de los demás. Nadie jamás cumple con sus expectativas. Nadie mantiene sus promesas. A todos les falta algo para llegar a cumplir con lo que el codicioso espera. No hay necesidad de agradecer, a menos que sea un «gracias por nada».

No habrá verdad, por profunda que sea, que pueda entrar en un corazón que no conoce la gratitud.

El dilema en nuestra búsqueda de la plenitud es que nuestro quebranto a menudo está relacionado con la ingratitud. En realidad, estoy convencido de que la perpetua sensación de quebranto se define por la carencia de gratitud, y esta es la clave de nuestro camino hacia la plenitud. Todo lo que necesitemos, todo el sistema de soporte que pueda ayudarnos, todas las verdades que puedan apoyarnos en el camino, no lograrán sanarnos si somos ingratos. No habrá verdad, por profunda que sea, que pueda entrar en un corazón que no conoce la gratitud. La gratitud es la característica que determinará cuán lejos llegaremos en esta búsqueda por la nobleza. Es la gratitud la que alimenta a la plenitud y se expresa como generosidad en última instancia. La gratitud es el camino del amor. Libera el poder sanador del amor. Incrementa nuestra capacidad para sentir amor y darlo a los demás.

RIENDA SUELTA A LA GRATITUD

Él tenía increíble potencial, un intelecto afinado y un corazón apasionado por las cosas de Dios. Pero por talentoso que fuera, su talento era equivalente a su quebranto. Me sentí más que feliz de poder invertir en su vida, y por cierto, su promesa y su entusiasmo eran motivación suficiente. Yo estaba acompañando y guiando a una pequeña comunidad mientras trabajaba tiempo completo e intentaba ser un buen marido y padre de dos niños. Me tomó por sorpresa el día que él se sentó ante mí para hacerme reproches. No fue un reproche liviano. Me dijo que yo lo había decepcionado. No había cumplido con mi compromiso. No le estaba dando suficiente tiempo y energía.

Pensé en discutir con él, pero la experiencia me recordó que no serviría de nada. Así que lo llevé a casa. Nos sentamos en la sala con mi esposa Kim, que tiene un modo maravilloso de despejar toda cuestión para llegar a la verdad. Sólo le pregunté una cosa: «Amor, ¿con quién paso más tiempo, contigo o con él?»

Jamás olvidaré la respuesta de Kim: «¿Estás bromeando? Pensé que estabas casado con él». La conversación había terminado. Había quedado aclarado lo que yo no había podido demostrarle

Cuando nos falta plenitud, nuestra capacidad para percibir la inversión que hacen otros se ve dañada. Nuestra percepción siempre es que no recibimos lo suficiente. Nada parece llenarnos, porque carecemos de la textura requerida para que la inversión madure. Este es el misterio de la gratitud. Sin ella, toda la inversión del mundo no logrará producir la plenitud. Afortunadamente, esta persona en particular tuvo un cambio radical de actitud.

Una década después, tengo el privilegio de seguir estando junto a él, y siempre me sorprende el nivel de su servicio a Dios. Esto, por cierto, no fue el resultado de aprender algo nuevo.

Algunas veces la verdad más simple es la más profunda. Que jamás podamos llegar a ser plenos sin gratitud, quizá no se vea lo suficientemente complejo como para ser verdad. De todos modos, siempre he comprobado que los grandes misterios de la vida se ocultan en la simpleza. La búsqueda de la nobleza es un camino que nos lleva de la gratitud a la plenitud y a la generosidad. No hay otro camino que nos lleve a la libertad que nos hace completos. No hay desvío ni atajo posible. Todo comienza allí. Y como veremos, también termina allí. Es una vida de gratitud la que nos hace completos, nos llena de amor y nos mueve a vivir vidas generosas.

En el libro de Lucas se narra que Jesús tuvo un encuentro inusual con un fariseo y una mujer pecadora, y de este encuentro proviene una de las enseñanzas menos ortodoxas de la Biblia. La situación era la siguiente:

Uno de los fariseos rogó a Jesús que comiese con él. Y habiendo entrado en casa del fariseo, se sentó a la mesa. Entonces una mujer de la ciudad, que era pecadora, al saber que Jesús estaba a la mesa en casa del fariseo, trajo un frasco de alabastro con perfume; y estando detrás de él a sus pies, llorando, comenzó a regar con lágrimas sus pies, y los enjugaba con sus cabellos; y besaba sus pies, y los ungía con el perfume. Cuando vio esto el fariseo que le había convidado, dijo para sí: Este, si fuera profeta, conocería quién y qué clase de mujer es la que le toca, que es pecadora. Entonces respondiendo Jesús, le dijo: Simón, una cosa tengo que decirte. Y él le dijo: Di, Maestro. Un acreedor tenía dos deudores: el uno le debía quinientos denarios, y el otro cincuenta; y no teniendo ellos con qué pagar, perdonó a ambos. Di, pues, ¿cuál de ellos le amará más? Respondiendo Simón, dijo: Pienso que aquel a quien perdonó más. Y él le dijo: Rectamente has juzgado. Y vuelto a la mujer, dijo a Simón: ¿Ves esta mujer? Entré en tu casa, y no me diste agua para mis pies; mas ésta ha regado mis pies con lágrimas, y los ha enjugado con sus cabellos. No me diste beso; mas ésta, desde que entré, no ha cesado de besar mis pies. No ungiste mi cabeza con aceite; mas ésta ha ungido con perfume mis pies. Por lo cual te digo que sus muchos pecados le son perdonados, porque amó mucho; mas aquel a quien se le perdona poco, poco ama. Y a ella le dijo: Tus pecados te son perdonados. Y los que estaban juntamente sentados a la mesa, comenzaron a decir entre sí: ¿Quién es éste, que también perdona pecados? Pero él dijo a la mujer: Tu fe te ha salvado, ve en paz (Lucas 7:36-50).

Esta historia es bastante directa. Mientras Jesús está en casa de Simón el fariseo, la exclusiva reunión es interrumpida por una mujer inmoral. Se supone que es una prostituta, hasta quizá María Magdalena. Simón se enoja y ve que la falta de indignación de parte de Jesús prueba que Él no es el Mesías. En respuesta a los pensamientos de Simón, Jesús comienza a enseñarle a través de una parábola. Se traduciría más o menos d este modo: Dos tipos debían mucho dinero (cada uno de ellos gana cincuenta mil dólares al año). Uno de ellos le debe a Visa algo así como ciento cincuenta mil dólares. Y el otro le debe a la misma compañía el equivalente a dos meses de salario. El Sr. Visa, en un acto de generosidad, decide perdonarles la deuda a los dos. ¿No sería excelente encontrar que nuestra factura de Visa después de la Navidad llega con un saldo de cero?

Luego Jesús hace la pregunta que casi no hace falta evaluar: «¿Quién de los dos amará más al acreedor?». Simón, el reconocido maestro, responde: «Supongo que el que tenía la deuda más grande». Y Jesús le confirma que su respuesta es correcta.

Luego Jesús va al punto práctico. Comienza a describir el recibimiento que Simón le dio cuando llegó a su casa, contrastándolo con las acciones de esta mujer sin nombre. Simón ni siquiera saludó a Jesús con el tradicional beso, pero la mujer, desde el mismo momento en que entró Jesús, no ha dejado de besarle los pies. Simón ni siquiera tuvo la cortesía de ofrecerle un recipiente con agua y una toalla para que Jesús se lavara os pies, pero la mujer los lavó con sus lágrimas y los enjugó con sus cabellos. Simón eligió no honrar a Jesús ungiéndole la cabeza con aceite, pero la mujer vertió un frasco entero de perfume sobre sus pies. Entonces Jesús llega a la conclusión más inesperada: «Por lo cual te digo que sus muchos pecados le son perdonados, porque amó mucho; mas aquel a quien se le perdona poco, poco ama» (v. 47).

¿Cómo hubiéramos recibido esto de ser Simón? Jesús le estaba diciendo que carecía de la capacidad para amar porque sólo se le habían perdonado unas pocas cosas. Lo que para Simón era una condición que llevaba al juicio y la condena, para Jesús parecía ser fuente de beneficio. ¿En verdad está diciendo que la razón por la que ella podía llenarlo de tanto amor era porque había sido una pecadora tan grande? ¿Es la falta de amor de Simón el resultado de una vida bien vivida? ¿Qué está sugiriendo, exactamente? ¿Es de verdad necesario ser gran pecador para amar mucho?

A primera vista, esta aplicación práctica parece carecer de lógica. ¿Qué debiéramos hacer entonces? Si carezco de la capacidad para amar, ¿se espera de mí que cierre mi Biblia, olvide todo y ande por la vida pecando continuamente? Después de todo, si su capacidad para amar era mayor a la de Simón, porque ella tenía mucho más pecado para perdonar, ¿no sería esta la solución más expeditiva? Podría volver después de un año con una gran capacidad para amar, como resultado de mi gran necesidad de perdón.

Por otra parte, es posible que Jesús haya querido decir algo diferente. En realidad, permítame alentarle a no aplicar las sugerencias anteriores. ¿No está diciendo Jesús en verdad que la capacidad de Simón para amar guarda relación directa con la profundidad de su gratitud? La mujer sabía que era pecadora. Entendía la gracia que se le había dado. Su corazón estaba lleno de gratitud. No podía hacer otra cosa que dar su adoración y agradecimiento a Jesús.

Simón no lo entendió. No pudo ver la profundidad de su propio pecado. Negaba su necesidad de misericordia y gracia. Creía que a los ojos de Dios era recto. Pensó que Jesús tenía el privilegio de estar en su presencia, en lugar de considerarse privilegiado por poder estar en la presencia de Cristo. Su gran auto-consideración nubló su entendimiento. Podía estar de acuerdo con Jesús en cuanto a que necesitaba poco perdón. Mientras la mujer era quizá la peor pecadora del mundo, él era la mejor persona del mundo. Su parámetro era la medida del pecado; el parámetro de Jesús era la medida del agradecimiento por el perdón recibido. La gratitud de la mujer dio rienda suelta a un amor irrefrenable. Simón se sintió incómodo, no sólo a raíz del pecado, sino también a raíz de la expresión sincera del amor. La gratitud de la mujer le daba a ella la promesa de la paz; la falta de gratitud de Simón le daba a él la sensación de estar hecho pedazos.

La gratitud es el ungüento sanador del quebranto. Es central en la experiencia y el viaje de la fe cristiana. La gratitud y la gracia comparten la misma etimología, el mismo significado de origen. Cuando nos conectamos con Dios de manera correcta, nuestras vidas se vuelven interminables expresiones de agradecimiento y alabanza.

LOCAMENTE FELIZ

Pablo dijo: «Regocijaos en el Señor siempre. Otra vez digo: ¡Regocijaos! Vuestra gentileza sea conocida de todos los hombres. El Señor está cerca. Por nada estéis afanosos, sino sean conocidas vuestras peticiones delante de Dios en toda oración y ruego, con acción de gracias. Y la paz de Dios, que sobrepasa todo entendimiento, guardará vuestros corazones y vuestros pensamientos en Cristo Jesús» (Filipenses 4.4-7).

Pablo vivió una vida de celebración, hallando el contentamiento en cada circunstancia de su vida. Se describió a sí mismo como el peor de todos los pecadores. No creo que sea una descripción apropiada. Creo que había individuos mucho más malos que Pablo. Por cierto, hay algunos de la categoría de Adolfo Hitler y aun Charles Manson que podrían competir por el título. Pablo era en verdad malo ante Dios, un asesino que necesitaba perdón; sin embargo, seguramente no hablaba de hechos reales cuando se describía como el pecador más notorio de su época. Él estaba expresando el sentimiento de su corazón al albergar la profunda naturaleza del perdón. Pablo, como la mujer que cubrió a Jesús con afecto, sólo podía vivir con una vida que expresara su amor por Dios. Pues a él también se le había perdonado mucho.

Quizá es esto lo que quiso decir Jesús cuando dijo que los últimos serán los primeros, y los más pequeños serán los más grandes.

¿Es posible que el peor de todos los pecadores, aquel a quien más se le ha perdonado, sea luego quien más ame en el reino de Dios, no por la medida del pecado, sino por la medida de perdón que alberga? En este caso, yo también quiero ser el peor de todos los pecadores, aquel que se ve a sí mismo necesitando la mayor cantidad de perdón, y recibiéndolo. El perdón libera a la gratitud, y la gratitud da rienda suelta al amor.

El perdón y la gratitud son inseparables. Cuando recibimos el perdón, crecemos en gratitud. Cuando crecemos en gratitud, estamos más dispuestos a dar perdón. Nuestra capacidad para recibir perdón guarda relación directa con nuestra voluntad de darlo. Nuestro modelo para el perdón es Jesús mismo. Pablo nos recuerda: «Soportándoos unos a otros, y perdonándoos unos a otros si alguno tuviere queja contra otro. De la manera que Cristo os perdonó, así también hacedlo vosotros. Y sobre todas estas cosas vestíos de amor, que es el vínculo perfecto» (Colosenses 3:13-14).

Cuando somos agradecidos, perdonamos libremente. Un beneficio directo de la gratitud es la liberación de la amargura. Cuando somos agradecidos no estamos atados a rencores o venganza. La gratitud nos permite ser generosos con el amor. El perdón es un componente principal en esto. Cuando hay déficit de amor, también hay reticencia a perdonar. Este es un dilema importante para nosotros en nuestros viajes hacia el bienestar emocional, ya que al no querer perdonar no estamos en camino a lograr nuestra plenitud.

Del mismo modo en que la gratitud se entrelaza con el perdón, el quebranto se ve perpetuado por la amargura. No es que la amargura sea la causa de nuestro quebranto, sino que la amargura obstaculizará nuestro proceso de sanidad. Lo que complica aún más esto es que a menudo una persona quebrantada está más que justificada si siente amargura. A veces, cuando oigo las terribles y trágicas historias que han vivido algunas personas, es fácil ver por qué sienten amargura. No es fácil decirle a alguien que ha sido muy herido que su camino a la sanidad será perdonar a quienes le han lastimado.

Además del hecho de que quien ofende necesita perdón, perdonar es esencial en el proceso de sanidad. Uno no puede sentir amargura y llegar a la plenitud. Aun cuando quienes nos han herido no busquen o no pidan perdón, es necesario perdonarles. En un recordatorio de que no debemos apenar al espíritu de Dios, las Escrituras nos exhortan: «Quítense de vosotros toda amargura, enojo, ira, gritería y maledicencia, y toda malicia. Antes sed benignos unos con otros, misericordiosos, perdonándoos unos a otros, como Dios también os perdonó a vosotros en Cristo» (Efesios 4:31-32). Este pasaje nos exhorta a reemplazar la amargura por el perdón. En una conversación entre Pedro y Simón el mago, Pedro dice acerca del corazón de Simón: «Porque en hiel de amargura y en prisión de maldad veo que estás» (Hechos 8:23). Cuando perdonamos, nos liberamos y liberamos a otros. La amargura, por otra parte, nos mantiene en cautiverio. Cuando alguien pide perdón, nuestro don es dar de la generosidad de nuestro espíritu. Aun cuando la otra persona no desee nuestro perdón es esencial liberarnos de la amargura que nos esclavizará.

Otra vez, así como la gratitud y el perdón son inseparables, también lo son la ingratitud y la amargura. Cuando somos agradecidos, vemos y experimentamos la vida con optimismo saludable. Cuando no tenemos gratitud, nos desviamos hacia el pesimismo y el cinismo. Un corazón ingrato siempre verá lo malo que hay en la vida. Cuanto más vivamos sin gratitud, tanto más amargos nos volvemos. Cuanto más amargos, tanto más vencidos por la depresión. La amargura, finalmente, nos lleva a la desesperanza. Si vamos a vivir vidas de gratitud, debemos liberarnos de la fuerza de gravedad de la amargura. Porque del mismo modo en que la gratitud lleva a la plenitud, la amargura nos dejará quebrantados, destrozados. En esta condición seremos incapaces de experimentar la vida que Dios anhela para nosotros, y al mismo tiempo, lastimaremos a otros cuando se nos acerquen y nuestras espinas los hieran.

La amargura crea una ilusión de control y poder. La amargura es una forma de odio. Es una ira que se devuelve. Cuando estamos amargados con alguien lo mantenemos prisioneros de una acción o experiencia del pasado. En nuestra mente, nuestra amargura mantiene cautiva a esta persona y no le permite avanzar. Pero la realidad es que nuestra amargura no atrapa a nadie más que a nosotros mismos. Si el ofensor pide perdón con sinceridad, aun cuando no queramos perdonar, nuestro ofensor se libera. La única persona que mantiene atrapada en el ayer cuando se niega a perdonar es a usted mismo. Si sigue amargado durante el suficiente tiempo, llegará a la desesperanza. La amargura nos exige vivir en el pasado; la esperanza, en el futuro. La gratitud no sólo nos permite disfrutar del presente, sino que también nos hace mirar hacia el futuro.

LA MENTE NOBLE

El concepto de nobleza tiene mucho que ver con el modo en que una persona ve las cosas, como el estatus en el que nació. En sus orígenes, ser noble significa ser «de mente elevada». Esto no implica ser arrogante, sino tener la mente puesta en cosas honorables. La persona con un corazón noble concentra su mente en los pensamientos, principios y motivaciones más altos. En este sentido, nuestra búsqueda de la nobleza nos impulsa a ver la vida desde el punto de vista de Dios, reconociendo Su actividad aun en medio de los momentos oscuros de la vida. Se nos llama a asumir un reto que nos desafía a ver la luz aun cuando pareciera no haberla. La gratitud logra esto. La gratitud alimenta el optimismo e inspira a la esperanza. Pablo nos dice en su carta a los romanos que la cualidad de la esperanza sólo puede existir con relación al futuro. En cuanto a la esperanza explica: «Porque en esperanza fuimos salvos; pero la esperanza que se ve, no es esperanza; porque lo que alguno ve, ¿a qué esperarlo? Pero si esperamos lo que no vemos, con paciencia lo aguardamos» (Romanos 8:24-25).

Pablo nos muestra la cualidad y la naturaleza de la esperanza y el optimismo. La esperanza no puede existir en el pasado. Si la esperanza mira al pasado se convierte en desesperanza. La esperanza no puede existir en nada que hayamos obtenido ya. Aún aquello que alguna vez generó esperanza pierde esta capacidad una vez que lo recibimos. La esperanza sólo puede existir en el futuro. Vivir en el pasado es sepultar la esperanza. El existencialismo —vivir para el ahora— finalmente nos llevará al mismo callejón sin salida... vivir sin esperanza. Cuando nos negamos a dejar ir el pasado perdemos toda esperanza. Cuando caminamos hacia el futuro de espaldas, ya no vemos nada por qué sentir esperanza. Esta es una de las razones por las que una persona amargada no puede ser alentada a cambiar su patrón de pensamiento. Hasta tanto no esté dispuesta a dejar ir al pasado no podrá mirar hacia el futuro.

La amargura no sólo nos roba la alegría del presente, sino también toda promesa del mañana. Cuando nos negamos a perdonar, porque no queremos permitir que quienes nos han herido avancen hacia un nuevo futuro, sacrificamos nuestro propio futuro en este proceso. El perdón es como una bocanada de aire fresco. Hay que inhalarlo y recibirlo, y también exhalarlo y darlo. A medida que crecemos en gratitud comprobamos que podemos perdonar con mayor rapidez y facilidad. Nuestra disposición para perdonar atraerá a otros hacia nosotros, porque se nos conocerá como un lugar seguro donde los errores son perdonados. Cuando uno es agradecido ni siquiera piensa en no perdonar. ¿Cómo podría siquiera pensar en sentir rencor cuando se le ha perdonado tanto? Cuando uno es el peor pecador de todos, retener el perdón a otros es impensable.

Jesús aclara que la evidencia de la gratitud no consiste en recibir el perdón, sino en estar dispuesto a perdonar. En Mateo 18 nos da una parábola en respuesta a la pregunta de Pedro: «Señor ¿cuántas veces debo perdonar a mi hermano si peca en contra de mí? ¿Siete veces?»

> Jesús le dijo: No te digo hasta siete, sino aun hasta setenta veces siete.
> Por lo cual el reino de los cielos es semejante a un rey que quiso hacer cuentas con sus siervos. Y comenzando a hacer cuentas, le fue presentado uno que le debía diez mil talentos. A éste, como no pudo pagar, ordenó su señor venderle, y a su mujer e hijos, y todo lo que tenía, para que se le pagase la deuda. Entonces aquel siervo, postrado, le suplicaba, diciendo: Señor, ten paciencia conmigo, y yo te lo pagaré todo. El señor de aquel siervo, movido a misericordia, le soltó y le perdonó la deuda. Pero saliendo aquel siervo, halló a uno de sus consiervos, que le debía cien denarios; y asiendo de él, le ahogaba, diciendo: Págame lo que me debes. Entonces su consiervo, postrándose a sus pies, le rogaba diciendo: Ten paciencia conmigo, y yo te lo

pagaré todo. Mas él no quiso, sino fue y le echó en la cárcel, hasta que pagase la deuda. Viendo sus consiervos lo que pasaba, se entristecieron mucho, y fueron y refirieron a su señor todo lo que había pasado. Entonces, llamándole su señor, le dijo: Siervo malvado, toda aquella deuda te perdoné, porque me rogaste. ¿No debías tú también tener misericordia de tu consiervo, como yo tuve misericordia de ti? Entonces su señor, enojado, le entregó a los verdugos, hasta que pagase todo lo que le debía. Así también mi Padre celestial hará con vosotros si no perdonáis de todo corazón cada uno a su hermano sus ofensas (vv. 22-35).

Recibir perdón no puede ser nuestro objetivo final. Cuando estamos sinceramente agradecidos por el perdón que se nos da, a nuestra vez extenderemos la gracia y el perdón a otros. La gracia recibe y da perdón sin medida. Recibir la gracia de Dios, y aún así tratar a otros sin gracia, es algo malvado. No importa cuánto perdón se nos pida, todo será nada en comparación con lo que Dios nos ha perdonado.

La expectativa de Dios es que nos libremos de toda amargura, ira, pelea, insulto y malicia y que seamos «benignos unos con otros, misericordiosos, perdonándoos unos a otros, como Dios también os perdonó a vosotros en Cristo» (Efesios 4:32).

En una acometida contra toda excusa o justificación que podamos tener para poder aferrarnos todavía a la amargura, Jesús nos demuestra Su más alto acto de perdón al morir en la cruz. La amargura siempre se sentirá justificada. A menudo estamos seguros de que nadie jamás podrá entender cómo nos sentimos. Nos convencemos de que nadie ha pasado por algo así. Y sin embargo, no tenemos escapatoria. En Su momento de mayor abandono y sufrimiento Jesús ejerció Su gracia al máximo. Su oración por nosotros no es de juicio o condena, sino de perdón: «Padre, perdónalos, porque no saben lo que hacen» (Lucas 23:34)

En lugar de la amargura, Jesús eligió el perdón. Nos llama a hacer lo mismo, no sólo por el bien de otros, sino para la salvación de nuestra alma. Cuando nos libramos de la amargura somos libres una vez más para ir en busca de la vida que Dios sueña para nosotros.

Sólo el perdón tiene la llave del calabozo que nos hace vivir en tinieblas. Como un cáncer, la amargura destruye toda relación en nuestras vidas. No se puede sentir amargura sólo contra una persona. No se puede guardar este tipo de emoción corrosiva en un compartimiento. Cuando sentimos amargura hacia alguien nuestra relación hacia todos se ve afectada de manera negativa. La amargura tapona las arterias y endurece el corazón. Limita nuestra capacidad de amar aun a quienes jamás nos han ofendido.

En el libro de Hebreos se nos advierte: «Seguid la paz con todos, y la santidad, sin la cual nadie verá al Señor. Mirad bien, no sea que alguno deje de alcanzar la gracia de Dios; que brotando alguna raíz de amargura, os estorbe, y por ella muchos sean contaminados» (12:14-15).

Cuando albergamos la amargura, rechazamos la gracia. Cuando permitimos que una raíz amarga se apodere de nuestros corazones, literalmente pasamos por alto la gracia de Dios. La amargura destruye nuestras relaciones, impide nuestro criterio, tuerce nuestra perspectiva y distorsiona nuestra memoria.

EN PERSPECTIVA

¿Alguna vez ha observado que dos personas pueden tener puntos de vista completamente diferentes sobre una misma situación? Es el viejo adagio acerca del vaso medio lleno o medio vacío. La diferencia no radica sólo en el tipo de personalidad diferente. Es algo más importante que sólo ser optimista o pesimista. La perspectiva no toma forma en el vacío, se forma en el contexto de la gratitud. Una persona ingrata es aquella que ve el vaso medio vacío y se pregunta quién le está quitando algo. El agradecido ve el vaso medio lleno sabiendo que alguien ha compartido con él más de lo que podía. Nuestra perspectiva es un buen indicador de donde nos ubicamos en el espectro de la codicia a la generosidad, y es buen barómetro para nuestro nivel de gratitud.

Hace varios años un gran grupo de nosotros salimos de Mosaic para ver un juego de football de la UCLA. Habían invitado a todos los estudiantes del ministerio y a mí me habían dado cuatro entradas más, ubicadas en una sección mucho mejor, para que invitara a unos pocos amigos. Decidí compartirlas con mi hijo Aaron, y le invité a traer un amigo. Yo llevaría otro amigo. Se sintió entusiasmado por la idea de poder sentarse en un sector mejor para ver el juego.

Justo antes del sábado del juego me dieron una noticia mejor. Me invitaban a presenciar el juego desde el costado del campo. Podría ver a los jugadores y entrar en el vestidor durante la preparación y el medio tiempo. Ese día le dije a Aaron que podría traer otro amigo más. En realidad, dos más, porque yo estaría junto al equipo de jugadores. No sé si fue mi euforia lo que le hizo explotar, pero Aaron no respondió muy bien ante mi buena fortuna:

—¿Y qué hay de mí? ¿Por qué no puedo estar yo junto al campo de juego?

Le expliqué que me habían dado sólo un pase. La solución parecía fácil para él:

—Bueno, dame tu pase.

Le dije que ya lo había pensado y había preguntado, pero que él era demasiado pequeño y no me dejarían transferir el pase a nombre de un menor. Esto pareció molestarle aún más. En el fragor de su enojo, espetó:

—Bien, entonces no iré.

Tenemos un mantra en nuestra casa, creado para momentos como este. Miré a Aaron y le dije:

—Aaron, ¿qué mereces?

Y fiel al estilo McManus, dijo:

—Nada...

Es nuestro modo de recordarnos a nosotros mismos que no merecemos nada, que todo en la vida es un regalo. Debiéramos verlo todo desde el lugar de la gratitud. Este punto de vista siempre nos permitirá ver el mundo desde la perspectiva en que el vaso se ve medio lleno.

La respuesta de Aaron fue más producto del enojo que de la sinceridad. Las palabras que siguieron a su «nada» fueron:

—Y como no merezco nada, no tomaré nada.

Decidió no ir al juego. Salí a trabajar con esta tensión entre nosotros, que no era poca por cierto. A veces lo mejor que podemos hacer por alguien es darle tiempo para reflexionar. Para el momento en que volví a casa por la noche, Aaron había cambiado por completo. Me preguntó si todavía estaban disponibles esas cuatro entradas, y expresó lo agradecido que estaría si podía recuperarlas. Al final, vino al campo, y conoció al entrenador Toledo y a los jugadores, una experiencia que no hubiera tenido si se hubiera satisfecho con no recibir nada.

Un nuevo optimismo

La gratitud genera optimismo. La gracia de Dios no sólo nos libera del pecado, sino del pesimismo. Cuando confiamos nuestro futuro a Dios, la esperanza abunda naturalmente. Aun en la peor de las circunstancias los agradecidos de corazón son capaces de encontrar fuentes de gozo e inspiración. La gratitud cambia nuestra perspectiva acerca de la vida. Vemos el futuro, experimentamos el presente y recordamos el pasado de modo dramáticamente diferente.

Una parte del proceso de avanzar hacia mi plenitud fue recordar mi pasado de modo diferente. Tenía rutinas de memoria. Volvía a los mismos lugares, una y otra vez. Como una herida abierta que volvemos a tocar, continuamente me llevaba a mí mismo a un lugar donde volvía a sentir el mismo dolor. Las heridas originales no las había hecho yo y nadie me obligaba a volver una y otra vez allí. Mi vida entera parecía estar definida por menos de media docena de recuerdos, pero los que había elegido eran todos negativos. Recordaba una vida llena de dolor y desilusión, no porque fuera lo único que hubiera vivido, sino porque era lo único que traía conmigo.

Los recuerdos definen no sólo quiénes fuimos, sino quiénes somos y quiénes seremos. Una experiencia puede ser definitoria para mal. Puede cambiar toda nuestra visión de la realidad. Puede ser el filtro por el cual medimos todo lo que vivimos en la vida. Comencé a recordar. Había buenos recuerdos en mi pasado, pero tenía que desempolvarlos. Viajé de ida y vuelta, y encontré algunos lugares y experiencias maravillosos. Se sorprenderá al ver cuántos recuerdos maravillosos quedan atrapados debajo de la avalancha producida por unos pocos recuerdos negativos. Los recuerdos dolorosos no eran menos reales, pero sí eran ya menos predominantes.

Hay un viejo dicho que dice que necesitamos «perdonar y olvidar». Necesitamos perdonar. No podemos en realidad olvidar, pero no siempre tenemos que estar recordando. Lo negativo no debe ser nuestra fuente primaria. Recuerde lo bueno y lo bueno crecerá. Por supuesto, si regresa al pasado y siempre vuelve vacío, habrá que hacer algo más: crear nuevos recuerdos. Haga de hoy un día memorable, inolvidable. Y luego, recuerde este momento. Atesore esta experiencia. Que se convierta en un recuerdo definitorio para su vida. Viva este momento en su plenitud y deje que la gratitud fluya.

Hay algo aún más grande que Dios quiere que hagamos con nuestros recuerdos. Es importante recordar todo lo bueno que ha sucedido en nuestra vida, y hay un poder sanador en los recuerdos nuevos y positivos. Sin embargo, el milagro real viene cuando uno puede mirar hacia atrás a las experiencias más dolorosas y descubrir lo bueno que Dios produjo de ello. Hasta que podamos ver la obra de Dios en la peor de las circunstancias no habremos comenzado a ver nuestra vida desde los ojos de Dios. Cuando la gratitud hace su mayor obra en nosotros, podemos celebrar aquello en lo que nos estamos convirtiendo, aun cuando hayamos pasado por experiencias que no le desearíamos a nadie. Ninguna tragedia ni ningún sufrimiento podrán robarnos el gozo que siempre está ante nosotros cuando nuestros ojos permanecen en Jesús.

Los recuerdos definen no sólo quiénes fuimos, sino quiénes somos y quiénes seremos.

LA BELLEZA DE VIVIR

Cuando somos agradecidos es cuando más vivos estamos. La gratitud nos permite absorber todo placer posible en cada momento. Son los agradecidos quienes saborean lo mejor de la vida. Cuando nuestro corazón está lleno de gratitud, la vida se pinta con más colores, más vívidos y brillantes. Los aromas, sabores y texturas de la vida son tan excitantes que nos llevan a lugares de indescriptible placer. La vida se convierte en una celebración sin fin. Nuestra risa y nuestro gozo son el aplauso de nuestra alma ante la maravilla de la bondad de Dios y de Su creación. Siempre hay algo que nos llena de gozo y libera la esperanza y la inspiración. La gratitud no lleva al monacato, conduce al hedonismo; no a un hedonismo ausente de santidad, sino explotando de plenitud.

Estábamos escalando el Monte Wilson en una hermosa tarde del Sur de California. Kim, los niños, una amiga nuestra llamada Barb y yo estábamos intentando alcanzar la cima. No recuerdo exactamente por qué, pero me había quedado atrás. Me niego a creer que fuera como resultado de mi falta de atletismo. Sea cual fuere el caso, viajaban en grupo, y yo les seguía bastante más atrás. Llegué a un acantilado yermo y rocoso, y al mirar con más atención, vi una flor que había nacido en el suelo duro. Grité para que todos volvieran a ver lo que había encontrado. Como respuesta a mi grito, todos comenzaron a reír. Me sentí confundido. No había dicho nada gracioso. No tenía idea de lo que había sucedido. Todos habían visto la flor, y habían apostado a que cuando yo llegara a ella les obligaría a retroceder para admirarla.

No me gusta ser predecible pero soy un compulsivo admirador de la vida y la belleza. Lo que comenzó como un ejercicio de alabanza ha resultado ser una vida de continua maravilla. Busco la flor que crece en la roca. Me detengo a apreciar la belleza y el arte de cada atardecer que puedo llegar a ver. La vida es una aventura para explorar y excavar, para encontrar un sinfín de sorpresas y tesoros inesperados. Hay mucho para disfrutar. ¿Cómo podría vivir siquiera un momento sin rebosar de gratitud?

Cuando reconocemos que la vida es un don y nos llena la gratitud, cuando llenamos cada momento con alabanza por la bondad de Dios y agradecemos Su generosidad, allí encontramos plenitud y nuestros corazones aumentan en su capacidad de sentir y dar amor. Recibir es sólo una parte en el proceso de la sanidad. Es sólo cuando nos volvemos para dar las gracias que somos en verdad completos. Por la fe nos volvemos a Jesús para ser lavados. Sería una tragedia, si a causa de nuestra ingratitud, perdiéramos la oportunidad de llegar a personas plenas.

Yendo Jesús a Jerusalén, pasaba entre Samaria y Galilea. Y al entrar en una aldea, le salieron al encuentro diez hombres leprosos, los cuales se pararon de lejos y alzaron la voz, diciendo: ¡Jesús, Maestro, ten misericordia de nosotros! Cuando él los vio, les dijo: Id, mostraos a los sacerdotes. Y aconteció que mientras iban, fueron limpiados. Entonces uno de ellos, viendo que había sido sanado, volvió, glorificando a Dios a gran voz, y se postró rostro en tierra a sus pies, dándole gracias; y éste era samaritano. Respondiendo Jesús, dijo: ¿No son diez los que fueron limpiados? Y los nueve, ¿dónde están? ¿No hubo quien volviese y diese gloria a Dios sino este extranjero? Y le dijo: Levántate, vete; tu fe te ha salvado (Lucas 17:11-19).

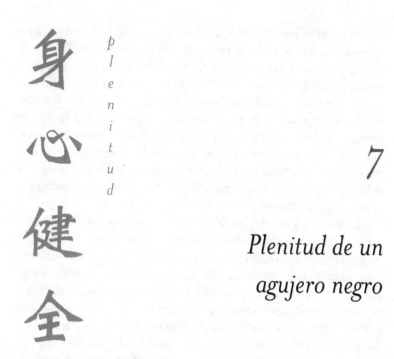

7

Plenitud de un
agujero negro

«Lo que para algunos serán recuerdos de la infancia para mí son sombras de una vida pasada, nada más. Cuando busco en mi memoria todo se ve nublado y desarticulado. Hay cosas que recuerdo muy claramente, como si hubieran sucedido ayer. Los detalles se han mantenido nítidos durante las cuatro décadas de mi vida. Afortunadamente, los recuerdos mejores son los que retienen mayor claridad. Son vibrantes, vívidos, tesoros de días que han quedado atrás. Otras partes de mi vida son más elusivas. No sé si es porque no puedo recordarlas o porque intento olvidarlas. En ambos casos debo buscar en las profundidades de mi memoria recuerdos que parecen guardados bajo llave.

Tenía doce años cuando me encontré en el famoso diván. Ese diván donde nos operan la mente. No el cerebro, sino el alma. Este tipo de cirugía es mucho más intrusa que las otras, y quizá aun más compleja. Recuerdo una cantidad interminable de exámenes que iban desde interpretar manchas de tinta hasta armar rompecabezas contra reloj.

El hombre tenía la clásica mirada freudiana, con barba y ojos excéntricos. Me aterraba la mera idea de reunirme con él, pero la experiencia en sí era interesante. No sabía qué encontraría buscando en mi psiquis, y había llegado a la conclusión de que era mejor saber el resultado, cualquiera que fuese. No tenía siquiera trece años y ya corría el riesgo de ser catalogado como loco. Me parecía injusto, cuando apenas me dejaban tomar decisiones. Sabía que era neurótico pero ahora quizá hasta descubrieran que era sicótico. Al pensarlo, veo que es gracioso que algunas de mis películas favoritas hayan sido: «Sin salida», «Mejor Imposible» y «Una mente brillante».

La conversación era inevitable, claro, pero aun así fue una sorpresa. Mi madre y mi padrastro se me acercaron con calma y me preguntaron si accedería a ir a ver a un doctor. No a un clínico, sino a un psiquiatra. La forma en que respondí no me fue de gran ayuda, porque reaccioné con hostilidad emocional, gritando: «Ustedes creen que estoy loco». Insistí en que no iría. Me sentía traicionado y condenado por su sugerencia. Al pensarlo ahora veo que estaban desesperados por ayudarme, pero no sabían cómo hacerlo.

Luego de calmarme, volvieron a asegurarme que no tenía la obligación de ir. Sólo era una sugerencia. Querían que me sintiera mejor. Sus palabras me hicieron ver que podía ser una buena opción, por lo que decidí que lo peor es no saber. Sólo podía haber un buen resultado: encontraría que estaba confundido, no loco; o descubriría que efectivamente estaba loco de atar. Quizá encontraran una solución a este lío.

No recuerdo exactamente cuánto tiempo pasé entrando y saliendo de consultorios y hospitales. Sólo sé que esa temporada de mi vida ha sido marcada por este recuerdo. Siempre estaba enfermo. Algunos niños se enferman lo suficiente como para que no asistan a la escuela. Yo ya había pasado ese límite. Casi podía convencerme de que nada de esto me había sucedido.

La cicatriz que decora mi abdomen me recuerda que fue más que una pesadilla. Lo llamaban cirugía exploratoria, un modo elegante de decir: «No tenemos idea de qué es lo que tienes, pero lo averiguaremos». Encontraron que no había nada mal, pero me quitaron el apéndice, ya que estaban por allí. ¿Para qué desperdiciar la oportunidad? Aprovecharon para sacar algo al menos. Hay una diferencia entre el hipocondríaco y quien tiene enfermedades psicosomáticas. La aprendí a los golpes. El hipocondríaco sólo imagina que está enfermo. Vive en un mundo imaginario en lo referente a su salud, desconectado de la realidad. La enfermedad psicosomática también nace en la imaginación, pero se vuelve real.

ENFERMEDAD DEL ALMA

Los médicos están observando cada vez más que hay una conexión entre nuestra mente y emociones y nuestro bienestar físico. Nuestra salud mental y emocional tiene un impacto importante sobre nuestra salud física. Y lo opuesto también sucede. Nuestra salud física puede afectar directamente nuestra salud mental y emocional.

Las palabras de Juan: «Amado, yo deseo que tú seas prosperado en todas las cosas, y que tengas salud, así como prospera tu alma» (3 Juan 1:2), suenan más a ciencia que a deseo o sentimiento. Él tenía una aguda percepción del hecho de que hay una relación entre la prosperidad de nuestras almas y la salud de nuestros cuerpos. Cuando nuestro corazón se enferma, el mal se esparce. Como un cáncer, la desesperanza en el alma humana puede causar todo tipo de trastornos.

Si bien hay un salto inesperado desde el espíritu hasta el cuerpo físico cuando se diagnostica este tipo de enfermedad, también es posible rastrear el origen hasta la herida o suceso que causan el mal. Antes de la cirugía, había tenido pesadillas terribles, muy vívidas. No me dejaban en paz, aun cuando estaba despierto. Y antes de las pesadillas, estaba la realidad. Yo me estaba desintegrando desde adentro hacia fuera. Incluso cuando todo iba bien, me invadía un terrible sentimiento de desesperanza.

Había días cuando el mero hecho de levantarme de la cama y enfrentar un nuevo día era un desafío. Mis calificaciones eran apenas suficientes como para pasar, y mi relación con el mundo exterior era mínima. Sólo puedo describirlo diciendo que estaba perdido dentro de mí mismo. El mundo exterior me parecía demasiado distante. Entre el mundo y yo había un abismo de confusión y angustia. Mirando hacia atrás me doy cuenta de que intentaba encontrarle sentido a la vida, y el proceso me parecía titánico.

Le cuento todo esto por una única razón: quiero que sepa que estuve perdido en el agujero negro y que hay una salida. Estoy convencido de que hay muchísimos más allí de los que nosotros creemos, hombres y mujeres que lo darían todo con tal de sanar. Continuamente conozco personas que han aprendido cómo funcionar escondiendo su disfunción. A veces es difícil creer que hasta no hace mucho tiempo la salud emocional era una norma. Para algunos, esto puede parecer un mito. He observado que la mayoría de quienes nacieron después de 1960 creen que la plenitud es sólo propaganda. Es difícil creer que hay personas verdaderamente sanas en su interior. Por cierto, si uno no cree que algo existe no lo buscará a menos que esté loco. Y claro, la mayoría de nosotros probablemente lo está.

En *Una fuerza imparable* examinamos el fenómeno de que cuando las culturas tienen más de algo, tantas más palabras tienen para describirlo... más palabras para *nieve* cuanto más cerca del polo estemos, más palabras para *verde* cuanto más nos acercamos al Ecuador. Por cierto, esto también es así cuando se trata de la plenitud. Hasta hace cincuenta años teníamos un vocabulario limitado con referencia a la salud mental. Uno podía estar «loco», «insano» o «haber perdido la cabeza». El lenguaje popular incluía «chiflado», «tostado», o lo que fuera, según el país o la región.

En un período de tiempo relativamente corto hemos expandido en mucho el vocabulario. Hablamos de función y disfunción, neurosis y psicosis. No se necesita demasiada capacitación para saber qué significan las palabras *bipolar, esquizofrenia y maníaco depresivo.* Tan común es el lenguaje de la ruptura mental en nuestra cultura que hasta sabemos qué significan las siglas ADD (trastornos por déficit de atención) o ADHD (trastornos por déficit de atención con hiperactividad). Hemos aprendido con rapidez el lenguaje de la disfunción. Ya no hay miedo, sino fobias, y sentimos fobia por todo. Nos hemos convertido en una sociedad que diagnostica y medica a nuestros niños basada en un patrón para reducir el comportamiento antisocial, en lugar de ser una cultura que alimenta y desarrolla la plenitud que necesitan. Sería justo decir que hemos renunciado al bienestar.

RECOMPOSICIÓN DE NUESTRAS VIDAS

En medio de nuestra creciente fragmentación, nunca antes nos hemos concentrado tanto como ahora en el individuo. Esta concentración se expresa en un consumismo sin freno. Si bien el materialismo es, por cierto, un aspecto del consumismo, no es su punto primario. El consumismo tiene su raíz en el narcisismo. Recuerde, el narcisismo implica que todo en la vida tiene que ver con nosotros mismos. Podría parecer contradictorio decir que hemos abandonado la búsqueda de la plenitud y que al mismo tiempo nos consume una vida que sólo se trata de nosotros mismos. Pero de forma extraña, ambas cosas van de la mano.

Y hasta el lenguaje de la sicología pop nos traiciona. Se nos dice que lo más importante es cuidar de nosotros mismos. El secreto del bienestar personal es que debemos amarnos a nosotros mismos. Todo comienza con nosotros. «No puedes amar a otros si no te amas a ti mismo», es el *mantra* que nos invitan a repetir. Se nos da permiso profesional para ponernos por encima de todo y de todos. En esta situación, el amor tiene que ver con consumir. Hay que complacerse uno mismo antes de poder dar. Se cree que una vez que hayamos obtenido suficiente, estaremos satisfechos y comenzaremos a dar a otros.

Pero la realidad es muy diferente. Cuando estamos destrozados, nunca nada es suficiente. Cuando estamos emocionalmente fragmentados, damos con medida. No importa cuánto consumamos, cuánto obtengamos, siempre pensamos que estamos vacíos. A su vez, esto hace que quedemos más frustrados y amargados. Dejamos de creer que lo que buscamos está realmente allí. Y, ¿cómo dar cuando uno no tiene suficiente? ¿Por qué dar algo que nos ha dejado insatisfechos e incompletos?

Cuando estamos destrozados la plenitud puede parecer elusiva o ilusoria. Nuestra búsqueda desesperada a menudo nos conduce en un camino para encontrar algo que jamás hemos conocido. Nuestra determinación por encontrar lo que perdimos sólo hace que perdamos el rumbo. La búsqueda por la plenitud es contra-intuitiva y requiere que dejemos lo que buscamos para poder comenzar un peregrinaje que nos llevará por un sendero completamente distinto. Por esto la plenitud y la generosidad están íntimamente relacionadas.

Es fácil llegar a concluir: no puedo dar de lo que no tengo. Si bien es cierto que no podemos dar lo que no tenemos, sí podemos dar lo que no hemos experimentado. Desde un punto de vista netamente humano, uno puede servir mejor, aun cuando jamás nos hayan servido; puede perdonar, aun cuando jamás nos hayan perdonado otros; puede expresar compasión, aun cuando jamás la haya recibido de otros. Y sin embargo, muchos llegan a la conclusión de que no tienen nada para dar basándose en la evaluación de aquello que han experimentado.

La generosidad no depende de lo que hayamos recibido, sino de nuestra disposición para dar. Lo que tenemos para dar no es la suma total de lo que otros nos han dado, sino lo que sinceramente emerge de nuestros corazones. Para ser generosos de verdad debemos ser generadores. Si sólo damos lo que recibimos, estaríamos ante un mero trueque emocional. Vemos aquello que es necesario para la comunidad humana como un recurso limitado. Este tipo de escasez mental nos lleva a guardarnos de dar, para evitar quedarnos con menos.

Cuando uno reduce la generosidad a su esencia primera, lo que encuentra es amor. Toda generosidad, tanto en lo económico como en lo emocional, proviene de la misma fuente. Cuando estamos destrozados nos volvemos un agujero negro emocional. No importa cuánto viertan los demás en este agujero, la luz se absorbe y jamás se refleja de vuelta. Cuando estamos en plenitud, nos alimentamos con lo que otros nos dan, y al mismo tiempo, lo devolvemos a otros.

LA ESENCIA SANADORA

Repito, mientras que el dar puede tener aplicaciones específicas —tiempo, dinero, confianza, cuidado, compasión, aliento, perdón y tantas otras cosas más— en esencia lo que damos es amor. Cuando una persona alcanza la plenitud no ve el amor como un recurso limitado, sino como algo ilimitado. Quienes son plenos saben que el amor es una mercancía que se expande continuamente. Fuimos creados por Dios para generar amor. El amor siempre debe fluir libremente hacia y desde nosotros. Fuimos diseñados para ser conductores del amor. El problema es que nos hemos desconectado de la fuente del amor.

Juan nos recuerda que amamos porque Dios nos amó primero (1 Juan 4:19). Dios es no sólo la fuente de todo amor sino el instigador de nuestra necesidad de amar y de ser amados. El amor es tan inherente a la esencia de Dios que es una prueba primaria de nuestra relación con el Creador.

Juan dice: «Amados, amémonos unos a otros; porque el amor es de Dios. Todo aquel que ama, es nacido de Dios, y conoce a Dios. El que no ama, no ha conocido a Dios; porque Dios es amor» (1 Juan 4:7-8).

Juan también presenta la relación entre el amor y la plenitud. Explica: «Nosotros hemos conocido y creído el amor que Dios tiene para con nosotros. Dios es amor; y el que permanece en amor, permanece en Dios, y Dios en él. En esto se ha perfeccionado el amor en nosotros, para que tengamos confianza en el día del juicio; pues como él es, así somos nosotros en este mundo. En el amor no hay temor, sino que el perfecto amor echa fuera el temor; porque el temor lleva en sí castigo. De donde el que teme, no ha sido perfeccionado en el amor» (1 Juan 4:16-18).

Juan introduce la idea del ser hechos perfectos. Este tema aparece a lo largo de las Escrituras y a veces se ha malinterpretado. Santiago apunta al mismo punto cuando nos describe como maduros y completos, carentes de nada (Santiago 1:4). Pablo lo describe como madurez, logrando la plena medida de la plenitud de Cristo (Efesios 4:13).

La Escrituras nos describen como perfectos y completos en esta vida. La palabra paralela más adecuada sería *plenos*. La promesa de Dios no es que careceremos de defectos en este mundo, sino que podemos alcanzar la plenitud en esta vida. Hemos desperdiciado demasiada energía intentando ser perfectos en nuestras acciones, pero muy poca en tener espíritus saludables. La perfección que Dios promete fluye de la plenitud que sólo Cristo puede formar en nosotros por medio del amor de Dios. Es una perfección que echa fuera al temor y da rienda suelta al amor.

¿Se le ha ocurrido alguna vez que Dios ha planeado que no sólo recibamos y demos amor, sino que también lo generemos, que hemos sido diseñados para ser máquinas de amor? Vea lo que dicen las Escrituras con respecto al amor:

Y el Señor os haga crecer y abundar en amor unos para con
otros y para con todos, como también lo hacemos nosotros
para con vosotros (1 Tesalonicenses 3:12).

Y esto pido en oración, que vuestro amor abunde aun más
y más en ciencia y en todo conocimiento, para que apro-
béis lo mejor, a fin de que seáis sinceros e irreprensibles
para el día de Cristo, llenos de frutos de justicia que son por
medio de Jesucristo, para gloria y alabanza de Dios
(Filipenses 1:9-11).

Para que os dé, conforme a las riquezas de su gloria, el ser
fortalecidos con poder en el hombre interior por su
Espíritu; para que habite Cristo por la fe en vuestros corazones, a fin de que, arraigados y cimentados en amor, seáis
plenamente capaces de comprender con todos los santos
cuál sea la anchura, la longitud, la profundidad y la altura,
y de conocer el amor de Cristo, que excede a todo conocimiento, para que seáis llenos de toda la plenitud de Dios
(Efesios 3:16-19).

En cada uno de estos pasajes, el resultado deseado es una capacidad y un recurso expandidos con respecto al amor. El último
pasaje dibuja la imagen de alguien impregnado del amor de Cristo
al punto de sentir la medida plena de la bondad de Dios. Esta persona no gotea, se desborda. Y este es el secreto de llegar a la plenitud. El proceso comienza con la gratitud. Recuerde, un aspecto
importante de la liberación del efecto sanador de la gratitud es la
disposición para perdonar y seguir avanzando. El corazón lleno de
gratitud se concentra en lo que es bueno, no en lo que está ausente.
Al mismo tiempo, nos encontramos poniendo a otros por delante
de nosotros... saliendo del egocentrismo para servir a otros. Cuando
redirigimos nuestras energías de esta manera, nos encontramos
dando cosas que jamás recibimos de otros. Al hacer esto, nuestro
proceso de sanidad ya ha comenzado.

Por supuesto, esto sólo nos lleva hasta un punto. Todos necesitamos ser amados. Todos necesitamos compasión. Todos necesitamos perdón. Todos necesitamos aceptación. Y es por eso que por encima de todo necesitamos a Dios. Fuimos creados para solazarnos en el incondicional e infinito amor de Dios. En Él podemos encontrar todo lo bueno que nuestra alma requiere. Todo lo que no hemos recibido de otros, podemos recibirlo de Él. Todo lo que nuestras almas anhelan es satisfecho en Cristo. Aunque jamás encontremos o recibamos el amor de otros, podemos recibir un amor aún mayor del que nos falta.

Mi esposa Kim y nuestra pequeña hija Mariah estaban conversando un día, cuando en un momento de gran afecto, Kim dijo: «Mariah, te amo hasta hacerte pedazos». Mariah, un tanto confundida por la imagen, miró a Kim y dijo: «Mamá, yo te amo entera».

A veces, los niños tienen una visión mucho más profunda que los adultos. El amor humano, muchas veces, nos hace pedazos.

Hay una vieja canción de Nazaret llamada «El amor duele». ¿Cuántos de nosotros hemos lastimado a nuestros seres más amados? El amor divino siempre nos ama llevándonos a la plenitud. Pienso que nuestro idioma nos traiciona cuando describimos las luchas de nuestra vida cotidiana. Decimos que tenemos «el corazón hecho pedazos» cuando se termina el amor, nos encontramos «hechos pedazos» cuando algo nos abruma. A veces, lo mejor que podemos hacer es «juntar los pedazos». Cada una de estas frases comunes muestra nuestro sentimiento de fragmentación. ¿Es posible que sólo estemos en peligro de «perder la cabeza» porque estamos siempre buscando «juntar los pedazos»? Inocuo como parece, debemos dejar que amarnos hasta rompernos en pedazos y comenzar a amarnos para llegar a ser completos. Sólo el amor de Dios está libre de motivación egoísta. Sólo Su amor se da sin reservas ni condiciones. En Jesucristo encontramos el único amor que nos hace de verdad plenos. Él da ese amor a todos los que le confían su corazón. Esta es la búsqueda de la nobleza, vivir y amar de manera merecedora ante Dios. Por eso la plenitud no puede definirse por nuestra capacidad para *experimentar* el amor, sino por nuestra capacidad para *ejercitar* el amor, para ponerlo en práctica.

DAR Y RECIBIR

La mejor definición de la plenitud que haya utilizado es simplemente: *cincuenta y uno por ciento*. Es decir, cuando uno da más de lo que recibe. No mucho más, sino sólo una diferencia de un dos por ciento. A veces los ideales son difíciles de medir, pero casi todos tenemos conciencia de cuánto depositamos y cuánto retiramos. Si hay cien billetes de un dólar, y cien personas toman un billete cada una, ¿cuántos billetes quedan? Nada, claro. Por otra parte, si hubiera cien personas, y cada una diera un dólar... Bueno, ya ve lo que quiero decir. ¿Qué pasaría si en cada situación uno se comprometiera a dar más de lo que retira, ya sea en cuanto a las finanzas, las relaciones, las emociones o la inversión de nuestro tiempo? Es difícil imaginar lo que es la plenitud en su estado más perfecto. Por supuesto, Jesús es nuestro mejor ejemplo del cien por ciento, una persona cuya vida entera se dedicó a dar. Imagine vivir cada momento de su vida para contribuir todo lo posible a la vida de los demás.

Imagine conmigo, sólo por un momento, que una persona dedicara cada palabra, cada motivo y cada acción al bien de otros. Esta es esencialmente la vida de Jesús. No era que Él no tuviese necesidades. En realidad, comprobamos que el amor y el aliento de Sus amigos eran apreciados y deseados. Sin embargo, a pesar de las acciones y respuestas de quienes le rodeaban, Él siempre tomó la decisión de darse a los demás. Jesús siempre dio más de lo que recibió.

Nadie podrá acusarle de consumir más de lo que contribuyó. Todo quien sinceramente establezca una relación con Jesús recibe mucho más de lo que da. Los ejemplos más dramáticos en la vida de Jesús son que sanó al enfermo, dio vista al ciego, curó al leproso, hizo caminar al paralítico y hasta que devolvió la vida al que estaba muerto. Todo el entorno de Jesús está tocado por Su naturaleza sanadora. Dondequiera que la influencia de Jesús llegara y fuera recibida, la salud era el resultado. Jesús no sólo perdonó pecados, sino sanó a la gente. Les explicó a Sus discípulos que Él venía a servir, no a ser servido. Traducido a este contexto, Jesús decía que Él venía a dar, no a tomar. El suyo fue un viaje de verdadera nobleza.

Me resultaba más que interesante comprender la naturaleza de la plenitud. Era cuestión de supervivencia. Durante más de una década invertí gran parte de mi vida trabajando con familias y personas atrapadas en un ciclo de pobreza y adicción. No siempre van juntas, pero a menudo sucede que ambas se relacionan. Cuando comencé a trabajar con la gente pobre de las ciudades tenía una visión romántica de la pobreza. Los ricos eran malos, y los pobres buenos. Atribuí al pobre una nobleza que a veces merecía, pero muchas veces me equivoqué. Conocí personas sorprendentes en las circunstancias más difíciles. Aun en las situaciones más oscuras siempre había al menos una persona cuya vida iluminaba la habitación. Cuando uno piensa en todo lo que estaba en contra, la fuerza y resistencia que significó sobreponerse a las circunstancias eran propias de un héroe. Y también aprendí que la pobreza no es una virtud.

Aprendí que no podía comprar a una persona para que saliera de su patrón autodestructivo. P. T. Barnum habla de que a cada minuto nace un bobo. Una y otra vez descubrí que había utilizado mi minuto. Casi llevo a la quiebra a la iglesia y a mi esposa. No podía creer que hubiera tanta gente sin combustible en el auto, sin dinero en la billetera, y con tantas deudas por pagar. Quizá me haya llevado más tiempo que a los demás, pero pronto comencé a ver que estaba vertiendo mis limitados recursos en un agujero negro. No estaba cubriendo necesidades; estaba alimentando un apetito insaciable. Desearía poder decir que esto se aplicaba sólo a las personas fuera de nuestra iglesia, pero no es así. Creer en Jesús no siempre hace que la balanza se incline en dirección al dar en lugar de recibir. Veían la iglesia como un recurso más de dónde tomar, en lugar de verla como una comunidad en la que podían servir e invertir en otros.

Una familia en particular me obligó a ver las cosas desde una perspectiva más sincera. Habían estado participando en la iglesia durante varios años. Expresaban su fe y la congregación los amaba. Pero cada seis meses aproximadamente estaban bajo la amenaza de ser desalojados por no pagar su alquiler. Como muchos otros, habían establecido un patrón de pago que duraba sólo los primeros meses, y luego vivían sin pagar su renta durante varios meses más, sabiendo que el proceso legal llevaría algún tiempo. Me resultó difícil ver que desalojaban a esta madre soltera y a sus hijos. Era ya la sexta vez que atravesábamos la misma situación y debí tomar la decisión de no intervenir. No era que hubiera llegado a la conclusión de que no estaba bien seguir dándoles dinero; en verdad ya no había dinero para darles.

Como no se trataba de falta de interés por ellos, fui a su casa, me senté junto a ella y le expliqué que no podríamos ayudarla. También pensé que después de tantos años me había ganado el derecho a hablarle del ciclo continuo que observaba en su vida. Sugerí que aún si le pagábamos el alquiler una vez más, pronto volvería a encontrarse en la misma situación si no cambiaba su forma de vivir. Yo tenía unos veinticinco años, era un creyente relativamente joven, y su respuesta me sorprendió. Se volvió hostil y me insultó. No digo que sólo utilizó palabras subidas de tono sino que sus gritos habrían hecho sonrojar a más de una soprano. Luego me echó de la casa y me dijo que nunca más volviera allí.

Creo que aprendo despacio y que me lleva tiempo entender ciertas cosas, pero ese día supe que al construir un refugio alrededor de ellos una y otra vez, mis esfuerzos no habían causado cambio alguno en la vida de esta mujer.

¿Era yo sólo un participante voluntario en una relación de codependencia? ¿Estaba intentando ser Jesús de modo incorrecto? ¿Estaba desvirtuando un proceso absolutamente necesario en el viaje de transformación? ¿Estaba alimentando el quebranto en lugar de la plenitud? Llegué a la dolorosa conclusión de que sí lo estaba haciendo.

EL CAMINO A LA PLENITUD

Vivía en Dallas en esa época. Desde mi punto de vista, Dallas era la meca de la psicoterapia cristiana. Era la década de 1980 y organizaciones como *Minirth-Meier* y *Rapha* florecían gracias a la gran necesidad de consejería en las iglesias. La mayoría de los programas que había eran muy caros. Requerían de mucho personal o de un muy buen seguro de salud. En mi comunidad no había nada de eso. Si la consejería profesional era la mejor esperanza para los cristianos quebrantados, los seguidores de Cristo en mi barrio no tendrían ayuda alguna.

Luego de cuatro años de seminario y siete años en la fe cristiana llegué a la conclusión de que la política tácita consistía en darle a Jesús los problemas pequeños y confiar los grandes conflictos a Freud. La triste verdad es que la iglesia no sabía cómo ayudar a la gente. La plenitud era un misterio para nosotros, lo mismo que para los demás. La psiquiatría moderna es la totalidad del estudio de la disfunción humana. Su experiencia está en identificar, describir y definir las expresiones del quebranto humano.

El camino hacia la plenitud no puede ser descubierto concentrándonos en las señales de la fragmentación. Por eso Jesús es nuestra mejor y única esperanza. Jesús era en verdad pleno, completo. Era la expresión pura de un ser humano saludable. Y si bien podemos aprender acerca de Dios estudiando Su divinidad, también podemos aprender sobre el ser humano estudiando Su humanidad. En Jesús develamos el misterio de la plenitud. Desde Su decisión de hacer de sí mismo la nada hasta Su voluntad de morir por nosotros, Jesús nos muestra el camino. Su oración a Su padre en el Getsemaní: «No se haga mi voluntad, sino la tuya», nos muestra la mente de Cristo. Su vida no tenía que ver consigo mismo. Él nos llama a elegir el mismo camino. Nos promete que la vida que deseamos puede encontrarse si nos perdemos a nosotros mismos en Él. Nos invita a encontrar nuestro propósito y sanidad sirviendo a otros. Aquí Él nos muestra el lado humano del cambio divino. Dios tiene la total intención de hacer discípulos plenos a partir de personas destrozadas. La plenitud es una promesa para todos nosotros. Y aunque vaya en contra de todo lo que sintamos, debemos confiar en Él, sabiendo que Su proceso es el único que nos sana. Su amor, liberado en nosotros es nuestra única esperanza para que completemos este proceso de plenitud.

El amor en su más pura expresión no es algo que se recibe, sino que se da. Dios no es amor porque es el más amado, sino porque es quien más ama. Le amamos porque él nos amó primero. Del mismo modo, el amor humano se expresa y se siente más puramente cuando se da, no cuando se recibe. Para encontrar el amor debemos buscar darlo, en lugar de sólo encontrar dónde está. Cuando comenzamos a amar de este modo, empezamos a encontrar la plenitud que Dios promete. Hasta tanto aceptemos esta realidad de que lo que necesitamos sólo vendrá cuando lo demos, corremos el riesgo de convertirnos en acabados consumidores.

Cuando consumimos cosas, somos materialistas. Cuando consumimos personas, somos caníbales. Al menos las cosas son inanimadas; las personas son de carne y hueso. Entiendo que una de las razones por las que el Tyrannosaurus Rex era tan notorio era su insaciable apetito, causado por un metabolismo acelerado. Rex siempre estaba hambriento. Toda hora era hora de comer. Y todo lo que Rex encontraba era candidato al plato. Rex era la imagen acabada del consumidor. Por desgracia, también es la imagen más acabada de algunas relaciones humanas disfuncionales. Vemos a las personas como si existieran para nuestro beneficio. Estamos tan ávidos de amistad, tan deseosos de amor, que cada vez que alguien se arriesga a acercarse a nosotros le consumimos. Estamos tan ocupados devorando la amabilidad de esta persona que prácticamente olvidamos que no estamos contribuyendo. Ni siquiera pensamos en dedicar un tiempo a alimentar a la otra persona. Pido perdón por el término, pero somos sanguijuelas emocionales. Nos apegamos a los corazones de las personas compasivas, las cuales no sospechan nada y esperan ayudarnos a sentirnos mejor. Les chupamos toda su reserva emocional, hasta que quedan demacrados, irreconocibles. Después de que los acabamos, nos alejamos en búsqueda de una nueva víctima. Pero antes de irnos nos aseguramos de no dejar acción buena sin castigar, y les acusamos: «Me dijiste que estarías allí cuando te necesitara. Me has abandonado. Como lo hicieron todos los demás».

Cuando uno es víctima de esta situación, estas palabras finales son un golpe bajo. Luchando por recuperar el aliento las vemos alejarse y apegarse con rapidez a algún otro ser compasivo y amable. Querríamos advertirles, pero algo nos lo impide —por fin estamos libres— y sentimos que al menos ya no nos veremos afectados.

A lo largo de los años he aprendido a cuidarme de todo aquel que comience una conversación elogiándome y criticando a la persona que más recientemente ha prodigado su afecto a mi interlocutor. Esto es señal segura de un consumidor relacional y emocional que busca otra presa. Hay una razón por la que todos le causan desilusión a esta persona. Le dirá que nadie jamás lo amó ni lo apoyó, y que no hay nadie a su lado. Nadie que observe desde afuera podría saber que esto no es cierto, pero para este individuo es una evaluación honesta de su experiencia hasta entonces.

LLENANDO EL AGUJERO

Tiene diecisiete años y está destruyendo su vida. El arma de su elección ha sido primero la droga, y luego la promiscuidad sexual y el alcohol. Entre la trayectoria de su vida, y el paso al que está avanzando, no llegará a su cumpleaños número veinte. En un momento de ira, luego de explicar que no está haciendo mal a nadie más que a sí mismo, agrega que nadie lo ama. Las lágrimas de su madre no lo convencen, no lo tocan. La angustia en los rostros de sus amigos se traduce en su mente como crítica, no como preocupación. Su padre, estoico, no puede esconder su dolor. Cualquiera vería que está rodeado por personas que se preocupan por él, pero está seguro de que nadie lo ama.

Si bien la reticencia a amar es un resultado de nuestra elección cuando somos consumidores emocionales, hay una consecuencia inesperada: la incapacidad de sentir el amor. A menudo, cuando estamos quebrantados, sentimos que nadie nos ama aunque estemos rodeados de amor. Llegamos a la conclusión de que no le importamos a nadie porque estamos desensibilizados, y ni siquiera vemos la preocupación de los demás por nosotros. Estamos dormidos, anestesiados. Perdemos nuestra capacidad de sentir porque no queremos amar, y cuando nos encerramos a la experiencia de dar amor, también nos perdemos la experiencia de sentir el amor de otros.

En medio de su discurso poético sobre el amor, Pablo hace esta observación crítica: el amor no busca lo suyo propio. El amor genuino nunca es egoísta. Siempre es por el bien de oros. Siempre pone a los demás por encima de sí mismo. El amor nos elude sólo cuando queremos recibirlo, sin darlo. Podemos volvernos tan egoístas, que no lleguemos a sentir el amor que nos dan. Cuando nos abrimos al amor, nos abrimos a sentir el amor que nos rodea también.

Al contrario de lo que parece, la persona que más da de sí misma, sentirá más amor. La profundidad de la naturaleza del amor sólo se conoce en el contexto del sacrificio personal por los demás.

Por esto la plenitud sólo llega en el acto de dar, no en el de recibir. Somos más completos cuando somos más libres para dar. Cuando nos acercamos a las Escrituras comprendiendo que la santidad y la plenitud son inseparables, hasta los mandamientos se muestran bajo una luz diferente, nueva.

La plenitud se ve a menudo como una realidad personal, pero su esencia es colectiva. La plenitud es una condición espiritual que afecta nuestro bienestar emocional y relacional. Nuestra salud emocional (interna) y nuestra salud relacional (externa) son inseparables. Tanto los Diez Mandamientos como el Gran Mandamiento tratan fundamentalmente de relaciones. En Marcos 12 uno de los maestros de la ley se acercó a Jesús con una pregunta: «De todos los mandamientos, ¿cuál es el más importante?». Si uno analiza a fondo esta pregunta lo que le está preguntando a Jesús es: «¿Qué es lo que más le importa a Dios?» Podríamos analizar la pregunta en el contexto de los Diez Mandamientos únicamente, pero este estudioso de la Torá pensaría que hay al menos seiscientos mandamientos diferentes a considerar. La respuesta de Jesús fue: «El primer mandamiento de todos es: Oye, Israel; el Señor nuestro Dios, el Señor uno es. Y amarás al Señor tu Dios con todo tu corazón, y con toda tu alma, y con toda tu mente y con todas tus fuerzas. Este es el principal mandamiento. Y el segundo es semejante: Amarás a tu prójimo como a ti mismo. No hay otro mandamiento mayor que éstos» (vv. 29-31).

El maestro de la ley respondió: «Bien, Maestro, verdad has dicho, que uno es Dios, y no hay otro fuera de él; y el amarle con todo el corazón, con todo el entendimiento, con toda el alma, y con todas las fuerzas, y amar al prójimo como a uno mismo, es más que todos los holocaustos y sacrificios» (vv. 32-33).

Jesús creyó que el maestro había contestado sabiamente y dijo: «No estás lejos del reino de Dios» (v. 34).

En respuesta a qué era lo que más le importaba a Dios, la contestación de Jesús podría resumirse con una sola palabra: las relaciones. No hay nada más importante para Dios que nuestras relaciones. Jamás estamos cerca del reino de Dios si nuestras relaciones no son nuestra prioridad. Primero, por supuesto, está nuestra relación con Dios. Inseparable de esta relación con nuestro Creador está nuestra relación con los demás.

PERDIDO EN UN TRIÁNGULO AMOROSO

Durante años yo interpretaba la segunda parte de este mandamiento de la siguiente manera: No podemos amar a otros si no nos amamos a nosotros mismos. Primero debemos amarnos a nosotros mismos para poder amar al prójimo. Me he convencido de que esto es exactamente lo que *no* dice el mandamiento. El segundo mandamiento no es secuencial. No hay tres mandamientos... sólo hay dos. No es amar a Dios, luego a usted mismo y luego a otros; es amar a Dios y a otros como a nosotros mismos. Es un mandamiento a regalarnos, a dejar de pensar en nosotros mismos para hacer de los demás el foco central de nuestras vidas. Hay una diferencia entre amarnos a nosotros mismos y estar enamorados de nosotros mismos. Cuando se tiene una relación adecuada con Dios, tenemos un sentido saludable de quiénes somos. El amor de Dios nos permite encontrar plenitud en la persona que Dios nos ha hecho ser. El amor de Dios se convierte en la medida y la base de nuestro valor personal. Cuando amamos a Dios con todo nuestro corazón sólo tenemos que aceptar lo que Él dice acerca de nosotros... lo cual, dicho sea de paso, ¡es que hemos sido creados de manera maravillosa!

Dicho esto, Dios nos invita a enfocarnos en amar, no en ser amados. Dios sabe que sólo cuando nuestros corazones están en esta posición somos capaces de experimentar el amor que anhelamos. ¿Está dispuesto a amar a Dios con todo su ser, a amar a otros y a confiar en que no le faltará amor? Si busca amar a Dios y a los demás, el amor le buscará y le encontrará.

Incluso los Diez Mandamientos establecen el mismo patrón. Los primero cuatro hacen referencia a nuestra relación con Dios, para asegurar que tratemos a Dios de manera apropiada y le amemos de un modo que honre Su persona. Los últimos seis mandamientos tratan sobre cómo nos relacionamos con los demás. El quinto nos llama a no vivir como consumidores con relación a nuestros padres, indicando que los honremos; el sexto nos dice que no quitemos la vida a otra persona; el séptimo, que no le quitemos el cónyuge; el octavo, que no le quitemos sus posesiones; el noveno, que no le quitemos su buena reputación, y el décimo, que no *deseemos* quitarle al prójimo lo que no es nuestro. Podríamos resumir los últimos seis mandamientos diciendo: No te apropies de lo que no te pertenece.

A Israel Dios le ordenó dar. Debían prestar sin cobrar intereses, compartir su abundancia con los pobres, dar el diez por ciento de su ingreso para adorar a Dios, vivir con menos de lo que ganaban y ser bendición para las demás naciones. Debían ser un pueblo que demostrara plenitud. Debían entregarse a otros y confiar en que Dios les proveería en abundancia. Y el sábado era una bofetada al consumismo. Que el resto del mundo trabajara como esclavos siete días a la semana, intentando ganar más. Ellos debían trabajar seis días, descansar el día número siete, disfrutar de Dios y sorprender al mundo con sus riquezas.

Veo con claridad que así como hay familias sanas y familias enfermas, hay culturas sanas y otras que son enfermas. Dios estableció en el corazón de la nación de Israel el patrón que determinaría la plenitud colectiva. Debían ser un pueblo generoso, una nación de dadores. Vivir apropiándose es opuesto a la naturaleza de Dios. Debían reflejar la generosidad de Dios y dejar expuesto el vacío de una vida de egoísmo. Esta es la invitación que se nos ofrece cuando se nos invita a ser seguidores de Jesucristo: «Sed, pues, imitadores de Dios como hijos amados. Y andad en amor, como también Cristo nos amó, y se entregó a sí mismo por nosotros, ofrenda y sacrificio a Dios en olor fragante» (Efesios 5:1-2).

En esencia se nos desafía a amar un nivel divino, para ver si es posible amar demasiado. Es como si por medio de Su muerte Jesús nos lanzara el reto. Él estaba decidido a demostrar que el amor no puede ser asesinado, y que si era crucificado, por cierto se levantaría de entre los muertos. Cuanto más damos de nosotros, tanto más plenos nos hacemos. Cuanto más completamente amemos, tanto más completos nos hará el amor. Esta es nuestra búsqueda de la nobleza... vivir la calidad de vida que Dios tenía en mente cuando nos creó.

Me impacta la primera mitad del Gran Mandamiento y el modo en que se relaciona con nuestro dilema específico respecto a la plenitud. Se nos llama a amar a Dios con todo nuestro corazón, toda nuestra alma, toda nuestra fuerza y toda nuestra mente. ¿Alguna vez ha amado algo con todo su ser? ¿Ha arriesgado entregar la totalidad de su ser, confiándolo al cuidado de otro? ¿Es posible que no sea Dios quien nos necesita por completo, sino que nosotros necesitemos darnos por entero a Dios? Los que somos seguidores de Cristo sabemos que necesitamos todo de Dios. Pero ¿sabemos con la misma claridad que nuestra plenitud depende de que nos entreguemos por entero a Él?

No sé si comprendo con exactitud lo que significa entregarme por entero en la dimensión que Jesús describe. Sí sé lo que es amar a medias, o tener ideas a medias. Conozco mucho mejor lo que es retener, guardarme cosas, resguardar mi parte más vulnerable. El amor requiere confianza, y la confianza siempre implica riesgo. Sin embargo, Dios nos invita a entregarnos por completo, la propuesta que más nos asusta en el contexto más seguro de todos. Podemos confiar en Dios incluso cuando nuestro corazón sea frágil. Él sabe que jamás conoceremos el amor en su plenitud a menos que nos entreguemos a otros. Y aun para quienes han sido traicionados y heridos, hay una persona a quienes pueden recurrir. Él no traicionará nuestra confianza. Como descubrió el apóstol Pablo a lo largo de su vida, todo aquel que confía en Él, jamás será avergonzado (Romanos 10:11).

PLENITUD EN ÉL

En Juan 17, Jesús ora por Sus discípulos. En Su oración describe su relación única con el Padre, y pide que los discípulos puedan llegar a ser uno, como Él y el Padre lo son. Jesús no está aquí apuntando al monoteísmo. En realidad que Dios es uno, y sin embargo se expresa en tres personas, es un extraordinario misterio. Lo que Jesús está señalando aquí es algo más. Nos señala una expresión de Dios cuyo propósito es el de llegar a nosotros. Esta no es una oración por la unidad, sino una oración por la plenitud. No hay fragmentación en Dios, no hay disfunción en la relación de Dios. Cada una de sus tres expresiones honra a la otra. No hay parte de esta Trinidad que busque lo propio. El amor siempre es la motivación, la intención y el resultado. Todo acerca de Dios es bueno, y todo fluye desde Dios. Él es el eterno dador, la fuente de todo don bueno y perfecto, de todo lo que pueda desearse.

Fuimos diseñados para vivir de este modo. Fuimos creados para ser expresiones de la bondad y plenitud de Dios. El bien debe fluir desde nuestras vidas. El amor es generador. Se convierte en un recurso ilimitado que fluye desde nuestros corazones. Fuimos creados para conocer la experiencia del amor en toda su magnitud. Cuando Dios hizo a la humanidad fue algo muy bueno. Somos una continuación de la bondad de Dios. Apartados de Él, hay un vacío en medio de nuestras almas. En Él, somos completos, y encontramos ese estado ansiado que llamamos plenitud.

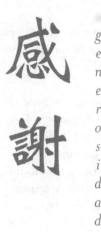

8

Románticos incurables

«Eran adolescentes cuando se conocieron. Ambos habían estado saliendo con otra persona. Él estudiaba en la USC y ella en Cal State L.A. Era hermosa y vivaz, su personalidad magnética le atrajo desde el primer momento. También era inaccesible. Su tío era pastor, y ella era una devota seguidora de Jesucristo. Greg jamás había salido con alguien parecido, y no podía imaginar que llegara a suceder. Le parecía que ella jamás se fijaría en alguien como él.

Pasaron casi tres años antes de que comenzaron a salir juntos. A pesar de que él también era cristiano, ella era la primera chica cristiana con quien salía. Desde su punto de vista era hermosa por dentro y por fuera. Debbie era el amor de su vida, y parecía inevitable que estarían juntos para siempre. Dos años de noviazgo, un año comprometidos para casarse, y luego la boda. Era un cuento de hadas, pero con una excepción: Debbie estaba enferma. Al comienzo era sólo fatiga, luego vinieron los dolores, y los síntomas empeoraron mientras la enfermedad progresaba. Debbie tenía lupus, una enfermedad sistémica que ataca al organismo de manera impredecible. El diagnóstico llegó justo antes de su compromiso, y

153

aunque complicó la situación, no hizo que el amor de Greg por Debbie disminuyera en nada. Un viaje inesperado al hospital pareció tener la intención de interrumpir la agenda planeada entre el compromiso y la boda.

Sin embargo, a pesar de todo, se casaron según lo acordado el 14 de noviembre de 1981. Debbie recuerda lo mal que se veía a causa de la medicación y el tratamiento. Greg recuerda lo hermosa que se veía. Sus descripciones son tan diferentes que uno se pregunta si asistieron a la misma boda. Debbie sufría de una inflamación del corazón. Poco después se cubrió de costras. Y cuando la crisis culminó, su enfermedad eligió un nuevo objetivo... sus riñones.

Desde 1983 hasta 1988 Greg y Debbie caminaron juntos, y su amor creció mientras los riñones de ella se deterioraban. En 1987, Debbie fue puesta en lista de espera para un transplante de riñón. Irónicamente, la lista es llamada «lista de cadáveres donantes». Alguien tendría que morir para que Debbie pudiera vivir. Pero Debbie no lograba conseguir un donante en esta lista, y los doctores comenzaron a buscar un donante vivo. Al año siguiente, sugirieron que comenzarían a analizar a los familiares y amigos. Un transplante de riñón requiere de un alto nivel de compatibilidad, por lo cual los primeros candidatos son los hermanos y quizá los padres. La probabilidad de encontrar a alguien adecuado es muy baja fuera del entorno inmediato familiar. Algunos familiares de Debbie no querían hacerse los análisis. Y los que sí quisieron, no eran compatibles. La hermana de Debbie también tenía lupus... eso la eliminaba de la lista. No se encontraba a ningún donante entre sus más cercanos parientes.

En medio de esto Greg sugirió que le hicieran los análisis a él. Sería el candidato menos probable, y a lo sumo podría considerarse como un último recurso. La posibilidad de que un cónyuge sea compatible es remota. Pero eso fue exactamente lo que sucedió. Aunque sólo los unía el lazo matrimonial, Greg sí era compatible. Ahora, él tenía que tomar una decisión. ¿Renunciaría a uno de sus riñones saludables por amor a su esposa? Su familia le recordaba los riesgos, y hasta le mencionó la posibilidad de que él le diera su riñón sólo para que más adelante Debbie lo dejara por otro hombre.

No había acuerdo de divorcio en el mundo que le garantizara la devolución del riñón. Y su doctor, en privado, también le ofreció una salida. Preocupado porque Greg estuviera actuando bajo presión le aseguró que podría darle varias razones válidas por las que no sería buen candidato, si es que él prefería retirarse. Además en la familia de Greg había antecedentes de diabetes, por lo que algún día él también podría estar en lista de espera. Pero la respuesta de Greg fue sencilla: estaba más que dispuesto a darle su riñón al amor de su vida. Antes de que se le permitiera hacerlo debía pasar por una evaluación psiquiátrica, para asegurar que no estuviera loco ni que sufriera del llamado Síndrome del Mártir. Greg no estaba loco... estaba locamente enamorado. Era un romántico incurable.

Cuando le pregunté a Greg por qué lo hizo, esperé una respuesta que me indicara que esta era su solución para salvarle la vida a Debbie. Pero nunca me respondió eso. En verdad, jamás dejó que la cuestión llegara a ese punto, porque le dio a Debbie su riñón mucho antes de que llegara a estar en riesgo su vida. Me explicó que después de haber vivido durante nueve años con su mejor amiga y ver lo difícil que era vivir cada día, lo único que quería era cambiar su calidad de vida. Sentía que con su sacrificio le estaría dando una vida diferente. Debo admitir que esto me impactó. Un sacrificio de esta magnitud vale la pena cuando hay riesgo de muerte. Le pregunté si comprendía enteramente lo que esto significaba:

—Greg ¿estás diciendo que renunciaste a uno de tus riñones no para salvarle la vida sino para cambiar su calidad de vida?

—¡Yo quería que ella viviera! —me dijo inmediatamente.

Para Greg la oportunidad de cambiar la calidad de vida de Debbie era como el regalo de su vida. No quería sólo que sobreviviera; quería que disfrutara de su vida a pleno.

Trece años más tarde Greg tiene una cicatriz de treinta y seis centímetros en el lado izquierdo de su abdomen, la cual le sirve como recordatorio cotidiano de la decisión que tomó por la mujer que ama. Debbie y Greg comparten una vida juntos que es totalmente diferente porque estuvieron en el hospital en septiembre de 1989, uno junto al otro en la sala de operaciones. Y aunque la Biblia nos dice que cuando un hombre y una mujer se unen se vuelven uno, Greg y Debbie SooHoo han llevado esta metáfora más allá de lo esperado. Es interesante que antes de que se pueda hacer un transplante de riñón, la cirugía requiere que se quite una costilla al hombre para poder llegar al órgano. Son casi una imagen contemporánea del primer encuentro entre un hombre y una mujer en el huerto del Edén. Por curiosidad, le pregunté a Greg:

—¿Cómo supieron cuál riñón elegirían?

Greg rió y dijo:

—Sacaron el mejor de los dos.

UNA CAUSA NOBLE

Hay un lugar adonde muy pocos aspiramos ir, donde la medida de nuestra valía no es cuánto tenemos, sino cuánto damos... de nosotros mismos. Este lugar es para quienes se arriesgan en la peligrosa búsqueda de la nobleza, una gesta que lleva a un lugar de infinita generosidad. *Generosidad* es una de esas palabras interesantes que ha evolucionado con el tiempo. Su significado antiguo habla de la naturaleza de nuestro nacimiento. Específicamente se refiere a los de la nobleza; los generosos son los de noble cuna. Esto implica que quienes nacen en hogares ricos, nacen con responsabilidad. Se supone que la riqueza es un regalo de Dios, y que si uno nace en la nobleza, Dios le ha confiado el cuidado de muchos. Los pobres dependen de su generosidad.

Con el tiempo, esta palabra pasó a ser aplicada a quienes *actúan* con nobleza, en lugar de a quienes *nacen* en la nobleza. Cuando una persona utiliza sus recursos para bendecir a otros se dice que es generosa. La generosidad dejó pronto de referirse a la posición, sino a la disposición. No hace falta demasiado para reconocer que una persona puede nacer en la riqueza y no ser generosa. El hecho de que la gran riqueza a menudo se ve acompañada de mayor codicia es algo que todos conocemos. Al mismo tiempo, lo mejor de la humanidad nos recuerda que aun la extrema pobreza no puede apagar la gran generosidad. Algunas de las personas más generosas del universo pertenecen a las clases más pobres, según los ojos del mundo.

Esperanza vivía en lo que podríamos llamar una choza. Sus hijos, adultos y adictos, le quitaban lo poco que tenía. Su marido, endurecido y descreído de todo, la dejó sola en este mundo. Y sin embargo, semana tras semana traía un tarro de monedas a la iglesia, porque estaba determinada a dar. Sus pequeños dones complementaban la esperanza —su nombre, además— con el amor, eran el tipo de sacrificios pequeños que quizá otros vieran con desdén, pero que desde el cielo se veían con agrado.

Hay una pobreza que mata a la generosidad, pero no es la pobreza económica. Este tipo de pobreza puede estar oculta detrás de grandes números y posesiones espectaculares. Al mismo tiempo, la gran riqueza no significa falta de generosidad. Algunas de las personas más ricas son también las más generosas. Son quienes comprenden que la generosidad sobrepasa sus contribuciones financieras. Los generosos ven el mundo de manera diferente. También viven la vida de manera diferente. Mientras el codicioso ve el mundo con recursos limitados, el generoso siempre opera desde una mentalidad de la abundancia. El codicioso se asegura de que nada le falte; el generoso da sin temor. El codicioso está convencido de que al dar, habrá quien se quede con menos.

El generoso invierte su vida en la prosperidad de otros. No es simplemente que el generoso no se preocupe por su propia vida y bienestar, sino que ha descubierto un secreto inesperado: que la vida se disfruta más cuando nos regalamos. Sienten indescriptible placer en servir por el bien de otros, sabiendo que la vida de otros se enriquece. Esa es la risa de Greg SooHoo cuando explica que su esposa tiene el mejor riñón. Afortunadamente, ambos funcionan bien. Greg también ilustra la esencia de la verdadera generosidad. El generoso da más que cosas, se da a sí mismo. De una manera más que maravillosa, quienes dan más viven con más plenitud.

La generosidad es el desbordamiento natural del amor. El amor no sólo expande nuestros corazones, sino que incrementa también nuestra capacidad de darnos. Jesús nos recuerda: «Nadie tiene mayor amor que este, que uno ponga su vida por sus amigos» (Juan 15:13). La máxima expresión de la generosidad es el sacrificio. No se trata de cuánto demos, sino de cuánto nos cuesta darlo. La misma acción, la misma contribución, puede ser muy diferente en valor según su relación con quien la origina. Si una persona tiene dos mil dólares y da mil, sabremos que es algo extraordinario. Pero si tiene dos millones nos parecerá poco.

Esto, sin embargo, es sólo un aspecto. La generosidad no se trata de contar cuánto uno da en comparación con otro. La generosidad tiene que ver con la libertad. El generoso está libre de las cosas de este mundo. Si bien posee cosas, sus posesiones no lo poseen. Se siente libre de tomar para su propio beneficio y libre para dar, aun cuando esto signifique un sacrificio personal. La generosidad es el amor en acción, y el amor se mide por lo que uno entrega, no por lo que recibe. El generoso cambia la textura de su entorno dondequiera que esté. Compromete cada dimensión de la experiencia humana desde un punto diferente. Su agenda siempre es la de contribuir. Siempre busca dejar un lugar habiendo dado más de lo que ha recibido. Las personas generosas son inversionistas, no consumidores.

De una manera más que maravillosa, quienes dan más viven con más plenitud.

Para ver esto mejor salgamos del ámbito de las finanzas y entremos en un contexto diferente. ¿Alguna vez ha estado con alguien emocionalmente codicioso? Toda relación tiene que ser para su propio bienestar. Cada vez que esta persona está con usted toma de su reserva emocional, sin siquiera pensar en contribuir al bienestar emocional del otro. Quizá no entienda lo que sucede, pero sabe que cada vez que está con esta persona termina desgastado. Quizá haya estado sentado todo el tiempo, pero al llegar a casa está agotado.

Gracias a Dios, hay también personas emocionalmente generosas. Uno no las identifica como tales; sólo sabe que es bueno estar cerca de ellas. Disfruta de su compañía y siempre le parece que ha pasado poco tiempo junto a ellas. Hay un sentido de economía en las emociones humanas, y es en estos casos cuando la otra persona invierte en usted. Quizá se sienta culpable a veces, preguntándose qué puede hacer para compensar su generosidad, y sin embargo, aunque lo intente una y otra vez, siempre siente que ha recibido más de lo que da. Se siente en deuda y al mismo tiempo libre con respecto a esta persona. La generosidad fluye en muchas direcciones. Y hay pocas inversiones tan importantes como nuestro tiempo.

¿Cuántos padres han perdido a sus hijos, a pesar de ser generosos con sus recursos económicos, por no haber estado con ellos el tiempo suficiente? La autoestima de una persona se alimenta del aliento y se destruye con la crítica. La generosidad crea un ambiente para la salud emocional. Quienes han tenido el privilegio de crecer alimentados por alguien que es de verdad generoso cosechan un inconmensurable beneficio.

El Salmo 112 nos da una imagen concisa del mundo de la persona generosa:

Bienaventurado el hombre que teme a Jehová, y en sus mandamientos se deleita en gran manera. Su descendencia será poderosa en la tierra; la generación de los rectos será bendita. Bienes y riquezas hay en su casa, y su justicia permanece para siempre. Resplandeció en las tinieblas luz a los rectos; es clemente, misericordioso y justo. El hombre de bien tiene misericordia, y presta; gobierna sus asuntos con juicio, por lo cual no resbalará jamás; en memoria eterna será el justo. No tendrá temor de malas noticias; su corazón está firme, confiado en Jehová (vv. 1-7).

LA NOBLEZA DEL AMOR

Las Escrituras nos recuerdan que el codicioso causa disenso y que el generoso alimenta la plenitud. La generosidad se ve motivada por el amor, pero la codicia se alimenta de la lujuria. La codicia es narcisista; la generosidad es de Cristo. La codicia es producto de amarse a sí mismo. La generosidad es producto del amor a otros. La generosidad sabe que Jesús es el más grande dador de amor que haya existido jamás. La codicia le atribuiría esa cualidad a alguien como Casanova. Este contraste es crítico, ya que la mayor aplicación de la generosidad no es financiera sino emocional. Esta es quizá la aplicación mejor y más acabada de la nobleza. ¿Tratamos a las personas como objetos para ser utilizados o como regalos para ser atesorados?

Estábamos sentados en una de las cafeterías más populares de Monterrey Park. Nuestra reunión había sido inspirada por una pregunta que él había formulado el domingo anterior. A veces les pido a los asistentes a Mosaic que escriban sus preguntas en una tarjeta, y paso la tarde buscando respuestas. Sus preguntas merecían el primer lugar en la lista: «¿Qué se hace cuando uno ya no tiene esperanza?» La tarjeta no llevaba firma, y yo no podía saber quién era el autor de la pregunta. Por lo tanto, hice un llamado público a quien tuviera esta interrogante, alentándole a hablar con alguien esa noche. Vino y me habló. Acordamos reunirnos para tomar café.

Es escritor, se había mudado aquí proveniente de Nueva York pocos días antes, para trabajar en un proyecto. En medio del desarrollo de su carrera intentaba encontrar una razón por qué vivir. Nuestra conversación ese día no marchó muy bien. Cada vez que nos acercábamos a un tema importante se distraía. Al principio, de manera sutil, pero luego de manera obvia. No dije nada, pero me preguntaba por qué no podía captar su atención. Al fin dijo algo acerca de todas las mujeres hermosas que había en el lugar. Se disculpó, explicando que le costaba concentrarse porque le gustaban mucho las mujeres. Esto no me molestó tanto como lo que declaró inmediatamente después. Dijo que suponía que era sólo un romántico. Ahora, yo soy latino, y los latinos nos enorgullecemos de ser verdaderos románticos. Quería que se retractara, porque a mi criterio, había ensuciado la palabra.

Le dije que podía ser muchas otras cosas pero no un romántico. La lujuria no era un acto de amor. No hay nada singular en querer lo que no se puede tener, o en desear algo que no se nos ha ofrecido. Le dije que Jesús era el romántico incurable más real de la historia. Que Su vida y Su muerte eran la medida por la que debíamos medir todo romance. Que Su muerte había sido un acto de amor incondicional, y Su vida, la historia de amor más grande jamás contada. Que querer apropiase de algo no es romántico. Que anhelar dar sí lo era. Que la historia de este Hombre era una historia de amor sublime. Que todo escritor que en sus relatos se refiere a las páginas de las Escrituras menciona la historia de Jesús como el más sublime acto de amor de Dios. Que con el amor como motor de Dios no debiera sorprendernos que los hechos en la vida de Jesús culminaran con Su sacrificio. Que tampoco debía sorprendernos que Dios, que es amor, actúe con inconmensurable generosidad. Y que aunque pareciera extraño, la generosidad de Dios ha generado gran controversia, porque uno pensaría que Su generosidad sería recibida de brazos abiertos, pero encontramos en las Escrituras que este no era el caso.

Al hablar del reino de los cielos, Jesús cuenta la parábola de un hombre que salió a contratar obreros para su viñedo. Acuerda pagarle a cada obrero un denario por cada día de trabajo. La parábola continúa diciendo:

> Saliendo cerca de la hora tercera del día, vio a otros que estaban en la plaza desocupados; y les dijo: Id también vosotros a mi viña, y os daré lo que sea justo. Y ellos fueron. Salió otra vez cerca de las horas sexta y novena, e hizo lo mismo. Y saliendo cerca de la hora undécima, halló a otros que estaban desocupados; y les dijo: ¿Por qué estáis aquí todo el día desocupados? Le dijeron: Porque nadie nos ha contratado. Él les dijo: Id también vosotros a la viña, y recibiréis lo que sea justo. Cuando llegó la noche, el señor de la viña dijo a su mayordomo: Llama a los obreros y págales el jornal, comenzando desde los postreros hasta los primeros. Y al venir los que habían ido cerca de la hora undécima, recibieron cada uno un denario. Al venir también los primeros, pensaron que habían de recibir más; pero también ellos recibieron cada uno un denario. Y al recibirlo, murmuraban contra el padre de familia, diciendo: Estos postreros han trabajado una sola hora, y los has hecho iguales a nosotros, que hemos soportado la carga y el calor del día. Él, respondiendo, dijo a uno de ellos: Amigo, no te hago agravio; ¿no conviniste conmigo en un denario? Toma lo que es tuyo, y vete; pero quiero dar a este postrero, como a ti. ¿No me es lícito hacer lo que quiero con lo mío? ¿O tienes tú envidia, porque yo soy bueno? (Mateo 20:3-15).

Jesús resume la parábola recordándonos que los últimos serán los primeros y los primeros serán los últimos. Nos está dando una muestra del modo en que Dios toma decisiones. Nos permite ver el corazón de Dios y comprender Su divina motivación. Dios está motivado a ser generoso por medio de Su infinito e incondicional amor.

A lo largo de la parábola el dueño del viñedo sigue encontrando a quienes están sin hacer nada. Y toda vida desperdiciada es una tragedia para Dios. Al igual que el hombre de la parábola, la intención de Dios es movilizarnos, que dejemos de estar paralizados y comencemos a vivir una vida productiva, con significado. No hay jerarquía o mérito en cuanto a la admisión en el reino de los cielos. Todos, sin importar cuánto hagamos, participamos de Su propósito sólo en respuesta a Su generosidad. Recibimos la gracia de Dios porque él es Gracia. Ninguno de nosotros puede ganar una relación con Dios. Es fácil sentir que uno es justo si pasa su vida mirando a alguien más pecador o más quebrantado. Este tipo de arrogancia podría llevarnos a pensar que merecemos más que los demás.

Sin embargo, todos los que entran al reino de los cielos deben tener por cierta una cosa: la admisión es un regalo. ¿Por qué envidiar la gracia de Dios al dar a tantos otros? ¿Por qué debiera molestarnos que Su generosidad se extendiera a los demás? ¿No debiéramos celebrar cuando el más pecador de la humanidad vuelve su corazón hacia Dios y encuentra perdón? Cuando uno entiende la generosidad de Dios sabe que Dios no encuentra placer en la muerte del malvado, sino que en realidad se complace en ver que el malvado se aparta del mal camino y comienza a vivir (Ezequiel 18:23).

GENEROSIDAD DIVINA

Habrá momentos en nuestras vidas cuando queremos venganza, pero en realidad nos encontramos oponiéndonos a Dios, a causa de Su generosidad. Pedro nos recuerda que cuando pensamos que Dios está actuando demasiado despacio, en realidad lo que sucede es que Él está siendo paciente, porque no quiere que nadie muera, sino que todos lleguen al arrepentimiento (2 Pedro 3:9). Nos molesta pensar que alguien pueda vivir una vida de maldad y que luego, en sus últimos minutos, se vuelva con sinceridad a Dios y encuentre Su misericordia, especialmente si hemos luchado por vivir de manera admirable. Que esa persona encuentre el perdón nos parece injusto.

Hasta he oído decir a personas muy cultas que esto era un ataque contra la fe cristiana. Que Dios sea tan generoso puede ser más que perturbador. La excepción, por supuesto, es cuando somos usted o yo la persona en cuestión, o si se trata de alguien a quien a amamos mucho. Entonces anhelamos y hasta clamamos por la misericordia de Dios.

Dios es más que justo, mucho más de lo que podríamos serlo nosotros. No fingirá ni cerrará los ojos ante nuestro pecado. Su santidad requiere más de lo que nuestra fragilidad puede ofrecer, y sin embargo, generosamente nos ofrece la vida. Cuando nos volvemos a Él, sin importar nuestra condición, Su regalo a nosotros es el mismo. En cuanto a esto, Él no nos trata de manera diferente. Nos ama a todos con amor eterno. Podemos elegir criticar Su generosidad o recibir la abundancia de la vida que Él ofrece.

Dios no es sólo generoso en cuanto al modo en que Él nos recibe; también es generoso en cuanto al modo en que se relaciona con nosotros. A Dios le gusta derramar bendiciones sobre Sus hijos. Santiago nos recuerda: «Toda buena dádiva y todo don perfecto desciende de lo alto, del Padre de las luces, en el cual no hay mudanza, ni sombra de variación» (1:17). Las Escrituras resplandecen con promesas de bendición de Dios para Su pueblo. Cuando vivimos en relación adecuada con Dios, esto tiene un efecto dramático en todas las áreas de nuestra vida.

Las Escrituras nos dicen que Dios desea bendecir nuestras relaciones, nuestros matrimonios, nuestros hijos, nuestro trabajo, nuestras finanzas y nuestras vidas. Muchos de los personajes de los que habla la Biblia demuestran esta relación dinámica con Dios. Algunas otras historias ilustran el giro radical que puede ocurrir cuando ponemos nuestras vidas en manos de Dios. Al mismo tiempo, lo que Dios promete, lo que Dios garantiza, ha sido mal entendido. La enseñanza popular sobre la relación de Dios con nuestro bienestar económico se desvía no sólo de lo que son las promesas de Dios, sino de lo que Dios es en sí mismo. El mensaje es directo... Dios es como un agente de bolsa divino. Si uno le da dinero a la iglesia, o a alguna organización cristiana, Dios garantiza devolverlo multiplicado por diez o por cien. El subtexto, por supuesto, es que Dios quiere que seamos ricos. Si no somos ricos, es porque nos falta fe. La riqueza está místicamente conectada a un acto de fe. Y todo esto descansa en la certeza de que la intención de Dios siempre es cambiar nuestro estado económico hacia arriba.

Las falsedades más difíciles de corregir son las que andan cerca de la verdad. La ironía de esta enseñanza en particular es que utiliza promesas bíblicas para abogar por virtudes no bíblicas. La motivación subyacente, incluso en este contexto de la ofrenda, es la codicia. Dar nunca es un acto de verdadero altruismo. Es un préstamo temporal con la expectativa cierta de que Dios lo devolverá con intereses.

Y hasta la aplicación de la historia de la semilla multiplicándose se ve transportada desde el servicio y la administración hasta la codicia. En las parábolas de la semilla, el talento y la mina, quien multiplica lo que tenía era el sirviente que aumentaba la inversión *de su amo*. El aumento no era lo que el amo les daba, sino lo que eran capaces de devolverle. Había placer en la fidelidad y la productividad, no en la ganancia personal sin fin.

El punto central de la generosidad es la contribución que hacemos a la vida de otros; no se trata de invertir en un sistema que aumenta nuestra posición económica. Este es un asunto importante que el evangelio de la prosperidad no siempre comprende. El objetivo de Dios para todos nosotros no es que seamos ricos. El objetivo de Dios es que seamos generosos. Cuando buscamos la riqueza dejamos la generosidad atrás. Jamás somos pobres cuando vivimos para dar. Jamás somos ricos a los ojos de Dios cuando acumulamos cosas para nosotros mismos. Hay una relación entre vivir con generosidad y tener la confianza de Dios. Dios busca a las personas a través de las cuales él puede bendecir al mundo.

Pablo habla de este principio de la generosidad:

> Esto digo: El que siembra escasamente, también segará escasamente; y el que siembra generosamente, generosamente también segará. Cada uno dé como propuso en su corazón: no con tristeza, ni por necesidad, porque Dios ama al dador alegre. Y poderoso es Dios para hacer que abunde en vosotros toda gracia, a fin de que, teniendo siempre en todas las cosas todo lo suficiente, abundéis para

toda buena obra; como está escrito: Repartió, dio a los pobres; su justicia permanece para siempre. Y el que da semilla al que siembra, y pan al que come, proveerá y multiplicará vuestra sementera, y aumentará los frutos de vuestra justicia, para que estéis enriquecidos en todo para toda liberalidad, la cual produce por medio de nosotros acción de gracias a Dios. Porque la ministración de este servicio no solamente suple lo que a los santos falta, sino que también abunda en muchas acciones de gracias a Dios; pues por la experiencia de esta ministración glorifican a Dios por la obediencia que profesáis al evangelio de Cristo, y por la liberalidad de vuestra contribución para ellos y para todos (2 Corintios 9: 6-13).

Una lectura minuciosa de este pasaje dejará en claro que el propósito de Pablo no es darnos el secreto para que nos hagamos ricos, sino llamarnos a vivir con generosidad. Pablo utiliza la metáfora de la siembra y la cosecha, no para establecer un principio de la prosperidad, sino para llamarnos a una vida que refleje a Dios en Su carácter. Pablo sabía por cierto que si elegimos vivir vidas generosas, otros serán atraídos a alabar a Dios. La actitud de nuestros corazones debe ser la de un dador alegre, no la de un receptor ansioso. Cuando damos para ganar, simplemente actuamos por la gratificación diferida.

Esto no es lo que Pablo está promoviendo. Él está enseñándonos un principio de inversión. Si damos escasamente, el retorno será mínimo. Si damos con generosidad, el retorno será enorme. No está estableciendo una relación desconectada entre la causa y el efecto. Cuando tomamos este pasaje, y concluimos que dar dinero a alguien hará que Dios milagrosamente nos envíe dinero desde alguna otra parte, no estamos aplicando correctamente las Escrituras. Por cierto, él no está diciendo que si ponemos cien dólares en la ofrenda encontraremos mil dólares en la calle. Hay una correlación directa entre lo que sembramos y lo que cosechamos. Es bueno aclarar que el proceso de todo labriego, entre la siempre y la cosecha se describe como trabajo. Es importante recordar que Dios es el proveedor de la semilla para el sembrador, y que por medio de esto, Él provee pan para alimentarnos, lo cual resulta ser un incremento y expansión de la cosecha.

Pero decimos de nuevo, la cosecha de la que habla Pablo es una cosecha de rectitud y justicia. Nuestro incremento garantizado es el bien que somos capaces de hacer. Nuestra generosidad garantiza que reflejaremos de manera más maravillosa al Dios que nos creó. Cuando más bien hagamos, tanto más podemos hacer. La generosidad incrementa nuestra capacidad de bendecir a otros. Cuando damos rienda suelta a la generosidad, ésta fluye hacia cada área de nuestras vidas. Somos generosos no sólo con nuestro dinero, sino con nuestro tiempo, esfuerzo, talento, dones, pasiones, con cada parte de nuestro ser. Cuando elegimos vivir con generosidad, sabemos que «seremos hechos ricos en todas las formas, para que podamos ser generosos en toda ocasión».

EL ESPÍRITU GENERADOR

Si bien no todos estamos en posición económica de abundancia, a todos se nos confía la administración de nuestros bienes. A quienes no somos ricos según la medida de este mundo, Dios nos instruye claramente:

> A los ricos de este siglo manda que no sean altivos, ni pongan la esperanza en las riquezas, las cuales son inciertas, sino en el Dios vivo, que nos da todas las cosas en abundancia para que las disfrutemos. Que hagan bien, que sean ricos en buenas obras, dadivosos, generosos; atesorando para sí buen fundamento para lo por venir, que echen mano de la vida eterna (1 Timoteo 6:17-19).

Es importante observar que no hay nada malo en tener gran riqueza. De hecho, no hay nada poco ético o impropio en disfrutar la riqueza que tengamos. Se nos recuerda que es Dios quien nos provee todo, para que lo disfrutemos. Dios *quiere* que disfrutemos de nuestras vidas. Se complace en nuestro placer. No nos llama a la vida monástica. A menudo se ha malinterpretado la Biblia en este aspecto también. Jesús no llamó a sus discípulos a rechazar una vida de riqueza y elegir la pobreza. Simplemente les llamó a seguirle a Él. Para cada uno las implicancias eran distintas, pero significativas. Las Escrituras siempre nos llaman a rechazar una vida de codicia y a elegir la generosidad. En realidad, cuando elegimos ser codiciosos, renunciamos a la responsabilidad que tenemos de proveer para cubrir las necesidades de otros. Elegir la pobreza personal no siempre es una decisión que promueve el bien mayor. A menudo, implica abandonar la tarea de administración que Dios nos encomienda.

Llevé a uno de nuestros asistentes conmigo a la librería para comprar artículos de oficina. Estos son los viajes adecuados para una conversación informal, con impacto a largo plazo. Mientras mirábamos los artículos que necesitábamos le pregunté a este graduado inteligente de la UCLA qué planeaba hacer con su vida. Para comprender mejor la pregunta, dijo:

—¿Te refieres a cómo pienso pagar mis cuentas?

Respondí con pasión:

—No, no estoy hablando de eso.

Le expliqué que si su único objetivo era pagar sus cuentas, viviría una vida de egoísmo, y terminaría asqueado. Le recordé que algunas personas viven al borde de la supervivencia, con apenas lo suficiente. Otros, ni siquiera sueñan con poder pagar todas sus cuentas. Quienes tienen el privilegio de una crianza saludable y una buena educación, deben tomar una responsabilidad mayor que sólo pagar sus cuentas. Si estuviera dentro de sus posibilidades producir gran riqueza, crear empleo para los desempleados, proveer ingresos para poner comida en una mesa, si Dios le confiara la capacidad y la inteligencia de mejorar las vidas de cientos de personas, miles quizá, sería pecado hacer menos que eso.

No es casual que las palabras *generosidad* y *generador* tengan la misma etimología. Cuando nos comprometemos a ser generosos, somos inspirados, y en realidad a veces necesitamos ser generadores. Hace unos cuatro años Kim y yo estábamos en un programa de recaudación de fondos. Nos comprometidos a dar treinta mil dólares a Mosaic. Como esto era casi el total de nuestro ingreso, debimos comenzar a pensar en formas nuevas. Sería justo decir que comenzamos a desarrollar y afinar nuevas capacidades, mientras orábamos desesperadamente por un milagro. Nuestra voluntad de avanzar hacia un nuevo nivel de generosidad creó la oportunidad para que Dios hiciera cosas aún más grandes en nuestras vidas. Yo había pensado en esto muchas veces pero ahora la urgencia de nuestro compromiso me obligó a moverme del deseo de escribir a convertirlo en realidad. Ganar más dinero para nosotros no era tan inspirador como contribuir más al movimiento de Cristo. Por medio de esta experiencia Dios me ha recordado que nos pedirá cuenta de cómo utilizamos nuestros dones, y también de cómo los desperdiciamos.

Debemos cuidarnos de que nuestro deseo de escapar del materialismo no nos lleve a renunciar a nuestra responsabilidad. Sí, Dios llama a algunos a una vida de pobreza, pero Santiago nos recuerda que Dios elige a los que son pobres a los ojos del mundo para ser ricos en fe y heredar el reino que él promete a quienes le aman (2:5).

Si Jesús le llama a vender todas sus posesiones y seguirle, no hay otra cosa que pueda hacer. Sin duda, Dios nos llamará a todos a abandonar todo lo que se encuentre entre Él y nosotros. El apóstol Pablo sabía lo que era vivir tanto en la abundancia como en la pobreza. Kim y yo hemos conocido ambas situaciones también. Es verdad que Dios nos da verdadero contento, sin importar las circunstancias. Pero para muchos, nuestro llamado no es a vivir en la pobreza, sino a vivir con generosidad.

A veces la simpleza de la pobreza se ve con romanticismo en nuestras mentes, cuando sentimos el peso de la responsabilidad que viene con la prosperidad. Debemos recordar que la pobreza no es una virtud, como no lo es la riqueza. Los ricos son llamados —en verdad, comandados— a hacer el bien, a ser ricos en buenas acciones. Dios espera que los ricos sean generosos, dispuestos a compartir su abundancia. Hacer menos es poner nuestra confianza en las posesiones de este mundo. Vivir para la riqueza es vivir una vida de codicia, arrogancia e idiotez. Cuando aceptamos la prosperidad como un don de Dios, confiado a nosotros para bien de muchos, estamos acumulando tesoros en el cielo que no nacen de la codicia, sino del corazón de Dios. Esta es la esencia de la búsqueda de la nobleza: llegar a ser como Dios en Su generosidad.

Los generosos se ven a sí mismos como administradores de los tesoros de Dios. No se cuidan de dar, porque Dios mismo es su fuente de reabastecimiento. Comprenden que todo es del Señor, y que por eso pueden dar sin reserva. No es que den sin pensar, ni que den sin consideración de la necesidad. Son los contribuyentes de la vida. Los verdaderos inversionistas en el espíritu humano. Dondequiera que estén, hay más. Jamás dejan un lugar o una relación sin haber dado más de lo que recibieron. Sin embargo, nunca se van vacíos. Al dar, se sienten enriquecidos. Son una anomalía de la economía humana.

Los consumidores de este mundo siempre quieren más. Siempre tienen hambre. Los dadores, de forma inexplicable, siempre tienen más. Quienes se niegan a creer en la economía de Dios jamás comprenden el incesante flujo de sus recursos. Los consumidores siempre buscan la felicidad, convencidos de que su siguiente adquisición será su fuente de gozo.

El dador siempre tiene las manos abiertas, pero nunca vacías. Cada uno ha comprendido lo que Pablo describe como la vida que es vida verdadera. Puede sonar muy simple, pero los generosos han encontrado el secreto de la felicidad. Han encontrado el gozo de vivir sirviendo a otros. Reciben en medida desproporcionada, como resultado de su desinteresada generosidad hacia otros. Cuando somos generosos, nos volvemos como Dios. Todo acto creativo de Dios no es creado por el egoísmo o la autosatisfacción, sino por Su generosidad. Disminuimos la naturaleza de nuestra creatividad, dada por Dios, cuando la utilizamos para algo que no esté a la altura de Su carácter. La creatividad y la generosidad deben ser hermanas gemelas, siempre expresando y dando como resultado una obra de belleza. La codicia y la ingratitud son cáusticas, porque hacen de todo, nada. La generosidad y la creatividad hacen de la nada, todo.

Este es el objetivo final en esta búsqueda de la nobleza. Durante mucho tiempo nuestro objetivo ha sido simplemente detener al ladrón. Pero cuando estamos más inspirados, buscamos ayudar al ladrón para que encuentre un trabajo digno y pague al menos sus cuentas. Una comunidad de fe laboriosa puede comprometerse a lograr que los que eran ladrones descubran sus talentos, con la esperanza de que hagan algo útil con sus vidas. Dios nos llama a más que esto. Su intención jamás fue la de neutralizar al codicioso, ni se satisface con hacer que simplemente seamos seres humanos funcionales. Su intención es que el ladrón se vuelva benefactor, que la persona que solía vivir tomando de los demás ahora entregue su vida en beneficio de los demás.

Vemos este viaje resumido en un versículo del apóstol Pablo: «El que hurtaba, no hurte más, sino trabaje, haciendo con sus manos lo que es bueno, para que tenga qué compartir con el que padece necesidad» (Efesios 4:28).

LA GRACIA DE LA NOBLEZA

Estábamos sentados junto al fuego en un seminario que se realizaba en nuestra casa. Varias veces al año los que piensan formar parte de Mosaic pasan una noche con nosotros, comparten una cena en nuestra casa, y nos permiten hablarles sobre nuestros valores principales. Hay diversos compromisos que pedimos de quienes piensan pasar de la comunidad de Mosaic al nivel de personal voluntario, donde tendrán un nivel de compromiso mayor.

Un señor de mediana edad estaba sentado junto a mí, y me preguntó algo que sabía que sería una trampa:

—¿Es esta una iglesia de gracia o de ley?

A veces, lo mejor que podemos hacer es pisar la trampa, por lo que le respondí:

—Es una iglesia de gracia.

—Bien. Me preocupaba que me pidieran el diezmo —respondió con alivio.

—Oh, no —dije—. Definitivamente somos una iglesia de gracia. La ley dice que no matemos; la gracia dice que debemos amar a nuestros enemigos. La ley dice que no cometamos adulterio; la gracia nos libera de pensar siquiera en la mujer de otro. La ley dice que debemos dar el diez por ciento como diezmo; la gracia dice que seamos generosos. Así que jamás damos sólo un diez por ciento. Damos un veinte, treinta o cuarenta por ciento de nuestro ingreso si lo deseamos.

La gracia nunca es menos que la ley. La gracia no es libertad para vivir fuera de la ley, sino más allá de la ley. No debiera sorprendernos que Jesús dijera que no podemos amar a Dios y al dinero; allí donde esté nuestro tesoro, estará nuestro corazón. Él, más que todos nosotros, comprende que la codicia nos aprisiona y que la generosidad nos libera. Nos pide que creamos que si queremos salvar nuestra vida, la perderemos. Pero que si entregamos nuestras vidas, las encontraremos. Dios es generoso para regalar vida, y la vida de Dios siempre nos hace generosos. Este es el verdadero significado de tener vida, y vida en abundancia... tanta que no podemos guardárnosla, sino que debemos entregarla. Este es el genio detrás de la generosidad.

EN BUSCA DE LA ILUMINACÍON

LIBERANDO LA IMAGINACIÓN DIVINA

Un despertar, opuesto a una vida de egoísmo.

Una revolución del alma, que derrota a la

desesperanza y la necedad.

Este reto nos lleva a través de la fidelidad

hasta la perseverancia y finalmente a la sabiduría

¡Salir de la nada, por medio del poder de la esperanza!

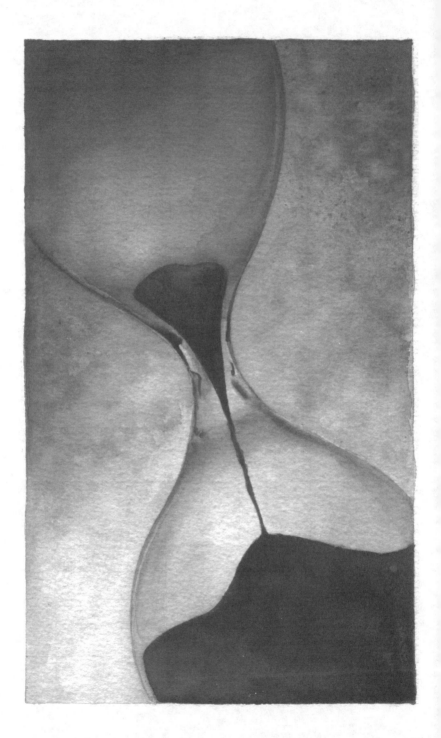

*f
i
d
e
l
i
d
a
d*

9

El peso de las cosas pequeñas

Era una tarde de viernes calurosa. Kim y yo vivíamos en Dallas entonces, y habíamos regresado de enseñar en el campamento de verano. Era el verano de 1988, y durante los últimos seis años habíamos estado trabajando entre los pobres de la ciudad, en el centro de Dallas del sur, bajo la sombra del Cotton Bowl. El campamento consistía de unas doscientas niñas, de cuarto a sexto grado, el grupo de las CA (Chicas en Acción). Algunas organizaciones tienen el nombre apropiado, y este grupo se había ganado el título.

Me había preparado para encontrar energía sin fin, pero nada podría haberme preparado para esta experiencia. No era que no tuviese la energía para seguirles el paso; no tenía la reserva emocional. En un campamento de varones uno se conecta por medio del deporte y la competición. Con estas niñas, eso no alcanzaba. Tenía que saber sus nombres, el de todas y cada una. Querían hablar todo el tiempo. Su catarata de preguntas me empapaba cada vez que me arriesgaba a aparecer en público.

Al quinto día estaba exhausto. La experiencia había sido grandiosa, las niñas eran maravillosas, pero yo estaba agotado. Cuando llegue a casa esa tarde, lo único que quería era tomar una ducha y dormir. En medio de mi agotamiento había olvidado un compromiso que tenía para esa noche. Es ahí cuando el matrimonio pude ser tan útil. Apenas le había dicho a Kim que lo único que haría era quedarme en casa, me recordó que no sería posible. Esa noche comenzaba la Conferencia de Evangelismo Juvenil. Todos los años, la Arena de Reunión se llena con estudiantes que esperan ansiosamente oír la voz de Dios, y muchos vendrían con amigos que no tenían una relación personal con Jesucristo. Durante los últimos años mi tarea era estar detrás del escenario como «consejero de dirección», lo cual técnicamente significaba indicar en qué dirección tenían que ir para encontrar las salas de consejería. Mi esposa trabajaba para la organización que patrocinaba el evento, y no iba a dejar que yo les abandonara.

Me gustaba servir en esta actividad pero había estado haciéndolo durante varios años y ya estaba listo para un descanso. Le dije a Kim que no iría. Insistió en que debía ir. Su argumento era que sería irresponsable negarme a ir a último momento. Le recordé que lo único que se necesitaba saber para poder cumplir con mi función era señalar en dos direcciones distintas. Seguro encontrarían a alguien con conocimientos suficientes como para cubrir la monumental tarea. Además, acababa de pasar cinco días en la jungla de las Chicas en Acción. Hasta Dios entendería que necesitaba quedarme en casa para recuperar mis fuerzas. No iría, eso estaba en claro. Tenía todo el derecho y la justificación como para no ir. Pero Kim es apasionada, y nunca ceja en sus esfuerzos. Sería justo decir que me ordenó levantarme y prepararme para salir. Como yo soy el líder espiritual de nuestro hogar, tomaría yo la decisión... así que me levanté, subí al automóvil y conduje hasta el lugar de la actividad.

En mi caso, trabajar bajo presión sólo hace que quiera trabajar menos. No quería ir, y ahora, más que antes, me negaba a hacerlo.

No tenía ropa limpia, así que en el camino me detuve en una tienda y compré un par de jeans. Me sentía tan cansado y frustrado que ni siquiera verifiqué el tamaño de los pantalones que tomé de un estante. Eran casi dos talles más grandes de lo que yo necesitaba, y también más largos, pero no me importaba. Después de todo, estaría detrás del escenario. ¿Acaso mencioné que al estar detrás del escenario uno no disfruta la experiencia? No se puede oír la música ni disfrutar del mensaje, pero me había resignado a ser fiel a mi compromiso. A pesar de que Kim era mi conciencia en mi sociedad con el Espíritu Santo, yo sabía bien que esto era lo que debía hacer.

A medida que se acercaba la hora del evento comenzó a suceder algo curioso. El conocido orador que hablaría esa noche no llegaría a tiempo. El orador que estaba programado para el día siguiente estaba jugando al golf, y nadie conseguía hablar con él. La actividad había comenzado. Los jóvenes estaban disfrutando de un concierto de adoración, y ni siquiera estaban enterados de lo que sucedía. Unos cuarenta y cinco minutos antes de que hubiera que hablar ante casi veinte mil estudiantes el director, Carlos McLeod, se acercó a mí. Me explicó lo que sucedía y lo resumió diciendo: «Erwin, el Señor quiere que hables esta noche».

Debo confesar que no lo tomé en serio. Pensé que estaba bromeando. Tenía dos buenas razones para llegar a esta conclusión. Primero, hacía poco tiempo que el Dr. McLeod y yo habíamos tenido un conflicto menor. Yo era un pastor pelilargo, que vestía blue jeans, camisetas y zapatillas. Y él pensaba que los pastores debían vestir con traje y corbata. Cuando se enfrentó conmigo y me insistió en que debía cambiar mi modo de vestir, le dije: «No, gracias».

En segundo lugar, el Dr. McLeod estaba rodeado de un séquito de jóvenes predicadores que esperaban una oportunidad como esta. Me parecía natural que invitara a uno de ellos. Así que cuando dijo que estaba convencido de que Dios quería que yo hablara, reí. Imaginé que sería una broma, algo como para romper el hielo entre ambos.

Fue cuando por tercera vez me tomó del hombro y me sacudió, que me di cuenta de que hablaba más que en serio. Lo único que sabía era que él jamás me había oído hablar, y que estaba al tanto de que mi congregación tenía unos cincuenta miembros, nada más. Ni siquiera había traído una Biblia. Creo que era una sutil rebelión, porque lo que haría en mi función no requería que tuviese las Escrituras conmigo. Era humillante que mi primera respuesta a su pedido fuera: «Creo que necesitaré una Biblia». Ni siquiera pestañeó. Me miró y dijo: «Hijo, te conseguiré una Biblia. ¿Qué versión quieres?»

Busqué a Kim, que estaba trabajando en uno de los escritorios de la arena. Frenéticamente le expliqué lo que estaba sucediendo, y que debía comenzar a hablar en unos minutos. Kim me miró con calma, con una combinación de *Estoy tan orgullosa de ti* y *Te lo dije.* Explicó con suavidad: «Todo el día supe que hablarías esta noche».

Primero pensé que lo que quería decir era que alguien le había avisado, pero pronto me di cuenta de que simplemente me estaba diciendo que el Espíritu de Dios se lo había hecho saber de algún modo. Lo sabía antes que nadie más, pero no había creído que correspondía decírmelo. Sólo puedo imaginar lo que pasaba en su mente cuando le dije que no iría.

Como si todo esto fuera poco, sucedió algo más que hizo de esta experiencia algo casi surrealista. Decidí ir al automóvil para ver si tenía allí mi Biblia. Había decidido, mientras oraba, que hablaría sobre Daniel. Por su parte, Kim se me había acercado, sugiriendo que si podía recordar el mensaje en particular, debía hablar sobre el mismo pasaje de Daniel. Oí sólo una frase del maestro de ceremonias que estaba anunciándome, y fue: «Al igual que Daniel...» Buscando en mi automóvil, abrí el baúl y encontré sólo media página. No suelo escribir mucho para mis mensajes, y lo que había allí eran mis notas del mensaje sobre Daniel. Sería Daniel entonces.

Recuerdo haber entrado en una habitación, donde me postré en el suelo y lloré durante un largo rato. En menos de treinta minutos les hablaría a más personas de las que había tenido frente a mí durante mi vida entera. Parecía extraño que Dios eligiera a alguien cuya tarea había sido siempre trabajar con los pobres y desamparados justo en este momento. Casi no me di cuenta, casi lo paso por alto, la conexión era tan clara. Si no hubiera sido fiel en las cosas pequeñas, jamás habría tenido mi gran oportunidad.

SUDAR AL TRABAJAR EN LO PEQUEÑO

Las palabras de Jesús siguen resonando en mí desde ese evento: «Bien, buen siervo y fiel; sobre poco has sido fiel, sobre mucho te pondré; entra en el gozo de tu señor» (Mateo 25:21).

La mayoría de nosotros, cuando pensamos en estas palabras de Jesús, nos concentramos en la celebración: «Bien, buen siervo y fiel». Muchos hemos encontrado inspiración y también motivación en estas palabras. Pero aunque las palabras se concentran en el resultado, lo que sigue nos muestra el proceso. La búsqueda de la iluminación nos lleva a la sabiduría de Dios. La sabiduría se forja en el yunque de la perseverancia. ¿Cómo desarrollamos la perseverancia? ¿De dónde proviene la persistencia para llegar al final de viaje? ¿Cuál es la llave que abre la puerta de la mayor oportunidad, responsabilidad y productividad? Si la perseverancia lleva a la sabiduría, ¿cómo obtener perseverancia?

Las grandes cosas que anhelamos y buscamos se encuentran entre las cosas pequeñas que quizá ignoramos y hasta descartamos.

En esta parábola y su historia paralela de Lucas 19 encontramos la respuesta: Las grandes cosas que anhelamos y buscamos se encuentran entre las cosas pequeñas que quizá ignoramos y hasta descartamos. La búsqueda de la iluminación comienza de una manera que parece mundana. El viaje hacia la sabiduría pasa por la perseverancia, pero comienza con la fidelidad. Ambas parábolas terminan con el mismo principio espiritual, declarado de manera enfática: «Porque al que tiene, le será dado, y tendrá más» (Mateo 25:29; Lucas 19:26).

Jesús establece un principio para nuestra vida tan simple que es fácil dejar de verlo. Si Roma no se construyó en un día, tampoco nuestro carácter se forma en un día. Hay un proceso para llegar a ser lo que Dios planeó que seamos. Este es el lado humano del cambio divino. El ser como Dios en Su carácter no es nada menos que un don de Dios, pero el proceso de poder llegar a expresar esto es parte de lo que hacemos. Este es el sorprendente viaje hacia la santidad. La transformación es un milagro de Dios administrado por el hombre. Llegar a ser como Dios quiere es resultado de la actividad divina y de la acción humana. Dios promete hacer lo que no podamos hacer nosotros, pero nos ordena hacer lo que él no hará por nosotros. Hay milagro y hay responsabilidad. Tanto en la parábola de los talentos como en la de las minas esta verdad es central. Dios nos confía Sus recursos, y luego nos hará rendir cuentas por lo que hacemos con ellos.

Porque el reino de los cielos es como un hombre que yéndose lejos, llamó a sus siervos y les entregó sus bienes. A uno dio cinco talentos, y a otro dos, y a otro uno, a cada uno conforme a su capacidad; y luego se fue lejos. Y el que había recibido cinco talentos fue y negoció con ellos, y ganó otros cinco talentos. Asimismo el que había recibido dos, ganó también otros dos. Pero el que había recibido uno fue y cavó en la tierra, y escondió el dinero de su señor. Después de mucho tiempo vino el señor de aquellos siervos, y arregló cuentas con ellos. Y llegando el que había recibido cinco talentos, trajo otros cinco talentos, diciendo: Señor, cinco talentos me entregaste; aquí tienes, he ganado otros cinco talentos sobre ellos. Y su señor le dijo: Bien, buen siervo y fiel; sobre poco has sido fiel, sobre mucho te pondré; entra en el gozo de tu señor. Llegando también el que había recibido dos talentos, dijo: Señor, dos talentos me entregaste; aquí tienes, he ganado otros dos talentos sobre ellos. Su señor le dijo: Bien, buen siervo y fiel; sobre poco has sido fiel, sobre mucho te pondré; entra en el gozo de tu señor. Pero llegando también el que había recibido un talento, dijo: Señor, te conocía que eres hombre duro, que siegas donde no sembraste y recoges donde no esparciste; por lo cual tuve miedo, y fui y escondí tu talento en la tierra; aquí tienes lo que es tuyo. Respondiendo su señor, le

EL PESO DE LAS COSAS PEQUEÑAS | 181

dijo: Siervo malo y negligente, sabías que siego donde no sembré, y que recojo donde no esparcí. Por tanto, debías haber dado mi dinero a los banqueros, y al venir yo, hubiera recibido lo que es mío con los intereses. Quitadle, pues, el talento, y dadlo al que tiene diez talentos. Porque al que tiene, le será dado, y tendrá más; y al que no tiene, aun lo que tiene le será quitado. Y al siervo inútil echadle en las tinieblas de afuera; allí será el lloro y el crujir de dientes (Mateo 25:14-30).

Esta parábola, y la que relata Lucas, establecen un patrón que nos muestra cómo funciona el reino de Dios. El amo distribuye sus recursos entre sus sirvientes, no de manera proporcional o equitativa, sino como él elija hacerlo. Sin embargo, todos los sirvientes reciben parte de la propiedad del amo bajo su responsabilidad. Él sale de viaje y vuelve un día para cerrar cuentas con ellos. En esta versión, les da a los tres sirvientes respectivamente cinco, dos y un talento. Los primeros dos sirvientes doblan la inversión del amo.

Es importante observar que el amo no les dice cómo administrar el dinero o que hacer con éste. Sí dice que distribuye los recursos de acuerdo a la capacidad de cada individuo. No les da más de lo que podrían administrar de manera efectiva. Cada uno tenía posibilidades de éxito. Pero el tercer sirviente, al recibir su único talento, cavó un pozo en el suelo y escondió el dinero de su amo.

Después de mucho tiempo el amo regresa. A los dos primeros les felicita con las conocidas palabras: «¡Bien, buen siervo y fiel!». Su evaluación fue simple: «Sobre poco has sido fiel». Como resultado de su fidelidad, el amo decide que puede confiarles más. La fidelidad de ellos tiene dos resultados inmediatos: ahora se les confiarán diversas cosas, y además, son invitados a entrar y compartir la felicidad de su amo.

EL PROCESO DEL FILTRO DIVINO

Lucas le da otro giro a esta parte de la historia. En la parábola de las minas, un hombre de noble cuna iba a un país distante para ser nombrado rey y volver luego a su pueblo. Así que llama a diez de sus sirvientes y les da diez minas. Les da instrucciones sencillas: «Pongan este dinero a trabajar hasta que yo regrese». De nuevo deja a la discreción de ellos el modo en que invertirán el dinero que les ha confiado.

Esta parábola tiene como acotación que algunos súbditos odiaban tanto al noble que no querían que fuera hecho rey, pero él de todos modos accedió al trono y pronto volvió a su hogar. Al llegar llamó a los sirvientes para ver qué había ganado cada uno con su dinero. El primero había ganado diez minas, con la primera que le había sido dada. El segundo había multiplicado su mina cinco veces. Al primero, el amo le dijo: «¡Bien hecho, mi buen sirviente!! Porque has sido fiel con poco, te daré diez ciudades». Al segundo, le respondió: «Te daré cinco ciudades».

Este escenario refuerza dos aspectos también presentados en la primera parábola. Cada sirviente fue evaluado, no en comparación con los otros, sino según la capacidad que Dios le había dado. En ambas parábolas era necesaria una prueba para evaluar el nivel de responsabilidad que se podía confiar a cada sirviente. En ambos casos el amo tenía la intención de administrar más oportunidad y privilegio, pero esperó a ver el resultado de la prueba. También es importante observar que estas parábolas suponen que no todas las personas son iguales. Aunque nuestra constitución declare que todas las personas han sido creadas en igualdad, sería un error concluir que entonces todos fuimos creados idénticos. Las personas tienen habilidades y capacidades diferentes. No sé por qué. Sólo sé que es cierto.

Algunas personas, cuando pintan, crean obras de arte que en verdad parecen o dan la impresión del sujeto pintado. Yo no puedo hacer esto. Otras personas son melodiosas cuando cantan y jamás desafinan. Tampoco puedo hacer eso. Y hay gente que puede resolver cálculos matemáticos complejos, como si fueran sumas de uno más uno. Yo no puedo. Francamente me han alentado los recientes estudios en cuanto a los múltiples tipos de inteligencia. Espero que se avance en este campo al punto de que se encuentre una dimensión de inteligencia en la que pueda destacarme.

A decir verdad, no es tan difícil ver que no todos somos iguales. Algunas personas parecen haber recibido de más cuando Dios repartió los talentos. Quizá sienta que no cae en esta categoría, pero esté seguro que hay un talento divino en usted. El mismo espera ser liberado, y depende de que lo administre fielmente, porque para eso le ha sido confiado.

La base del amo para su evaluación se resume en esta afirmación: «Porque has sido fiel con poco...» A fin de cuentas, lo que contaba era lo poco. Aunque no nos demos cuenta, las cosas grandes de Dios provienen de los pequeños actos de fidelidad. El amo comenzó confiándoles monedas a sus sirvientes, y concluye dándoles varias ciudades. Cuando encontró que podía confiarles cosas, les dio la responsabilidad sobre seres humanos. Su administración de lo poco importante, reveló su confiabilidad respecto de las cosas que más importaban. El modo en que sirvieron, mostró cómo podrían liderar. La sabiduría de liderar una ciudad, y cuánto más la de liderar cinco o diez ciudades, se encuentra en aquellos a quienes se les puede confiar hasta lo más pequeño.

Las parábolas utilizan dos palabras diferentes para pintar la imagen del tipo de persona que Dios quiere que lleguemos a ser: *fiel* y *confiable*. Cuando somos fieles, somos confiables. No podemos confiar en la persona infiel. Estas dos características son inseparables. La perseverancia es la capacidad de mantenerse fiel hasta el final. No importa cuánto tiempo se aleje el amo, o cuándo regrese, quienes son confiables persistirán hasta el final y encontrarán placer en su retorno.

> *Las cosas grandes de Dios provienen de los pequeños actos de fidelidad.*

Luego está el otro sirviente, el que ninguna de las dos parábolas puede ignorar. Ambas describen a un sirviente que no hizo nada con lo que se le confió. Estos sirvientes presentan una visión inexacta del amo. Su conclusión es que el amo era duro, un ladrón que tomaba lo que no le correspondía y sacaba provecho de ello. Ambos sirvientes estaban paralizados por el temor, y fue esto lo que les llevó a esconder lo que se les había dado y a no hacer nada más. El sirviente que recibió un talento lo enterró en el suelo. No robó el talento, y sin que se lo pidieran lo devolvió, pero aun así su amo lo condenó diciendo que era malvado y holgazán.

Holgazán, puedo entenderlo. Este era un tipo que no hizo nada con lo que se le había dado durante todo el tiempo que su amo estuvo ausente. Uno pensaría que podría haber hecho *algo* con lo que le dieron. El amo le recordó que al menos podría haber puesto el talento en el banco, para obtener interés. Pero le llamó más que holgazán. Dijo que era malo. Cuando pienso en alguien malo, por lo general es por algo extremo. Sería más adecuado describir un acto así como pecaminoso, antes que describirlo como malvado, especialmente en esta situación. A primera vista, el tipo era pasivo, improductivo, y estaba paralizado por el miedo. Si hubiera tomado el talento para contratar a un asesino, entonces sí diría que era malo. Si hubiera robado el dinero para ganar millones para sí, entonces diría que era malo. Pero no hizo nada de eso. Devolvió exactamente lo que le habían dado. ¿Por qué diría el amo que eso era malvado?

¿Es posible que Dios vea la negligencia de la capacidad humana de manera diferente? El sirviente fue declarado malvado cuando lo que podría haber hecho se midió de acuerdo a lo que efectivamente hizo. Cuando pensamos en los talentos o dones humanos solemos ponerlos en una categoría de valores añadidos. Si una persona no llega a lograr su potencial dado por Dios, podríamos considerarlo una tragedia, pero no una maldad. Nuestra búsqueda de la santidad ha sido históricamente enfocada en la eliminación del pecado. A lo sumo nos enfocamos en tratar de guardar los Diez Mandamientos, que por supuesto hablan firmemente de lo que no debemos hacer. Desde nuestra visión de la santidad, el tercer sirviente en estas parábolas no hizo nada malo. Simplemente, no hizo nada.

Pero estas parábolas nos dan una visión del legalismo en su mayor expresión. Este hombre se sintió paralizado por su inadecuada visión de Dios. Hay una diferencia entre temer a Dios y tener miedo de Dios. Hemos visto que el temor a Dios nos libera. Tener miedo de Dios nos paraliza, nos reduce a existir, nada más. Su visión incorrecta del carácter de Dios le levó a la conclusión errónea de lo que Dios quería de él. Al mismo tiempo, esta visión incorrecta causó que perdiera el potencial de su vida y el beneplácito de su amo.

Esta parábola establece la medida de Dios para nuestras vidas. Dios no ve sólo quiénes somos, sino quiénes podemos llegar a ser. Cuando somos negligentes con respecto a la capacidad que Dios nos ha dado, cuando nos negamos a maximizar el potencial que Dios nos dio, esto es maldad a los ojos de Dios. ¿Cuánto cambiaría la obra de la iglesia si nuestra medición de la efectividad no fuera la de reducir el pecado, sino la de aumentar lo bueno? Hemos visto con claridad que una vida vivida en contra de Dios es mala, ¿pero hemos visto alguna vez con tanta claridad que vivir por debajo de nuestra capacidad divina es una deshonra a Dios equivalente a la maldad? No tener la oportunidad es algo trágico. Dejar pasar la oportunidad, descuidarla, o rechazarla, es maldad a los ojos de Dios.

LIBERACIÓN DEL POTENCIAL DIVINO

Fuimos creados para vivir, no para existir. Y aunque hemos redefinido la mediocridad llamándola normalidad, y a menudo no esperamos nada más que eso de nosotros mismos, Dios no lo aceptará. No nos creó para ser promedio, sino para ser únicos. Ser humanos no es una maldición, sino un don. Podemos soñar con una vida mejor, o con la mejor persona que podríamos ser, pero sólo Dios sabe realmente quiénes debemos llegar a ser según Su intención. Sólo Él ve la medida completa de lo que perdimos o desperdiciamos.

En ambas parábolas el sirviente tenía miedo, y en ninguna de las dos parábolas se acepta su apatía. El pecado es lo que sucede cuando tenemos demasiado tiempo libre y demasiado poco propósito en nuestras vidas. El pecado llena un vacío que no debería estar vacío. Entregar nuestras vidas a la eliminación del pecado equivale a llenar un agujero negro. La Biblia nos dice que la paga del pecado es la muerte. El pecado y la vida no pueden coexistir. Son como la oscuridad y la luz.

Jesús nos recuerda que el ladrón viene a robar y matar, pero que Él vino para darnos vida, y vida en abundancia. Cuando comenzamos a vivir nos libramos del pecado como de los gramos en una sauna. Algunos de los pecados más difíciles sólo desaparecen cuando corremos en la cinta de correr. Cuando comenzamos a vivir nos libramos del pecado. El vacío se llena de vida. El resultado es la administración, y todos tenemos dones que Dios espera que administremos. Ya seamos sirvientes de uno, dos o tres talentos, no hemos quedado con las manos vacías.

Estaba sentado en una reunión con unos veinte líderes de diversas regiones del país. Cada uno lideraba su propia organización, y nos habíamos reunido para ver si podíamos unir esfuerzos en un proyecto común. El moderador del día le pidió a cada uno que diera su nombre y que describiera brevemente la contribución que se le había pedido que trajera a la reunión. Era algo incómodo, pero cada uno de nosotros dedicó algunos minutos a describir lo que en esencia eran sus talentos, dados por Dios, que tuvieran relación con este proyecto. La última persona dijo su nombre y resumió:

«No tengo ningún talento. Sólo sé trabajar duro». Mi primera reacción fue: *Hombre, me siento como un estúpido.* Su respuesta era la más humilde, pero al mismo tiempo sentía que se había perdido algo. Estoy seguro de que todos los que estábamos allí trabajábamos duro. Muy pocas personas pueden lograr cosas importantes sin trabajar duro. En realidad, los mejores en cualquier disciplina sólo hacen que parezca fácil porque han trabajado muy duro en ello. Además estoy seguro de que aunque trabajara duro también debía tener talentos. Decir que no los tenemos es contradecir a Dios.

Cada uno de nosotros tiene un talento dado por Dios. Él derrama sobre nosotros Sus dones. Cada uno es único en cuanto a lo que puede contribuir. Todos somos complejos, y representamos una composición de inteligencia, pasiones, personalidad, habilidades, talentos y dones. La interacción dinámica de todo esto es la material prima de donde tomamos nuestro potencial. Pero potencial y productividad no son la misma cosa.

En *Atrape su momento divino* estudiamos el dilema del potencial sin desarrollar.

Se habla demasiado sobre el potencial en nuestra cultura, como si fuera el fin de todo éxito. ¿Alguna vez le han dicho: «Tienes mucho potencial»? Si uno tiene menos de veinte años —digamos de veinticinco, quizá— puede considerarlo un elogio. Potencial... nuestra capacidad no revelada. Potencial... una alusión a la grandeza aún no desarrollada. «Tienes mucho potencial»... una afirmación de elogio y hasta de adoración. Cuando uno tiene treinta años, sigue teniendo potencial. A los cuarenta, aún tiene mucho potencial. Si uno tiene cuarenta y cinco, y alguien le dice: «Tienes mucho potencial», haga una pausa, pida permiso para retirarse, y enciérrese en un clóset y llore todo lo que quiera.

Lo que solía ser una afirmación de promesa es ahora una afirmación de oportunidad perdida. Hay un punto donde ya no se espera que tengamos potencial; se espera que tengamos talento, capacidad, producto. El potencial es un vistazo de lo que puede llegar a ser, pero debe haber un tránsito desde donde tenemos potencial hasta donde somos potentes.

No se espera que muramos con nuestro potencial. Una vida bien vivida exprime todo el potencial que hay dentro, y hace algo con él. Cuando el potencial está bien guiado, somos potentes. El potencial, cuando se hace potente, siempre produce resultados. Nacemos con potencial, pero somos llamados a vivir vidas productivas. El necio desperdicia y malgasta su potencial. No es fiel con aquello que le han confiado.

Cuando se trata de potencial la parábola de los talentos muestra la forma tan desigual en que Dios distribuye el talento. Pero esto va más allá del hecho de que algunas personas tengan más talento que otras. Una vez que reconocemos que aún en este caso nadie queda sin al menos un talento, este hecho no es tan difícil de aceptar. Lo más crítico en este proceso es el modo en que el amo toma el talento del sirviente malo y se lo da al sirviente que había ganado más. Cuando leí esto por primera vez me sentí muy incómodo.

Cuando el amo ordena: «Quítale su talento y dáselo al que tiene diez», inmediatamente pensé: *No, dáselo al que tiene cinco. Fue fiel también. Además, el otro tipo ya tiene diez. Si se lo das al que tiene cinco, entonces tendrá seis y la cosa será más pareja.*

El amo explicó su acción cuando declaró: «Porque al que tiene, le será dado, y tendrá más y en abundancia». Esta realidad se ve acentuada por la persona a quien elige darle el talento que no fue utilizado. Quienes son más fieles con la mayoría de los recursos tendrán un papel destacado en el Reino de Dios. Cuando miré el texto en Lucas 19, vi que la parábola literalmente se refería a mi modo de pensar. Aquí el amo ordena: «Quítale su mina y dásela al que tiene diez minas». Lo mismo. No se la da al que tiene cinco, sino al que tiene diez. En el versículo 25, los sirvientes interrumpen: «Señor, ¡ya tiene diez!». Eso fue exactamente lo que pensé yo. Y otra vez el amo señala lo mismo: «Les digo que a quien tiene, se le dará más, pero al que no tiene, aún lo que tenga se le quitará».

Estoy convencido de que hay más personas que piensan como yo que como Dios. Queremos equidad. La mayoría estaríamos felices si viéramos que todo en la vida es más parejo. No queremos menos, sino querríamos tener tanto como el que tiene más que nosotros. Es perturbador pensar que Dios sería tan desproporcionado. Pero esto es absolutamente cierto. Si Dios puede ayudar a más personas, confiándole a usted más de lo que me confía a mí, lo hará. No se trata de cuánto obtengamos usted o yo; se trata de qué hacemos con lo que tenemos. Por alguna oscura razón el corazón humano hace que nos inclinemos a querer que otros caigan donde estamos nosotros si no podemos subir donde ellos están. Algunas culturas lo llaman «la estrategia del cangrejo». Otros utilizan la frase «cortar la amapola más alta». Cuando este patrón es el que da forma a las estructuras sociales, lo que resulta son formas como el comunismo o el socialismo. El reino de Dios jamás será así. Cualquiera que sea fiel con lo que Dios le ha dado será candidato para recibir una responsabilidad mayor en el Reino. Si ellos son los únicos que son fieles, llegarán a la primera fila. Las corporaciones saludables entienden este principio. Si tienen una división que florece y otra que pierde dinero, saben que sería tonto poner dinero en la división que pierde en lugar de invertir más recursos en la sección que crece. En uno de los casos es una inversión saludable; en el otro caso, se magnifica la pérdida.

Cuando somos infieles somos mala inversión. Podemos encontrarnos culpando a otros por nuestros fracasos, pero a fin de cuentas, se trata de nosotros. A menudo las organizaciones ponen a personas poco confiables en posiciones de responsabilidad, esperando inspirar una transformación en su carácter. Estas decisiones demuestran ser costosas y dolorosas. Cuando una persona es ubicada en una posición de liderazgo por causa de su talento, aún cuando se sepa que no es confiable, se está ante una caricatura, una parodia. Porque el poder no hace confiable a una persona. La autoridad tampoco la hará responsable. Cuando somos confiables se nos puede confiar poder. Cuando somos confiables nuestra influencia en las vidas de otros se expandirá naturalmente. El talento sin carácter es algo peligroso. El talento alimentado por el carácter es un don de Dios.

El carácter se forma en el yunque de la fidelidad y se refina en el desfiladero de la perseverancia. Recuerde, la forma de nuestro carácter es la forma de nuestro futuro. Es por medio de la transformación de nuestro carácter que Dios nos señala e ilumina el camino. El carácter de Cristo nos alimenta con una pasión que se mueve de forma natural en la dirección que Dios desea para nosotros. El carácter de Cristo también nos ilumina para ver las cosas con los ojos de Dios. La búsqueda de la iluminación comienza por la fidelidad. Es aquí donde la sabiduría de Dios se forma en nuestros corazones.

UNA BÚSQUEDA DE LA SABIDURÍA MEDIANTE LA FIDELIDAD

Tendemos a buscar la sabiduría sólo cuando estamos ante una gran crisis. Tendemos a tratar la sabiduría como si fuera una rara mercancía... tomándola sólo cuando la necesitamos de verdad. A menudo, sólo cuando nos encontramos contra la pared es que buscamos frenéticamente a Dios, con la esperanza de que Él nos dé iluminación divina. En cualquier otro momento de la vida pensamos que nuestro modo de tomar decisiones es más que adecuado. Pero olvidamos una verdad muy importante. Hay sabiduría en las cosas pequeñas, en las decisiones pequeñas. Las decisiones que parecen menores requieren de sabiduría tanto como las monumentales. En realidad, la razón por la que nos encontramos en tantos momentos de crisis es porque nos faltó sabiduría en algún momento más temprano durante el proceso.

No toda crisis que enfrentamos resulta de la falta de sabiduría, pero muchas veces este es el caso. Es demasiado fácil descartar la importancia de las cosas pequeñas. Nos convencemos de que si se nos confía mayor responsabilidad, actuaríamos de manera diferente. Sin embargo, la realidad es que el mismo tipo de intencionalidad que demostramos en las cosas pequeñas será precisamente el modo en que nos conduciremos ante cosas de mayor peso. Cuando se nos confía algo, sea grande o pequeño, no estamos exentos de consecuencias. Aun cuando la responsabilidad tenga alcance mínimo, el patrón que establezcamos para nosotros mismos tendrá ramificaciones a largo plazo. Más que la tarea en sí misma es el trabajo sobre nosotros mismos lo que tiene importancia. Cuando disminuimos la importancia de cualquier tarea por la que hemos aceptado responsabilidad y no hacemos lo mejor que podemos, elegimos convertirnos en cierto tipo de persona.

Hasta las cosas más pequeñas contribuyen a la formación de nuestro carácter. En efecto, en las cosas pequeñas es donde toma forma y se desarrolla el aspecto más profundo de nuestro carácter. Las implicancias de la fidelidad no pueden sobreestimarse, pero tampoco subestimarse. En lugar de concluir que no tenemos talento alguno, pero que sí trabajamos duro, debiéramos reconocer que cuando trabajamos duro es cuando damos dirección a nuestros talentos. Si bien es importante conocer los talentos únicos que nos han sido confiados, éstos no deben convertirse en el centro de nuestras vidas. Es mucho más importante servir a otros utilizando estos dones y talentos. Habrá momentos en que descubriremos que somos llamados a servir incluso más allá de lo que son nuestras capacidades más notorias. Y cuando la tarea no tiene que ver con nuestros talentos, el efecto puede ser positivo y sustancial.

El desarrollo de nuestros talentos es esencial para maximizar el impacto de nuestras vidas; pero aún más importante que esto es el desarrollo de nuestro carácter. La fidelidad tiene que ver con hacer importantes aquellas tareas que nos han sido confiadas para aumentar el bien común. Puede ser un talentoso músico, pero trabajar detrás de la escena como técnico quizá sea más importante en este momento de su vida. Quizá sea un comunicador habilidoso, pero si se le pide que apile sillas deberá tratar esta tarea con la misma importancia. Un día tal vez dirija la compañía para la que trabaja, y su tarea de hoy podrá parecerle de poco valor, pero su éxito futuro dependerá enteramente de cuán en serio tome la tarea que hoy se le asigna. Hoy quizá tome sólo decisiones pequeñas, pero el modo en que tome esas decisiones será el mismo método que utilizará en sus momentos de mayor decisión. Toda persona sabia está marcada por las cicatrices de la perseverancia. La perseverancia es el fruto de la fidelidad. Todos querríamos encontrar un atajo hacia la sabiduría. La sabiduría no necesariamente vendrá con lentitud, pero tampoco lo hace de manera frívola. La fidelidad acelera la sabiduría.

En una de esas tardes en que decidíamos viajar hasta el condado de Orange para visitar Disneylandia observé que había dos filas de personas. Una fila se movía rápidamente, y la gente estaba contenta. No podía imaginar qué estaría ocurriendo. No se veían dos entradas, pero era claro que había dos modos de entrar. Luego uno de nosotros vio la señal. Las dos líneas tenían designaciones claras. Nuestra línea era la de «En espera». La otra tenía un nombre mucho más atractivo: «Pase rápido». No tenía idea acerca de qué habían hecho para ganar el privilegio del pase rápido. Lo único que sabía era que yo también quería estar en esa categoría superior. Me molestaba que los doscientos dólares que había pagado para entrar sólo sirvieran para asignarme el privilegio de estar en espera. Era ciudadano del Reino Mágico de Disney. Este tipo de guerra de clases me parecía injusta. ¿Había pagado todo ese dinero sólo para tener el privilegio de esperar que se me permitiera entrar?

Mis hijos rápidamente se dieron cuenta de cómo funcionaba la cosa. Había que pararse en una fila para obtener un boleto de «Pase rápido», el cual mejoraba su categoría y le permitía dejar de estar

«En espera» para pertenecer a la elite. Después de esto, cambiamos nuestra forma de visitar el reino. Nos unimos a las multitudes de caras sonrientes que pasaban sin problemas junto a las filas en espera. Éramos de la nobleza, con reservaciones que nos separaban de las masas.

Si es parecido a mí, no le gusta esperar. Si hay un modo más rápido, querrá encontrarlo. No es que sea impaciente; es sólo que no me gusta estar parado sin hacer nada. Perder el tiempo es un desperdicio. Pero hay cosas por las que tenemos que esperar. Porque a veces, si apuramos el proceso, arriesgamos la calidad. Con la sabiduría no hay que preocuparse por intentar obtenerla demasiado rápido, pero sí hay que pensar seriamente si la obtenemos demasiado despacio. Trágicamente, podríamos estar frenando a Dios.

Cuando somos infieles en las cosas pequeñas nos relegamos a estar en la fila «En espera». Si somos fieles con poco, si se nos encuentra confiables para lo pequeño, aceleramos nuestro viaje hacia la sabiduría. Esto no quiere decir que encontraremos un atajo en este proceso. La fidelidad, por su misma esencia, implica tiempo. La fe podemos tenerla en un momento; la fidelidad tarda un poco más, lo cual es posiblemente el motivo por el que nuestra visión de Dios a veces se concentra en la fe y descuida la fidelidad.

FE PARA PERSEVERAR

Si alguien oyera de forma casual un programa cristiano en la radio, concluiría que la solución a todos nuestros problemas es tener más fe. Si tiene un problema, sólo necesita creer. Si no puede resolver el problema es que no tiene suficiente fe. La metáfora de la semilla de mostaza es un ingrediente más en este asunto de tener fe. Se nos dice que Jesús dijo que sólo necesitamos que nuestra fe sea del tamaño de una semilla de mostaza para poder decirle a la montaña: «Muévete», y que la montaña entonces se echaría al mar. Las palabras de Jesús se interpretan de un modo que indica que tenemos un problema de fe... que no creemos lo suficiente. Este viaje espiritual se convierte en un ciclo sin fin en busca de más fe, de una fe más grande.

Pero Jesús nos señala una conclusión opuesta a esto. No dice que necesitamos tener más fe. Dice que sólo necesitamos tener algo de fe. No se trata de agrandar nuestra fe. Sólo necesitamos fe del tamaño de una semilla de mostaza. La implicancia es que menos que eso, no es nada. Jesús no nos dice que agrandemos nuestra fe. Nos llama sencillamente a poner nuestra fe en Dios. No es que nuestra fe en un hecho dado sea esencial, sino nuestra fe en Dios mismo. No se trata de creer en un milagro o de creer para que se produzca un milagro; se trata de una confianza inmutable en el carácter de Dios.

En Mateo 11, Juan el Bautista envió a sus discípulos a preguntarle algo a Jesús: «¿Eres tú aquel que había de venir, o esperaremos a otro? Respondiendo Jesús, les dijo: Id, y haced saber a Juan las cosas que oís y veis. Los ciegos ven, los cojos andan, los leprosos son limpiados, los sordos oyen, los muertos son resucitados, y a los pobres es anunciado el evangelio; y bienaventurado es el que no halle tropiezo en mí» (11:3-6). Es curioso que Juan, primo del Señor, dudara de la identidad de Jesús. Si alguien debía estar seguro ese era Juan. La Biblia nos dice que saltaba en el vientre de su madre Elisabet cuando ella estaba en presencia de María, que estaba embarazada de Jesús. Es interesante que mientras permanecía en el vientre Juan estaba convencido de que Jesús fuera «el que había de venir», pero que luego estuviera confundido.

En otra ocasión Juan vio a Jesús caminando en medio de una multitud y declaró con toda seguridad: «He aquí el Cordero de Dios, que quita el pecado del mundo» (Juan 1:29). Aún en medio de una multitud, Juan sabía quién era Él. Mientras Juan bautizaba en el Jordán, el señor vino a él pidiendo ser bautizado, y Juan insistió en que sería Jesús quien debía bautizarlo a él (Mateo 3:14). Una vez más Juan sabía con toda claridad quién era Jesús. Pero cuando Juan reconoció y bautizó a Jesús vio que se abría el cielo, presenció el descenso del Espíritu de Dios sobre Él en forma de paloma y oyó una voz del cielo que declaraba: «Este es mi Hijo amado, en quien tengo complacencia» (vv. 16-17).

En esta situación, como en las demás, Juan no se detuvo a indagar: «Ahora, me pregunto, ¿eres tú Aquel por quien estábamos esperando, o debemos buscar a alguien más?». Hay una sola razón por la que Juan preguntó lo que preguntó en el momento en que lo hizo. Estaba en prisión, y Herodes estaba por mandarlo a decapitar. Si está a punto de perder la cabeza por Dios querría asegurarse de que Él sea la persona indicada. Pero aún en esta crisis las dudas de Juan sobrevinieron como resultado de la inactividad de Jesús en defensa suya. Él era quien preparaba el camino para Cristo. Mientras todos los demás se preguntaban quién sería Él, Juan declaraba quién era. Pero este momento era diferente. Su vida estaba en juego. Para Juan, era cada vez más evidente que Jesús no intervendría en su defensa.

Lo que Juan necesitaba no era la fe para ser liberado de la prisión, sino la fidelidad de ver la misión de Dios para él, ya cumplida. La respuesta de Jesús fue una lista de las credenciales más sorprendentes: los ciegos veían, los paralíticos caminaban, los leprosos sanaban, los sordos oían y hasta los muertos se levantaban. Y lo que es más, la buena nueva se proclamaba a los pobres. Todo esto Juan lo sabía ya. El currículum de Jesús no tenía sorpresas para Juan, con la excepción de Su afirmación final: «Bienaventurado es el que no halle tropiezo en mí».

Es una extraña frase final para una descripción milagrosa. ¿Por qué se sentiría alguien tentado a apartarse de un Dios a través del cual había tan milagrosa intervención? Porque Él es el Dios que puede hacer todo lo que se describe, pero también es el Dios que nos llama al mayor nivel de sacrificio. Hay momentos en que nuestro mayor acto de fe es mantener nuestra fidelidad. Habrá momentos en que no existirá nivel de fe que cambie nuestra circunstancia. La fe no siempre es la salida de una crisis. En realidad, estoy convencido de que raramente sucederá esto. La fe nos da la fuerza y la confianza para pasar por cada crisis y cada desafío. ¡Hay una resistencia que brota de nuestra fidelidad y hace que no renunciemos! Aprendemos a no rendirnos jamás. La fe es una confianza en Dios que resulta en fidelidad. Esa fidelidad nos da el poder para perseverar. En medio de nuestra perseverancia, encontramos la sabiduría de Dios que nos ayuda a entender y a poder seguir adelante. Cuando Jesús nos llama a ser fieles y a soportar grandes cosas, somos bienaventurados cuando no nos apartamos de Él y seguimos siempre junto a Su lado.

LA FIDELIDAD DE DIOS

Aun Jesús no encontró atajos en Su camino mientras caminó en esta tierra. En Isaías, la serie de pasajes conocida como los cánticos del siervo describen la venida y la vida de Jesús, generaciones antes de Su nacimiento. Al leerlas, uno puede oír los hechos en la vida de Jesús con todo detalle. Si no se nos dijera cuán antiguos son, estos versos parecerían posteriores. Quizá uno de los más famosos está en el capítulo 53:

> Despreciado y desechado entre los hombres, varón de dolores, experimentado en quebranto; y como que escondimos de él el rostro, fue menospreciado, y no lo estimamos. Ciertamente llevó él nuestras enfermedades, y sufrió nuestros dolores; y nosotros le tuvimos por azotado, por herido de Dios y abatido. Mas él herido fue por nuestras rebeliones, molido por nuestros pecados; el castigo de nuestra paz fue sobre él, y por su llaga fuimos nosotros curados (vv. 3-5).

Otra de estos cánticos está en el capítulo 50. Escuche el versículo 6: «Di mi cuerpo a los heridores, y mis mejillas a los que me mesaban la barba; no escondí mi rostro de injurias y de esputos». Unos versículos antes, dice: «Jehová el Señor me dio lengua de sabios, para saber hablar palabras al cansado» (v. 4). Suena a sabiduría ¿verdad? ¡Qué gran don el de poder saber qué decir a cada momento! Esto es más que sólo encontrar las palabras adecuadas. Es tener las palabras que traerán vida y sanidad. ¿Alguna vez ha sentido con tanta profundidad el dolor ajeno, que se ha quedado sin palabras? ¿Alguna vez ha sentido angustia al ver el desastre en la vida de otro, y sin embargo no ha tenido idea sobre qué decir o hacer? Isaías 50:4 continúa y nos revela el proceso mediante el cual Jesús obtuvo este tipo de sabiduría: «Despertará mañana tras mañana, despertará mi oído para que oiga como los sabios».

Para Jesús, la sabiduría no era el resultado de un envío celestial. En otras palabras, cuando se hizo hombre, no hizo trampa. Obtuvo la sabiduría mediante el mismo proceso que estamos invitados a emplear nosotros. Sabía qué decir porque mañana tras mañana abría sus ojos y sus oídos y se convertía en estudiante. Las palabras de Dios llegan a quienes escuchan atentamente para oír Su voz. La sabiduría de Dios le llega a quienes caminan con Dios. Y el camino no es fácil ni seguro.

El pasaje continúa: «Jehová el Señor me abrió el oído, y yo no fui rebelde, ni me volví atrás» (50:5). Aún para Jesús el camino era difícil. Habría sido fácil justificarse si se hubiera retirado. Pero en Su fidelidad, encontró la fuerza para perseverar, y por Su perseverancia obtuvo la sabiduría de Su padre. Sé que es difícil pensar que Jesús debió obtener sabiduría. Siempre pensamos en Jesús como un ser completo. Para ver esto de manera clara sólo tenemos que recordar que Jesús llegó a este mundo como un bebé. Tuvo que aprenderlo todo desde cero... a comer, a caminar, a hablar, a leer, a vivir.

Lucas nos recuerda esto con una breve descripción de Jesús a los doce años. Su resumen de la niñez de Jesús es simple: «Y Jesús crecía en sabiduría y en estatura, y en gracia para con Dios y los hombres» (2:52).

A todos nos gusta llegar a nuestro destino, pero no a muchos nos entusiasma el proceso. Y aún muchos menos de nosotros estamos convencidos de dónde comienza el viaje. La búsqueda de la iluminación comienza por la fidelidad. Antes de que David fuera rey, fue guerrero. Y antes de ser guerrero, fue un simple pastor. Antes de que José llegara a ser la mano derecha del Faraón en el imperio egipcio, soportó la vida de un esclavo. Antes de que Ruth conociera una vida de gozo y promesas junto a Booz, debió soportar la muerte de su primer marido, pero luego dedicó su vida a servir a Noemí, su suegra. Eligió ser fiel a la familia de su difunto marido en lugar de buscar su bienestar personal. Fue en este viaje que encontró el futuro que Dios tenía planeado para ella. Fue por medio de la fidelidad que cada uno de ellos descubrió la vida que Dios les tenía reservada. Pero primero hubo épocas de gran incertidumbre.

Como Jesús, nadie viaja por este camino sin encontrar sufrimiento y obstáculos importantes. Todos nos enfrentamos con la tentación de rebelarnos o de retirarnos, pero si nos mantenemos firmes, encontraremos la luz del día. Si el camino nos atrae, pero nos encontramos sobrecogidos por su pesar, hagamos sólo dos cosas: miremos hacia el final y veamos la promesa de la iluminación, y sigamos entonces caminando paso a paso. Dios quiere confiar más cosas a más hombres y mujeres que han sido fieles con lo que tienen.

PRESERVACIÓN DE NUESTO CARÁCTER

He estado en algunos de los ambientes más hostiles del mundo, pero jamás me he sentido más cerca de la muerte que en ese momento. Estábamos en el Medio Oriente, unos días antes del 11 de septiembre de 2001, y sentía que iba a morir. En realidad, parecía que todos en el grupo corríamos peligro. Siempre había imaginado que el capítulo final de mi vida tendría un fin más noble o romántico. Pero ahora lo veía: causa del deceso... mayonesa en mal estado.

Habíamos decidido tomarnos un día para viajar al interior el Líbano. Salíamos de Beirut, de camino a Baalbek. Quería que mi esposa y mis hijos vieran las maravillas de las antiguas ruinas romanas. Recuerdo vagamente que Mimi le dijo a su esposo Nabil que debíamos comprar hielo. Jamás llegamos a hacerlo. ¿Mencioné que era el mes de agosto? Unas horas después, estábamos sentados disfrutando de un picnic, y ni siquiera pensamos en este insignificante detalle. Pero al día siguiente, todos los que habíamos comido mayonesa descubrimos que la venganza de Moctezuma es un fenómeno internacional. Al final perdimos horas por haber querido ahorrarnos unos minutos. Por no detenernos a comprar hielo. Y esto casi nos mata.

Del mismo modo que el hielo mantiene fresca la mayonesa, la fidelidad mantiene fresco nuestro carácter. Las cosas pequeñas no parecen muy importantes de momento, pero tienen enormes ramificaciones en el futuro. No son los grandes desafíos los que hacen caer a los líderes exitosos; es el haber ignorado las cosas pequeñas. Cuando se trata del carácter, los detalles sí son importantes. En su búsqueda del honor debe sudar trabajando en lo pequeño. Los grandes líderes siempre vienen de la nada. Jamás debemos subestimar la importancia de las cosas pequeñas. Hasta el día de hoy, todavía no puedo comer mayonesa.

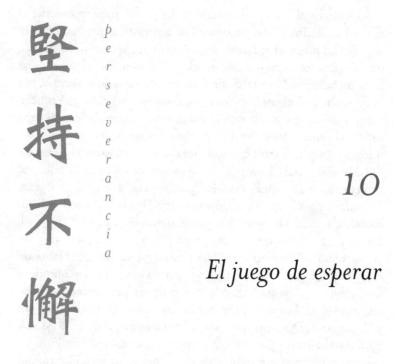

10

El juego de esperar

París en verano. Por fin estábamos allí. La capital del romance. Habíamos recorrido el mundo, pero Kim siempre había querido ir a París. Y allí estábamos. Podría haber sido nuestra segunda luna de miel, excepto por el hecho de que por todas partes nos seguían dos seres humanos pequeñitos que insistían en ser nuestros hijos. Bien, allí estaba el romance.

París en verano. Estábamos todos allí. Una ciudad llena de historia. Nuestro punto de mayor atracción sería el Louvre, un lugar con incontables tesoros. ¡Qué buena oportunidad para aprender! Los museos no son por lo general el sueño de las vacaciones para los niños de trece y nueve años, pero sabíamos que esto sería un recuerdo para toda la vida. Esa mañana temprano tomamos el Metro desde La Defense, donde nos alojábamos. Al salir del Metro iríamos en un micro de dos pisos que nos llevaría por la ciudad durante el día.

Llegamos al Louvre temprano el día jueves para aprovechar el tiempo al máximo. Nuestro tiempo de espera en la fila hasta que se abrieran las puertas fue relativamente corto. Justo en el momento en que llegábamos al mostrador donde se venden las entradas quise sacar mi billetera. No estaba allí. Esto me sucede todo el tiempo, por lo que comencé a buscar en los otros bolsillos. No me tomó mucho tiempo darme cuenta de que ya no la tenía. En mi billetera estaba todo... el dinero, las tarjetas de crédito, los pases del ómnibus. No miento si digo que sentí que todo mi cuerpo cedía ante el pánico.

Me volví hacia Kim y le expliqué que ya no tenía la billetera. Inmediatamente pensé que la habría dejado en el ómnibus. Habíamos viajado en el piso superior. Miré hacia la calle, donde los pasajeros subían y bajaban, y vi que el ómnibus seguía allí. Les pedí a Kim y a los niños que me esperaran y corrí hacia el vehículo con la esperanza de encontrar mi billetera en algún rincón. Había un empleado allí que organizaba a los pasajeros que subían al ómnibus. Le expliqué mi problema. Me dio permiso para subir, pero no encontré nada. Luego vi que el conductor había cambiado. De color y de aspecto. Descubrí que este no era nuestro ómnibus. Se veía igual, estaba en el mismo lugar, pero no era el mismo ómnibus.

Me explicaron que había más de treinta vehículos. El ómnibus que habíamos tomado nosotros ya había partido. Mis ruegos les conmovieron y me permitieron subir en este ómnibus para ver si podía alcanzar el vehículo en el que debía estar mi billetera. Les pregunté si podían hablarse entre sí, pero no contaban con un sistema de comunicación central. No podía creer que una empresa de tal envergadura no contara con intercomunicadores. Pero estaba en París, no en Los Ángeles.

Tomé el ómnibus al otro lado de la ciudad, sintiéndome como un personaje de una película de espionaje, buscando con desesperación «el paquete». Inútilmente me permitieron recorrer el camino y luego me dejaron en un lugar desde donde el regreso me tomó casi una hora a pie. No tenía idea de dónde estaba, pero encontré cómo regresar hasta el Louvre, donde me esperaba mi familia. Decidimos hacer algo diferente. Esperamos en la parada de ómnibus hasta que pasaran uno tras otro los ómnibus con la esperanza de encontrar el nuestro. Miramos en cada uno para ver si era el que habíamos tomado. Pasamos el día entero, o mejor dicho, lo malgastamos. La búsqueda no dio resultados.

Unas horas más tarde, encontramos el ómnibus que habíamos tomado. Sabíamos que era ese. Nuestro conductor estaba de vuelta. Buscamos por todas partes, pero no había rastros de la billetera. Nos aseguró que no había visto nada, y que nadie le había entregado objeto alguno. Los franceses con quienes habíamos hablado hasta entonces no parecían demasiado optimistas en cuanto a recuperar la billetera. Parece que en París hay muchos ladrones oportunistas. Y hasta nos sugirieron que sería difícil que encontráramos a alguien lo suficientemente honesto como para devolver lo perdido. Por cierto, encontramos que los franceses se mostraban amables y solidarios con nosotros. Pero aún así, la billetera no aparecía.

En un acto final de compasión, el empleado y el conductor nos permitieron volver en el ómnibus a la estación central, aunque no teníamos boletos. Estábamos exhaustos y desilusionados. Habíamos pasado todo el día en el Louvre sin ver nada. No sabíamos cómo volver a nuestro hotel ni qué haríamos con respecto al resto de nuestro viaje. Teníamos planeado ir al Medio Oriente desde Francia, y faltaban aún dos semanas para regresar a casa. El ómnibus llegó por fin a la estación. Ya estaba oscuro y estábamos en el corazón de París. Pero al menos la experiencia nos había unido. Estábamos tristes, desalentados.

Y luego sucedió la cosa más extraña. Un señor italiano nos siguió al bajar del ómnibus. Debía ser obvio que estábamos buscando algo desesperadamente. Casi todas las personas del piso superior del ómnibus nos habían ayudado a buscar. Era algo triste y gracioso a la vez, por lo que me tomó por sorpresa cuando el hombre me preguntó si había perdido algo. Respondí: «Sí, mi billetera».

No puedo explicar mi sensación cuando le vi sacar mi billetera de su bolsillo. Me hizo describir con brevedad lo que había dentro, y luego me la devolvió. Lo único que puedo decir es que el hombre la había encontrado hacía varias horas y que estaba por ir a ver a la policía para informar del hallazgo. Su nombre era Roberto Priore, de Salerno, Italia. El único hombre honesto que necesitábamos encontrar en París era italiano. Aunque sepamos que hay personas honestas en el mundo, ¿cómo explicar este encuentro casual? París es una ciudad enorme. ¿Cuáles son las probabilidades matemáticas de que un hombre italiano encuentre la billetera de un tipo de El Salvador, mientras ambos están en París, y se la devuelva?

Mientras buscábamos con frenesí ese día, Kim y los niños oraban con toda sinceridad. Aaron me recuerda que ese día hacía mucho calor y nos sentíamos incómodos. Los detalles del hecho se desdibujan en nuestra memoria, pero el milagro sigue allí. No será exagerado decir que Dios me devolvió mi billetera. Mis hijos sintieron el poder de la oración y de la persistencia obrando al unísono. Estoy convencido de que sin esta conjunción de ambas cosas habríamos estado perdidos. Habría sido muy fácil abandonar enseguida. Después de todo era la alternativa más lógica, porque podríamos haberla atribuido a que nuestra esperanza era irracional. A menudo no vemos la innegable obra de Dios porque claudicamos demasiado pronto.

> *A menudo no vemos la innegable obra de Dios porque claudicamos demasiado pronto.*

DETERMINACIÓN

Es enloquecedor pensar que nuestros esfuerzos podrían resultar en vano porque claudicamos. No es que no haya momentos en que sea inadecuado dejar de insistir, cerrar el capítulo y abandonar la búsqueda. Pero hay ciertas cosas a las que jamás debemos renunciar. Podemos prescindir de los proyectos, pero las virtudes son siempre indispensables. Las estrategias van y vienen. No están diseñadas para ser permanentes. Con el carácter sucede algo muy diferente. Si nos tratamos a nosotros mismos como aquello que hacemos y nada más, estamos destinados al fracaso. Es más fácil reponer una billetera que recuperar nuestra integridad.

París será un recordatorio para nosotros, siempre. Un recordatorio de que no debemos abandonar demasiado temprano, de que la perseverancia es muchas veces lo único que separa al fracaso del éxito. La vida es un riesgo que exige determinación. Me pregunto cuántas veces habremos perdido un momento único dado por Dios a causa de nuestra poca persistencia en el viaje. Mis hijos jamás vieron el Louvre, pero sí vieron la obra de Dios. No vieron un museo lleno de obras hechas por la mano del hombre, pero experimentaron lo que Dios puede hacer. Lo mismo sucede con la sabiduría. La sabiduría de Dios nos llega como un don, un regalo, pero nace de la perseverancia.

La sabiduría es el tesoro que nos espera del otro lado de nuestra búsqueda de la iluminación. Y si bien la sabiduría no resulta siempre del tiempo o la experiencia, se alimenta y se forma en el contexto de las pruebas y las tentaciones. Para que la sabiduría se forje de manera adecuada en nuestros corazones debemos soportar las presiones que presenta la vida.

Santiago nos dice: «Hermanos míos, tened por sumo gozo cuando os halléis en diversas pruebas, sabiendo que la prueba de vuestra fe produce paciencia. Mas tenga la paciencia su obra completa, para que seáis perfectos y cabales, sin que os falte cosa alguna. Y si alguno de vosotros tiene falta de sabiduría, pídala a Dios, el cual da a todos abundantemente y sin reproche, y le será dada» (Santiago 1:2-5).

Santiago describe un proceso por el que debemos pasar todos si hemos de obtener la sabiduría necesaria para nuestra vida. Nos promete que Dios dará sabiduría generosamente a todo el que la pida, pero la promesa está precedida por una descripción del viaje que debemos emprender. La perseverancia es la herramienta necesaria para llegar a la sabiduría. Él describe a la perseverancia como un agente activo que obra con poder dentro de nosotros y también en el proceso de completar una obra. Cuando la obra está completa se nos podría describir como maduros, plenos, sin carencia de nada. Esto se nos presenta como el mejor estado para todo ser humano.

La perseverancia tiene diversas dimensiones. En las Escrituras la misma palabra podría traducirse como paciencia o capacidad para soportar. La perseverancia no es sólo esperar. Es más el modo y el porqué de la espera. Es la capacidad de soportar y florecer aún bajo presión. Cuando logramos mantenernos firmes con constancia nuestra perseverancia se expresa mediante la capacidad para soportar. Perseverar implica sabiduría en el proceso y una sabiduría que crece durante el proceso. Cuando no perseveramos no crecemos en sabiduría. Cada vez que Dios nos ubica en circunstancias que requieren de perseverancia, está intentando hacer que crezca la sabiduría en nosotros. Si tomamos un atajo para evitar este proceso estamos abortando el desarrollo de la sabiduría en nosotros.

Esta búsqueda de la iluminación requiere de una perseverancia cuyo resultado es la paciencia. La paciencia se encarga de asegurar que no nos movamos más rápido que Dios. No se trata de estar ociosos. Esperar por Dios requiere seguir haciendo lo que está bien aún cuando nuestra situación no cambie. La paciencia comprende una vida que sigue lo indicado por Dios aún cuando parezca que Él no sigue Sus propias indicaciones. La paciencia espera por el bien.

A pesar de que Pedro específicamente se refiere al regreso de Cristo sus palabras se aplican también a un contexto que va más allá de esto. Nos recuerda: «Mas, oh amados, no ignoréis esto: que para con el Señor un día es como mil años, y mil años como un día. El Señor no retarda su promesa, según algunos la tienen por tardanza, sino que es paciente para con nosotros, no queriendo que ninguno perezca, sino que todos procedan al arrepentimiento» (2 Pedro 3:8-9).

Nuestra necesidad de perseverar viene con un entendimiento implícito de que habrá momentos en que parecerá que Dios se mueve demasiado despacio para cumplir Sus promesas. Cuando Dios va más despacio de lo que nos gustaría se crea un vacío. Este es el vacío que aprovechan nuestras tentaciones. Si Dios no cumple con nuestro calendario ¿nos apartaremos de Él? ¿Nos conformaremos con menos de lo que Él desea para nosotros? ¿Llegaremos a la conclusión de que es indiferente a nuestras necesidades y buscaremos otro modo de cumplir con lo que nuestro corazón anhela?

Santiago nos recuerda que el sufrimiento no debe ser una excusa para la impaciencia «Hermanos míos, tomad como ejemplo de aflicción y de paciencia a los profetas que hablaron en nombre del Señor. He aquí, tenemos por bienaventurados a los que sufren. Habéis oído de la paciencia de Job, y habéis visto el fin del Señor, que el Señor es muy misericordioso y compasivo» (5:10-11).

La búsqueda de la iluminación también requiere de una perseverancia que dure y soporte. Porque soportar hace que no perdamos las fuerzas ante la tarea que tenemos por delante. En algunas carreras el que llega primero es considerado campeón. Pero en esta carrera, todos los que llegan al final son vencedores. El viaje hacia la sabiduría requiere que pasemos por un desfiladero. La capacidad de soportar implica una vida que sigue lo que Dios nos pide aun cuando parezca que no hay ventaja alguna en mantener el curso. La capacidad de soportar sigue en pos del bien.

El escritor del libro de los Hebreos nos recuerda que aunque parezca a veces imposible completar el curso para el que hemos sido llamados habrá muchos otros que lo hayan recorrido antes que nosotros, venciendo con éxito. Nos inspira con la siguiente imagen:

> Por tanto, nosotros también, teniendo en derredor nuestro tan grande nube de testigos, despojémonos de todo peso y del pecado que nos asedia, y corramos con paciencia la carrera que tenemos por delante, puestos los ojos en Jesús, el autor y consumador de la fe, el cual por el gozo puesto delante de él sufrió la cruz, menospreciando el oprobio, y se sentó a la diestra del trono de Dios. Considerad a aquel que sufrió tal contradicción de pecadores contra sí mismo, para que vuestro ánimo no se canse hasta desmayar (Hebreos 12:1-3).

LA OLLA DE PRESIÓN

Nuestra necesidad de perseverar viene con un entendimiento implícito de que habrá momentos en que pareciera que Dios nos hace vivir cosas más duras de las que podemos soportar. La mayoría de nosotros tiene al menos una expectativa tácita de que si hacemos lo correcto Dios nos bendecirá por ello. No en la vida después de la muerte ni en alguna oscura fecha futura, sino ya, inmediatamente quizá. Esto crea una disonancia en nosotros cuando nos suceden cosas malas, aunque intentemos convertirnos en las mejores personas. Sólo agrega insulto a la herida cuando parece que lo bueno les sucede a las personas malas.

A pesar de que Dios promete que jamás permitirá que soportemos más de lo que podemos aguantar y que Él siempre nos dará la fuerza necesaria para vencer cualquier dificultad, habrá días en que nos preguntemos si podremos soportar un momento más. No debiera sorprendernos que el sufrimiento pueda acompañar una vida enteramente dedicada a Dios. Nuestro Señor Jesucristo, en especial, no estuvo exento de esto. Así como se le exalta por encima de todo, Su sufrimiento también fue mayor que cualquier dificultad que podamos vivir. Soportó no sólo la oposición de los impíos, sino el agonizante dolor de la muerte en la cruz.

La perseverancia es tanto la resolución de ser pacientes como el compromiso de soportar. La perseverancia soporta y mantiene su vista en el bien al tiempo que encuentra lo bueno en las peores circunstancias. Este puede ser el elemento más milagroso de la perseverancia, ya que produce sabiduría. No somos llamados sólo a soportar dificultades. Nuestro mandato no es sólo el de aferrarnos a la vida, sino el de aferrarnos con todo amor y a pesar de todo.

Santiago nos dice que veamos nuestras pruebas con gozo. ¿Puede usted imaginar eso? Nos invita a encontrar placer en medio del dolor. Por cierto, muchas veces el gozo y el sufrimiento se mencionan juntos en las Escrituras. Si no observamos con cuidado esto podría resultar en una especie de insalubre masoquismo espiritual. En realidad pareciera que históricamente esto es exactamente lo que sucedió. Y hasta en nuestro entorno materialista no hace falta hurgar demasiado para oír que el sufrimiento se describe como una virtud. Quizá es solo porque nos sentimos culpables cuando no sufrimos lo suficiente. Pero esto en el fondo expresa una mala interpretación del papel que juega el sufrimiento en nuestras vidas. El sufrimiento no es una virtud; es una realidad. No debemos buscar el sufrimiento. Le aseguro que el sufrimiento nos buscará a nosotros. El sufrimiento no es fuente de gozo ni siquiera para la persona más espiritual, y sin embargo, no deja de ser escenario para el gozo. Este es el punto que Santiago intenta demostrar. No son las pruebas las que nos traen gozo. Son sus circunstancias las que abren la ventana y la oportunidad para el gozo. Cuando pertenecemos a Dios las pruebas son sólo un recordatorio de nuestra necesidad de Él, y también una promesa de que Dios nos encontrará en medio de ellas. Si Dios es nuestro mayor placer, las pruebas se convertirán en nuestra mayor fuente de gozo. La clave para experimentar este gozo se convierte en perseverancia. Uno no desea buscar sustitutos. Quiere esperar por Dios, con la seguridad de que él aparecerá aunque no sea del modo en que lo esperamos.

> *La perseverancia es tanto la resolución de ser pacientes como el compromiso de soportar.*

El ejemplo que Jesús nos da es el que mejor ilustra la relación entre el sufrimiento y el gozo. Hebreos dice que Jesús soportó la cruz por el gozo que había ante Él. No había gozo en la cruz. La cruz le trajo agonía y muerte a Jesús. No era por el gozo en la cruz que Jesús se dejó crucificar; era por el gozo que podía ver más allá de la cruz. Era un gozo que tenía por delante, y ese gozo permaneció con Él aun durante Su crucifixión.

Pablo nos recuerda que el camino que debemos recorrer es el mismo que recorrió Jesús. A todos se nos llama a cargar nuestra cruz y al mismo tiempo se nos invita a vivir una vida de gozo impensable. Casi podemos oír a Pablo gritar su descubrimiento:

> Justificados, pues, por la fe, tenemos paz para con Dios por medio de nuestro Señor Jesucristo; por quien también tenemos entrada por la fe a esta gracia en la cual estamos firmes, y nos gloriamos en la esperanza de la gloria de Dios. Y no sólo esto, sino que también nos gloriamos en las tribulaciones, sabiendo que la tribulación produce paciencia; y la paciencia, prueba; y la prueba, esperanza; y la esperanza no avergüenza; porque el amor de Dios ha sido derramado en nuestros corazones por el Espíritu Santo que nos fue dado (Romanos 5:1-5).

Los seguidores de Cristo sufren igual que todas las demás personas. El dolor es igual de real, la desilusión igual de profunda, las lágrimas igual de amargas. Pero el modo en que enfrentamos el sufrimiento es muy diferente. Dios nos permite ver más allá del sufrimiento. Nos regocijamos en nuestro sufrimiento sabiendo que el dolor no carece de significado. Perseveramos en la confianza de que estamos siendo transformados. La perseverancia produce carácter, y el carácter, esperanza. Y descubriremos que la esperanza es el más grande regalo que nos da la sabiduría.

LA SABIDURÍA DE LA PERSEVERANCIA

Todo esto nos remite a Santiago. No sólo se nos desafía a dejar que la perseverancia obre en nosotros con la promesa de que obtendremos sabiduría, sino que además se nos invita a ver y a sentir la tribulación de modo nuevo. Santiago nos dice que debemos tomar la tribulación como gozo. La única razón que nos da para esto es el saber que las pruebas de nuestra fe nos darán perseverancia. Por supuesto nos recuerda que si somos valientes durante el viaje terminaremos siendo completos y maduros, plenos. No quiero ser irreverente, pero parece estúpido ver a las pruebas y a las tribulaciones como el camino hacia el gozo indescriptible. Sin embargo, esto es exactamente lo que él nos quiere decir con «sumo gozo». Describe la experiencia de estar vivos.

Si se nos pidiera que enumeráramos las diez experiencias más gozosas de la vida ¿incluiríamos las tribulaciones? No puedo siquiera imaginar que se incluyera algo tan doloroso como el sufrimiento o el padecimiento. De no ser por el argumento sostenido por Dios, ¿por qué igualaríamos al gozo con el dolor? ¿Qué trae Dios escondido en la manga? ¿Qué es lo que sabe Él que no sabemos nosotros?

Santiago lo dice tan sutilmente que casi podemos pasarlo por alto. Dios anhela darnos sabiduría, y ésta nace de la perseverancia. Es sólo al poner a prueba nuestra fe que desarrollamos la perseverancia necesaria para nuestra búsqueda de la iluminación. Hay algunas cosas que Dios desea hacer en nuestras vidas que no pueden lograrse de otro modo. Y aún la persona que anhelamos ser cuando vivimos en línea con Dios no puede concretarse si no estamos dispuestos a andar este camino. Para ser como Cristo debemos enfrentar estos sufrimientos. Podemos sentirnos llenos de gozo incluso en medio del sufrimiento cuando buscamos el carácter en lugar de la comodidad. Podemos ver las tribulaciones como el ambiente perfecto para el gozo indescriptible cuando aceptamos nuestras circunstancias como la incubadora donde Dios nos hace a Su imagen.

Más allá de lo que nos dice Santiago sobre la obra de Dios en nosotros, leemos que nuestra fe es la que se pone a prueba. Esto no quiere decir que Dios busca averiguar si nuestra fe es real o no. Lo que sí quiere decir es que Dios intenta forjar en nosotros una fe verdadera. Dios permite y a veces causa que pasemos por un tipo de circunstancia que elimine toda falsedad y nos deje frente a nuestro verdadero ser. La intención de Dios no es la de destruir nuestra fe, sino la de aumentarla. Hay pocas cosas tan impactantes como el pasar por el fuego y saber que uno tiene la resistencia para no quemarse. Todos nos preguntamos alguna vez si somos resistentes o no. Dios quiere llevarnos a un lugar donde no tengamos dudas sobre la obra que Él lleva a cabo en nosotros.

Hay otro aspecto de las tribulaciones que crea una fuente de gozo para nosotros. Cada vez que nos enfrentamos a una prueba recordamos nuestra necesidad de Dios. Y más que eso, es este el contexto en el que Dios cubre nuestras necesidades. La imagen que pinta Santiago al hablar de diversas tribulaciones es vívida y variada. La palabra *variada* literalmente significa multicolor. Por lo tanto, Santiago nos abre los ojos para que veamos que todo desafío y toda necesidad tienen a Dios en sí y que Él puede y quiere cubrir nuestra necesidad a cada momento. Esto también debiera darnos gozo inesperado. Cuando andamos en íntima comunión con Cristo la tribulación sirve como llamada a la mesa del banquete de Dios.

Dios conoce nuestras necesidades aunque nosotros a veces olvidemos nuestra necesidad de Dios. Las pruebas nos vuelven a situar en la realidad, y en una posición para el encuentro divino. Nuestra capacidad para perseverar es esencial en dichos casos. Aún cuando Dios responda enseguida nos encontraremos tentados a volvernos hacia otra fuente de provisión.

ROCAS PARA COMER

La misma palabra que traducimos como «tribulación» puede traducirse como «tentación». Cuando Dios pone a prueba nuestra fe, el malvado intenta destruirla. Cuando Dios nos hace pasar por pruebas para que nos acerquemos a Él, Satanás nos tienta para alejarnos de Dios. En la misma experiencia ambas dinámicas están en juego. No podemos pasar por la prueba sin sentir la tentación. Dios anhela nuestra victoria; Satanás planifica nuestra derrota. El malvado también conoce que el lugar de mayor vulnerabilidad es el vacío que se crea entre nuestra necesidad y la respuesta de Dios. Sabe muy bien que Dios tiene la intención de cubrir todas nuestras necesidades a través de Cristo Jesús. Su mejor estrategia consiste en invitarnos a tomar otro camino antes de que Dios nos encuentre en medio de la prueba. Satanás sabe que cuando tenemos hambre Dios nos enviará pan.

Pero también sabe que si carecemos de perseverancia puede convencernos para que comamos menos que eso. Intentó convencer a Jesús para que convirtiera las rocas en pan. E intenta convencernos a nosotros de que comamos piedras.

La condición humana comienza a tener sentido cuando nos damos cuenta de que la mayoría de nosotros está comiendo piedras en lugar de esperar por el pan que Dios provee. Intentamos encontrar un modo de cumplir con los anhelos de nuestras almas apartados del Dios que nos creó. Todos tenemos nuestra propia versión de las rocas para la comida. Para Carolyn se trataba de ser amada de verdad, de tener una persona a quien dedicar su vida sin que le importara nadie más. Quería ser una esposa, tener niños y por supuesto, una carrera con relaciones seguras. Su pasado era doloroso y ella estaba quebrantada. A diferencia de otros que habían sido más afortunados, también habían abusado de ella. Esto agregaba inseguridad a su estado de inquietud y acentuaba su anhelo de ser amada de veras.

Y luego apareció el hombre adecuado. Hacía todo lo correcto, decía todo lo que Carolyn esperaba. Se comprometieron para casarse y parecía que su vida era un cuento de hadas. Unas semanas antes del día de la boda, Carolyn descubrió que estaba embarazada. Y a los pocos días, encontró que estaba sola.

Habían pasado ya muchos años y lo único que quería era encontrar al hombre adecuado. Es difícil encontrar a alguien con quien compartir la vida cuando se está solo. Y lo es más cuando se tiene un hijo. Ser madre soltera es ya lo suficientemente difícil sin tener en cuenta las complicaciones para toda relación futura. Y aun así, el hombre adecuado finamente apareció. Carolyn volvió a comprometerse. Este hombre la amaba a ella y a su hijo también. Las heridas del pasado serían barridas por las alegrías del futuro. Otra vez Carolyn descubrió que estaba embarazada. Pero él le explicó que el matrimonio era algo difícil y complicado, y por alguna inexplicable razón cambió de parecer. Una vez más Carolyn estaba sola, y ahora era responsable de criar a dos criaturas. ¿Cómo podría cuidar de ellos y trabajar para vivir?

Es difícil encontrar a ese alguien especial. Y es especialmente difícil esperar cuando tememos que jamás sucederá. Es muy fácil convencernos de que debemos tomar las cosas en nuestras manos. Perseverar no es fácil. Aguantar hasta el final, aferrándonos al bien, muchas veces ni siquiera se siente como algo bueno. Sin embargo, Jesús no convirtió las rocas en pan, y tampoco podemos hacerlo nosotros. Si no somos cautelosos podríamos llegar a comer piedras.

Creo que es aquí donde debo relatar el final feliz de la historia. Pero la historia aún se está escribiendo. Una posibilidad es que Carolyn espere en Dios y que por medio de las circunstancias más románticas conozca al hombre de sus sueños y vivan felices por siempre. Otra posibilidad es que encuentre inexplicable contento en su soltería. Que descubra que no es lo mismo estar sola que sentirse sola. Su legado se convierte en la vida que ella modele y le muestre y herede a sus hijos. Por supuesto, también existe la posibilidad real de que jamás crea que el pan estará allí pronto a llegar y se decida a seguir comiendo piedras.

EL AMOR VERDADERO ESPERA

Este fue uno de los hitos en la vida de Jesús en esta tierra. Había sido bautizado por Juan y en ese momento los cielos se abrieron. El Espíritu de Dios descendió sobre Él en forma de paloma, y una voz desde el cielo declaró: «Este es mi hijo amado, en quien tengo complacencia». Pensaríamos que después de tan glorioso momento la vida sería fácil para Jesús. Pero no fue así. Sucedió todo lo contrario. Enseguida después de esto Jesús debió enfrentar una serie de tentaciones enviadas por el malvado mismo. Y no era un encuentro casual. En realidad la Biblia nos dice que «Jesús fue llevado por el Espíritu al desierto, para ser tentado por el diablo. Y después de haber ayunado cuarenta días y cuarenta noches, tuvo hambre» (Mateo 4:1).

¿Alguna vez le han dicho que la razón por la que está pasando por tribulaciones o tentaciones es porque está fuera de la voluntad de Dios? ¿Alguna vez ha supuesto que la presión espiritual era una demostración de su falta de intimidad con Dios? ¿Cuántas veces nos han dicho que si estamos bien con Dios viviremos en la riqueza de Su bendición, que todo irá bien para nosotros mientras estemos cerca de Él? Aquí, sin embargo, vemos a Jesús recibiendo el bene-plácito de Su Padre e inmediatamente después siendo llevado al desierto para ser tentado por el diablo. Este encuentro espiritual estaba en la agenda de Dios, no del diablo. Mateo nos dice que el Espíritu llevó a Jesús al desierto. Marcos utiliza un lenguaje aún más fuerte, diciendo que el Espíritu *condujo* a Jesús a este conflicto. Las pruebas y tentaciones no son el castigo de Dios, sino Su proceso. Hay momentos en nuestras vidas en que estamos en la ruina y sufri-mos sin necesidad a causa de nuestra propia necedad, pero este no es siempre el caso.

En la primera tentación de Satanás, él se acercó a Jesús después de cuarenta días de ayuno. Jesús tenía hambre. Los deseos de su carne eran una nueva experiencia para Dios. Por cierto Satanás se había tomado su tiempo. No vino el primer día, ni el décimo ni el vigésimo quinto. Vino el cuadragésimo día. Sus tentaciones fueron específicas y apuntaban al punto en que Jesús estaría más débil. Sus tentaciones fueron sencillas: «Si eres Hijo de Dios, di que estas pie-dras se conviertan en pan» (Mateo 4:3).

La celada era directa. Si eres Dios, o más específicamente, ya que eres Dios, rechaza este sufrimiento innecesario y cubre tu necesidad. ¿Por qué haría tu Padre que sufrieras esto? Evita el pro-ceso y termina con esta tontería. Aquí va una idea: convierte estas piedras en pan. La respuesta de Jesús revela ante nosotros la infinita fuente de gozo que hay en medio de las tribulaciones. Le respondió al diablo: «Escrito está: No sólo de pan vivirá el hombre, sino de toda palabra que sale de la boca de Dios» (Mateo 4:4).

Esta ha sido quizá la afirmación de Jesús en la Biblia que peor se ha interpretado. Muy a menudo nos lleva a un nivel de superfi-cialidad que raya en la irrelevancia. No dijo: «Satanás, no necesito comer. Sólo necesito leer mi Biblia». Jesús no vivía en negación. Estaba muy al tanto de que necesitaba satisfacer las necesidades de su cuerpo. No ignoraba esto, ni era sordo a las demandas de Su pro-pio cuerpo. Y por cierto tampoco estaba dando un sermón. Estaba revelando una visión de la realidad totalmente diferente a la nues-tra. Citaba Deuteronomio 8, donde Dios le explica al pueblo de Israel el propósito de sus cuarenta años en el desierto.

Moisés registra las siguientes palabras al pueblo de Dios:

Te acordarás de todo el camino por donde te ha traído Jehová tu Dios estos cuarenta años en el desierto, para afligirte, para probarte, para saber lo que había en tu corazón, si habías de guardar o no sus mandamientos. Y te afligió, y te hizo tener hambre, y te sustentó con maná, comida que no conocías tú, ni tus padres la habían conocido, para hacerte saber que no sólo de pan vivirá el hombre, mas de todo lo que sale de la boca de Jehová vivirá el hombre. Tu vestido nunca se envejeció sobre ti, ni el pie se te ha hinchado en estos cuarenta años. Reconoce asimismo en tu corazón, que como castiga el hombre a su hijo, así Jehová tu Dios te castiga. Guardarás, pues, los mandamientos de Jehová tu Dios, andando en sus caminos, y temiéndole (Deuteronomio 8:2-6).

Como lo hizo con Jesús, Dios llevó a Israel al desierto para ponerles a prueba. Como con Jesús, les permitió pasar hambre. En medio de esto Dios les alimentó con maná, un pan similar a la hostia que aparecía por las mañanas como rocío sobre el suelo. Era el pan de los ángeles, un regalo del cielo. La gente preguntaba: ¿*Manhu*? (¿Qué es esto?). *Manhu* suena como *maná*, y por ello se le llamó así.

La calidad del maná era única. Duraba sólo un día. Una vez, temiendo que no hubiera comida para los días siguientes, la gente intentó guardar un poco. Pero se pudrió y se llenó de gusanos. El sábado el pan duraba milagrosamente dos días, pero el resto del tiempo solo era suficiente para un día a la vez. Dios les estaba enseñando a orar: «El pan nuestro de cada día dánoslo hoy».

La composición del maná también era única. ¿Alguna vez ha leído la información nutricional de una caja de cereales, por ejemplo? La mayoría de las empresas enumeran los beneficios de sus productos mencionando las vitaminas y minerales y el porcentaje recomendado de ingestión diaria para cada componente. Si el maná hubiera estado envasado su información sobre el valor nutritivo habría sido increíble. Contenía todas las vitaminas necesarias para preservar la buena salud. De algún modo servía como proteína y carbohidratos. El maná era la suma total de una comida completa. Cuando Israel comía maná, no necesitaba siquiera ingerir vegetales.

El maná contenía todo lo que necesitaba el organismo y podrían haberlo comido durante toda su vida. Dios hizo esto para enseñarles una cosa: no es el pan lo que nos sustenta, sino la palabra que viene de la boca de Dios.

El maná fue la manifestación física de la Palabra de Dios. Dios habló Su Palabra sobre el maná, por lo que éste tenía la capacidad de cubrir toda necesidad nutricional del pueblo de Israel. Dios estaba decidido a enseñarles que nunca se trataría sólo del pan. Creer esto hace que uno sea materialista, nada más. Separar la cosa creada de Su creador, disminuye el don. Dios habló, y todo lo creado se hizo real. El agua calma la sed porque Dios decidió y declaró que así fuera. La tierra produce vida porque Dios anunció que así sería.

La creación fue diseñada de modo único para cubrir nuestras necesidades, y esto no se realizó apartado de Dios, sino causado por Él. Y lo opuesto también es verdad. Si Dios no hubiera hablado, nuestras necesidades no serían satisfechas. La visión griega del tormento y el infierno era elemental e inadecuada. Pintaba la imagen de alguien que muere de sed porque el agua siempre estaba más allá de su alcance. Las Escrituras nos dan una visión muy distinta. El glotón comerá y comerá sin quedar satisfecho jamás. Apartado de la Palabra de Dios, todo lo que hay en este mundo nos dejará insatisfechos, vacíos. Oramos antes de la comida como reconocimiento no sólo de que Dios nos provee el alimento, sino de que el alimento fue creado por Dios para cubrir nuestras necesidades. Cuando comemos y estamos satisfechos, esto es el resultado directo de la Palabra de Dios con respecto a nuestra necesidad. Aun en relación con la vestimenta de los israelitas Dios les mostró esto durante su viaje. Les recordó que sus ropas no se estropearían durante esos cuarenta años. ¿Puede usted imaginar prendas que pudiera vestir día tras días en las condiciones climáticas más extremas sin que se estropearan? Dios estaba decidido a enseñarle a su pueblo que todo en la vida es espiritual. No permitiría que Israel estableciera una dicotomía entre lo secular y lo sagrado. Todo en la vida es sagrado. Y por causa de que la creación satisface naturalmente nuestras necesidades, no debemos pensar siquiera por un momento que no necesitamos a nuestro Creador. La creación está aquí para acercarnos de nuevo a Dios.

Jesús le dijo a Satanás: «¿Para qué convertir las piedras en pan? Si el pan existiera sin la Palabra de Dios, lo mismo daría comer piedras. Y también, si fuera la voluntad de mi Padre, Él sólo tendría que hablar para que mi hambre fuera satisfecha» Jesús eligió esperar en Dios, Su proveedor. No importa cuánto debiera esperar, perseveraría. Prefería pasar hambre esperando por Su padre que perder la esperanza y encontrarse comiendo piedras al momento en que llegara el pan. Por supuesto, comer piedras es terrible para los dientes y la digestión, y nos impide comer el banquete cuando por fin aparece la mesa dispuesta para que comamos.

PROVISIONES DIVINAS

Era el mes de septiembre de 1981. Recién me habría graduado de la Universidad de Carolina del Norte en Chapel Hill, y me dirigía hacia el otro lado del país en busca de mi maestría. Un joven pariente mío estaba en graves problemas y para ayudarle entregué la mayor parte de mis limitados recursos, reservados para continuar con mis estudios. Visité a mi familia en Orlando y me encontré viajando con apenas el suficiente dinero como para mi primer semestre. Me quedaban sólo diez dólares, luego de pagar las cuotas y comprar lo que necesitaba. No tenía dónde vivir. No tenía automóvil ni empleo. Pronto, ni siquiera tuve dinero.

Estaba en la lista de espera para obtener vivienda en la universidad, pero había unas ciento cincuenta personas delante de mí. Comencé a dormir en el suelo de las casas donde me permitieran albergarme, orando sin cesar y memorizando Santiago 1. Cada día verificaba cuánto me faltaba para obtener un dormitorio. Cada día estaba lleno de incertidumbre y excitación en igual medida. No tenía dudas acerca de que este era el lugar que Dios quería para mí, y no lamentaba las decisiones que me habían llevado a esta situación. Entonces, y a pesar de que había casi cien estudiantes antes que yo en la lista, me dieron una habitación.

Allí fue cuando comencé a vivir una serie de hechos que cambiaron mi vida para siempre. Llegué un día y encontré una bolsa de provisiones junto a mi puerta. Puedo decirle que nadie conocía mi situación financiera. Además, la mayoría de los estudiantes tenía dificultades similares. Pero allí estaban, provisiones frescas: fiambre, carne, queso fresco, fruta, jugos, leche; todo era perecedero. No tenía idea de su origen, pero esto no me impidió comerlo todo. No tenía compañero de cuarto, así que sólo podía estar destinado a mí. Tenía mucho más de lo que podía comer. No tenía refrigerador, de modo que no podía guardar lo que quedara, por lo que busqué rápidamente a un par de amigos y compartimos el banquete. Aunque era temporal, era un alivio que recibí con mucha alegría y disfruté el no tener que pensar cómo sobrevivir al menos ese día.

Al día siguiente cuando regresé a mi habitación después de clase había otra bolsa esperando junto a la puerta. Más de lo mismo: carne, queso, fruta fresca, jugo natural, una fiesta. Así que volví a invitar a mis amigos y disfrutamos de otro banquete. Sucedió lo mismo el tercer día, el cuarto y el quinto. Cada día había una nueva bolsa llena de provisiones. Después de dos o tres días ya no necesitaba invitar a nadie. Me había vuelto muy popular, y muchos me visitaban a menudo. No tenía idea del origen de la comida. No conocía a nadie que pudiera darse el lujo de un acto tan generoso. Entonces una tarde, cuando volvía a mi habitación, vi a un hombre que me doblaba en edad colocando una bolsa junto a mi puerta. Cuando me vio, quiso retirarse sin ser visto, pero luego se volvió y respondió a mi llamado. No podía recordar haber visto a Roy antes. Era amable, humilde y había elegido el ministerio vocacional como segunda carrera. Le pregunté por qué hacía esto, y me dijo que nos habíamos conocido por casualidad un tiempo antes. Me explicó que habíamos bajado juntos en el ascensor ese día. Recordaba vagamente haberle saludado, nada más. Me explicó que en un breve encuentro Dios le había hablado. Específicamente dijo que Dios le había dado instrucciones para que me trajera comida todos los días. No sabía por qué, y eso no importaba. Simplemente lo hacía porque sentía que el Espíritu de Dios le guiaba. Luego reconoció que había esperado permanecer en el anonimato. Debo confesar que me preocupé un poco. Estaba muy agradecido por la comida, que de veras necesitaba. Pero repentinamente temí que ahora que le había descubierto dejaría de traérmela. Sucedió todo lo contrario. Más que un proveedor de alimento había ganado ahora un amigo. Disfrutamos de muchas comidas juntos, calientes y sabrosas, el tipo de comidas para saborear y recordar.

Más tarde apareció el empleo. Había una cartelera de empleos en uno de los edificios de la universidad, con docenas y docenas de tarjetas anunciando oportunidades. Los empleos eran como mojarritas nadando en medio de pirañas. Apenas uno llamara, encontraría que ya había sido cubierto el puesto. Día por medio intentaba encontrar algo para mí, a pesar de que no tenía un automóvil ni ninguna habilidad en especial. Mis años de preparación en el campo de la sicología y la filosofía me habían capacitado para evaluar los pensamientos del cosmos mientras hacía voltear la hamburguesa sobre el fuego. Es un tanto humillante darse cuenta de mis estudios al parecer solo me habían preparado para formular preguntas profundas como: «¿Quiere su hamburguesa con papas fritas?»

Luego vi la tarjeta. La oportunidad perfecta. La paga era muy buena —o al menos así me lo parecía— y sólo tendría que trabajar los días sábados. En esa ocasión no llevaba conmigo papel donde anotar los datos, por lo que regresé a mi habitación para buscar papel y lápiz. Antes de volver a la cartelera decidí orar para pedir a Dios que me ayudara en este proceso. Me encontraba arrodillado junto a la cama, orando específicamente por este empleo, cuando alguien golpeó a mi puerta. A pesar de que yo no conocía a la persona que me estaba buscando, ésta sí conocía mi nombre. Me explicó que había puesto un aviso de empleo en la cartelera y que luego había ido a la junta atlética para pedir recomendaciones. Le habían enviado a verme. No necesité volver a la cartelera. Ni siquiera necesité presentar mis datos para el empleo, o anotar el número de teléfono. El empleo había venido a buscarme. Literalmente, había llamado a mi puerta.

Ahora tenía el tipo de empleo que quería, y sólo restaba ver cómo llegaría a mi lugar de trabajo. En esa época llevaba un diario de oración. Nunca fue mi punto fuerte, pero siempre que lo hice me dio grandes recompensas. En mi viaje espiritual he intentado minimizar las cosas por las que pido personalmente para poder concentrarme en la intercesión por las necesidades de los demás. No quería ser del tipo de personas que siempre le están pidiendo a Dios algo más, y algo más. Así que cuando pido es por general algo importante. En este caso, había escrito una sola cosa: *Dios, necesito un automóvil.* Ahora, estaba perfectamente de acuerdo en que la respuesta fuera: *Sí, claro. Consigue un empleo y compra un automóvil,* pero estaba atrapado en uno de esos acertijos sobre qué surgió primero: el huevo o la gallina. No podía obtener el empleo para comprar un automóvil si no tenía el automóvil para poder obtener el empleo.

Entonces llegó la llamada. Estaba parado en el pasillo hablando con un extraño por teléfono cuando me dio una noticia sorprendente. La persona que estaba al otro lado del teléfono no me conocía, y yo jamás la había visto, había sabido de mi viaje espiritual por un amigo, y se sentía inspirado a darme su automóvil. Nuestro primer y único encuentro fue cuando transfirió el título de su automóvil a mi nombre.

Es en esta encrucijada donde descubrimos no sólo quiénes somos en lo profundo, sino también quién es Cristo dentro de nosotros.

Comencé este viaje con todo lo que tenía en una bolsa de papel, además de una guitarra. No tenía dónde vivir, no tenía comida, ni empleo, ni transporte, y sin embargo, en cuestión de días, todas esas necesidades habían sido milagrosamente, espectacularmente cubiertas. Era como el maná del cielo, como si Dios intentara enseñarme que no había sido creado para vivir sólo de pan sino de toda palabra que viene de Su boca. ¿Qué necesidad en mi vida no sería cubierta por Dios? ¿Qué deseo tenía que Él no conociera ya? Con cada prueba que enfrentaba, comprobaba la gracia y la generosidad de Dios. Había días en que me preguntaba cómo podría funcionar todo con tal sincronización. Debo confesar que hubo momentos en que lloraba con lágrimas de frustración. Pero a cada paso descubría que si escogemos el bien y nos aferramos a él descubrimos lo bueno aún en la peor de las situaciones.

Esta época de mi vida incluye mi más extrema pobreza económica y algunos de mis mejores recuerdos. Una y otra vez en momentos de incertidumbre sentí el generoso regalo de la sabiduría de Dios. Él me permitió ver la vida desde un punto de vista totalmente nuevo. Día tras día el peso de la perseverancia me era requerido. Necesitaba ser paciente, soportar. Y sin embargo, a través de todo esto, el gozo parecía fluir en abundancia. Los obstáculos no significan falta de gozo o de placer. Es en esta encrucijada donde descubrimos no sólo quiénes somos en lo profundo, sino también quién es Cristo dentro de nosotros.

Es en medio de estas circunstancias que somos llevados al mismo lugar en que estaba el apóstol Pablo cuando celebró: «No lo digo porque tenga escasez, pues he aprendido a contentarme, cualquiera que sea mi situación. Sé vivir humildemente, y sé tener abundancia; en todo y por todo estoy enseñado, así para estar saciado como para tener hambre, así para tener abundancia como para padecer necesidad. Todo lo puedo en Cristo que me fortalece» (Filipenses 4:11-13)

智

慧

11

Misterios divinos develados

La sabiduría clama en las calles, alza su voz en las plazas; clama en los principales lugares de reunión; en las entradas de las puertas de la ciudad dice sus razones. ¿Hasta cuándo, oh simples, amaréis la simpleza, y los burladores desearán el burlar, y los insensatos aborrecerán la ciencia? Volveos a mi reprensión; he aquí yo derramaré mi espíritu sobre vosotros, y os haré saber mis palabras (Proverbios 1:20-23).

«Todos aprendemos a los golpes. Y no estoy diciendo que algunos más que otros. Aprendemos cuando vivimos algo, no cuando oímos acerca de ello».

No, estas no son las palabras del Dr. Phil dirigidas a un público ansioso por encontrar la sabiduría de la vida. Son las palabras de Chris Webber intentando explicar la saga de su compañero de equipo Jason Williams de los Sacramento Kings. Antes de que Williams fuera cambiado de equipo, era una paradoja de potencial y problemas. En el mundo deportivo, William era un ejemplo más de la capacidad inimaginable en combinación con las tendencias autodestructivas. Era un as en el campo de juego, pero la pregunta sobre si llegaría a la NBA se refería a su incapacidad para mantenerse alejado de los problemas. Había cambiado de escuela con frecuencia, y luego le suspendieron dos veces mientras jugaba en la Universidad de la Florida. Su potencial atlético se veía impedido por su desdén por la organización y su apetito por la droga. Elegido como el séptimo jugador por la NBA para integrar el equipo de los Kings, comenzó a sorprender a sus pares desde su primera movida en la cancha.

Pero aunque Williams sirve como metáfora perfecta para el dilema en que muchos nos encontramos, es la afirmación de Webber la que mejor nos ayuda a entenderlo todo. La explicación de Webber para la lucha de Williams es sencilla: todo el mundo aprende a los golpes. Por supuesto, si esto es verdad, no debiéramos sorprendernos ni juzgar a otros. Después de todo, es el único modo en que aprendemos. Todo el tiempo decimos: «Debo aprender por mí mismo».

Es de conocimiento común que el único modo de aprender algo es cuando lo vivimos personalmente. Suponemos y concluimos que la experiencia es la madre de la sabiduría. El mantra de nuestros tiempos es: «No puedes conocerlo si no lo pruebas». Por cierto, si no lo probamos, si evitamos ciertas experiencias, se nos considera ingenuos y retraídos. El aprendizaje de verdad sólo llega de la mano de los golpes duros. Cuanto más duro el viaje, tanto más entendimiento tenemos.

Hay diversas suposiciones sutiles desde esta perspectiva del aprendizaje que nos hacen parecer casi necios. Por un lado, atravesar por alguna situación no nos asegura que obtengamos sabiduría con esa experiencia. ¿Cuántos de nosotros no hemos repetido errores una y otra vez? Aunque otros enloquezcan a causa de nuestro patrón repetitivo, pareciera que tenemos una capacidad única para evitar lo obvio. En lugar de aprender las cosas por nosotros mismos, sostener este punto de vista parece solo inhibir nuestra capacidad de aprender a partir de nuestra propia experiencia.

Otra suposición de esta perspectiva de ganar sabiduría es que sólo aprendemos de nuestros errores. Si sólo pudiéramos aprender cuando pasamos por algo, en esencia invalidamos el aprendizaje a partir de la experiencia de otros. ¿Es posible aprender de los errores ajenos? ¿Aprendemos siempre a los golpes o hay personas que aprenden de manera más suave, a partir de la experiencia de otros? Si la experiencia personal es el único filtro mediante el cual podemos aprender, entonces ¿de qué sirve todo el aprendizaje disponible por medio de la historia de la humanidad? ¿Podemos aprender algo escuchando lo que dicen otras personas?

Debiera ser obvio que quienes viven vidas iluminadas demuestran una capacidad única para aprender de todo y de todos los que les rodean. Esta característica es un componente esencial para vivir de forma sabia. No sólo es posible aprender de otros, sino que es imposible aprender con efectividad si no relacionamos nuestras experiencias con los demás. Cuando uno es su propio punto de referencia está destinado a un interminable ciclo de necedades. Si sólo queremos aprender a los golpes, terminaremos golpeados y con dificultades para aprender. Al final encontraremos que es demasiado difícil. Podemos acumular gran experiencia y quedar sin sabiduría de todos modos.

Si sólo queremos aprender a los golpes, terminaremos golpeados y con dificultades para aprender.

En 1981 comencé a dedicar mis fines de semana a trabajar con los pobres y desamparados del centro de Fort Worth. Un grupo de personas servíamos café y rosquillas, y con un par de guitarras cantábamos canciones de alabanza en los jardines de la ciudad. Una de mis primeras conversaciones fue con un ex convicto que tenía casi tres veces mi edad. Su primera observación fue que había matado a su esposa y se había salido con la suya. Sí, había pasado un tiempo en prisión, pero ahora estaba de vuelta en la calle, libre de toda consecuencia.

No tenía mucha experiencia en tratar con personas como él, y recuerdo haber respondido: «No debiera haberlo hecho». Si pudiera volver a ese momento hoy sabría decir algo más profundo, pero en ese instante fue todo lo que pude decir. La conversación continuó y se hizo más intensa. Admito que me costaba ayudarle a ver que su vida era prueba suficiente de que no había escapado a las consecuencias de sus acciones.

Se enojó y se burlo de mí: «Hijo, te doblo en edad y estás intentando enseñarme cómo vivir». Recuerdo haber señalado, nervioso, que aunque él hubiera vivido el doble yo había encontrado más sentido a la vida en la mitad del tiempo. Me retiré sabiendo que el tiempo no garantiza la sabiduría. Uno puede volverse viejo y seguir siendo necio y tonto. La experiencia no garantiza la iluminación. Si usted está aprendiéndolo todo a los golpes, querrá preguntarse si de veras está aprendiendo algo.

LA BÚSQUEDA DE LA SABIDURÍA

El camino a la sabiduría es más una búsqueda que un camino. No se trata de viajar nada más. Uno debe buscar. Si la vida de Dios es una aventura, nuestra vida junto a Dios es una odisea. Sí, aprendemos mucho mientras trabajamos duro y parejo en los caminos más difíciles. La vida es el contexto en el que crecemos en sabiduría, y no sólo cuando experimentamos algo, sino cuando extraemos sabiduría de la experiencia vivida. En realidad, la experiencia y la sabiduría se conectan de manera singular. No sólo podemos obtener sabiduría de nuestra experiencia, sino también podemos dar forma a nuestras experiencias futuras basándonos en nuestra sabiduría.

La vida que Dios nos llama a vivir no puede ser vivida sin sabiduría. Agradezco que Dios llame a las personas como yo, que hemos vivido tontamente, a seguirle a Él. Pero no podemos recorrer el camino si elegimos seguir siendo tontos. Mientras muchos deseamos que Dios nos dé un mapa para seguir las indicaciones, Dios nos da sólo una brújula que nos indica la dirección en que debemos ir. Lo que le pedimos a Dios continuamente es que nos revele Su voluntad para nuestras vidas; lo que Dios nos ofrece continuamente es Su sabiduría.

Tan esencial es la sabiduría en el camino que Dios nos la ofrece como regalo a todos los que la deseamos. Santiago, el medio hermano de Jesús, nos dice: «Y si alguno de vosotros tiene falta de sabiduría, pídala a Dios, el cual da a todos abundantemente y sin reproche, y le será dada» (Santiago 1:5).

Hace miles de años un joven príncipe llamado Salomón descubrió el placer que Dios siente cuando pedimos sabiduría por encima de toda otra cosa. En 1 Reyes se registra el encuentro entre Dios y el hijo de David:

Y se le apareció Jehová a Salomón en Gabaón una noche en sueños, y le dijo Dios: Pide lo que quieras que yo te dé. Y Salomón dijo: Tú hiciste gran misericordia a tu siervo David mi padre, porque él anduvo delante de ti en verdad, en justicia, y con rectitud de corazón para contigo; y tú le has reservado esta tu gran misericordia, en que le diste hijo que se sentase en su trono, como sucede en este día. Ahora pues, Jehová Dios mío, tú me has puesto a mí tu siervo por rey en lugar de David mi padre; y yo soy joven, y no sé cómo entrar ni salir. Y tu siervo está en medio de tu pueblo al cual tú escogiste; un pueblo grande, que no se puede contar ni numerar por su multitud. Da, pues, a tu siervo corazón entendido para juzgar a tu pueblo, y para discernir entre lo bueno y lo malo; porque ¿quién podrá gobernar este tu pueblo tan grande? Y agradó delante del Señor que Salomón pidiese esto. Y le dijo Dios: Porque has demandado esto, y no pediste para ti muchos días, ni pediste para ti riquezas, ni pediste la vida de tus enemigos, sino que demandaste para ti inteligencia para oír juicio, he aquí lo he hecho conforme a tus palabras; he aquí que te he dado corazón sabio y entendido, tanto que no ha habido antes de ti otro como tú, ni después de ti se levantará otro como tú. Y aun también te he dado las cosas que no pediste, riquezas y gloria, de tal manera que entre los reyes ninguno haya como tú en todos tus días. Y si anduvieres en mis caminos, guardando mis estatutos y mis mandamientos, como anduvo David tu padre, yo alargaré tus días. Cuando Salomón despertó, vio que era sueño; y vino a Jerusalén, y se presentó delante del arca del pacto de Jehová, y sacrificó holocaustos y ofreció sacrificios de paz, e hizo también banquete a todos sus siervos (1 Reyes 3:5-15).

Salomón sentía el peso del futuro de una nación entera sobre sus hombros, y cuando Dios le dio la oportunidad de pedir lo que quisiera, pidió sabiduría. El propósito de su deseo era el bien de su pueblo, no el beneficio personal. Salomón enfocó la sabiduría en la aplicación práctica de liderar con rectitud a su pueblo y en la capacidad de discernir entre el bien y el mal. Necesitaría la invalorable capacidad de saber tomar decisiones acertadas si deseaba gobernar bien. Cuando usted o yo tomamos una decisión equivocada, nuestra esfera de influencia limita las ramificaciones. Pero cuando uno es rey de una nación, hasta las decisiones más pequeñas pueden tener consecuencias o beneficios de gran importancia. La fuerza y la calidad de las decisiones son públicas y visibles.

Por cierto, el pedido en sí mismo distingue a Salomón por encima de los reyes a lo largo de la historia. ¿Cuántos reyes han enfocado su poder en el bien de su pueblo? La historia resplandece con ejemplos de abuso de poder debido a la codicia y la gloria personal. La gesta singular y única de Salomón nos muestra la textura de un corazón que gana en sabiduría. El corazón del necio se ve motivado por el beneficio personal. El corazón del sabio se ve motivado por el bien de los demás. Al desear sabiduría, Salomón puso el bien de los demás por encima del bien propio. A cambio, Dios le dio no sólo sabiduría, sino todas las riquezas y el honor a los que Salomón había renunciado en su corazón. Aunque la sabiduría no siempre garantice una vida de riquezas y honor, siempre produce una vida rica y honorable.

La sabiduría libera nuestra capacidad para crear cosas buenas. La sabiduría no sólo ve el bien que debe hacerse, sino que también es un catalizador de los hechos que nos llevarán a un buen futuro. Dondequiera que fluye la sabiduría, hay cosas buenas. No todo lo que le sucede a una persona que vive con sabiduría es bueno, pero sí todo lo proviene de alguien que vive con sabiduría lo será. Las personas sabias tienen una capacidad inusual no sólo para tomar decisiones correctas y generar buenos resultados, sino también para crear entornos saludables.

Deténgase por un momento para reflexionar acerca de las personas que ha conocido a lo largo de su vida. Elija a la persona que mejor represente a la sabiduría (si no se le ocurre nadie, ¿no necesitará quizá cambiar de compañía?). ¿Es esta persona en la que ha pensado extremadamente rica? Al preguntar esto en diversas situaciones he comprobado que muy pocas de las personas elegidas como ejemplos de sabiduría son en verdad muy ricas. Algunas sí lo eran, por lo que sabemos que se puede ser rico y sabio a la vez, pero también se puede ser sabio y pobre. Ahora piense si esta persona que ha elegido es muy instruida. ¿Tiene un título universitario importante en algún campo del conocimiento? De nuevo, mis encuestas informales demuestran que la gran mayoría de las personas elegidas por otros por su sabiduría no siempre tienen grandes calificaciones académicas. Había algunos entre los seleccionados que sí eran calificados, pero eran pocos comparados con el número total. He descubierto que uno puede ser muy culto y también sabio, pero que esto no es la regla. Muchas de las personas elegidas por su sabiduría tenían una educación promedio, y algunos ni siquiera tenían educación formal de importancia. No fue difícil concluir que alguien puede ser poco instruido desde el punto de vista convencional, y aun así tener gran sabiduría. Lo opuesto también es cierto. Uno puede ser un gran académico y vivir una vida completamente tonta.

La sabiduría nos permite sanar las relaciones quebradas y crear un entorno saludable.

EL PODER DEL PECADO

Es difícil definir la sabiduría, pero no es difícil describirla. Aún cuando no sepamos exactamente lo que es la sabiduría, la reconocemos con sólo verla. La sabiduría puede ser inconmensurable, pero el tonto se destaca enseguida, y la persona sabia siempre se reconoce dondequiera que se la necesite. Cuando tenemos problemas financieros quizá acudamos a un administrador, y para mejorar nuestra educación quizá recurramos a un profesor. Pero cuando nuestra vida se derrumba, lo que queremos es sabiduría.

La sabiduría nos permite sanar las relaciones quebradas y crear un entorno saludable. La sabiduría crea y produce el bien. Cuando actuamos con sabiduría suceden cosas buenas. Esto no significa que caminar en sabiduría no produzca dolor. Hacer lo correcto muchas veces resulta extremadamente doloroso. Puede ser muy caro. Sin embargo, los resultados de la sabiduría son la salud, la libertad y la creatividad. Un componente esencial de la sabiduría es la capacidad de llegar al fondo de la cuestión. La sabiduría siempre encuentra un camino en medio del problema en que nos vemos envueltos. No será el camino más fácil, sino el camino marcado por las huellas de Dios. La sabiduría sabe que los caminos antiguos nos llevarán a un futuro divino. La sabiduría es el producto de la imaginación sagrada. La sabiduría conoce el camino a la libertad. Donde hay sabiduría siempre hay esperanza. La sabiduría simplifica. La sabiduría clarifica. La sabiduría desenreda. La sabiduría desata. La sabiduría alumbra. La sabiduría libera. En fin, la sabiduría nos ilumina para vivir vidas de nobleza.

Encontramos esto en otro ejemplo de la vida de Salomón.

En aquel tiempo vinieron al rey dos mujeres rameras, y se presentaron delante de él. Y dijo una de ellas: ¡Ah, señor mío! Yo y esta mujer morábamos en una misma casa, y yo di a luz estando con ella en la casa. Aconteció al tercer día después de dar yo a luz, que ésta dio a luz también, y morábamos nosotras juntas; ninguno de fuera estaba en casa, sino nosotras dos en la casa. Y una noche el hijo de esta mujer murió, porque ella se acostó sobre él. Y se levantó a medianoche y tomó a mi hijo de junto a mí, estando yo tu sierva durmiendo, y lo puso a su lado, y puso al lado mío su hijo muerto. Y cuando yo me levanté de madrugada para dar el pecho a mi hijo, he aquí que estaba muerto; pero lo observé por la mañana, y vi que no era mi hijo, el que yo había dado a luz. Entonces la otra mujer dijo: No; mi hijo es el que vive, y tu hijo es el muerto. Y la otra volvió a decir: No; tu hijo es el muerto, y mi hijo es el que vive. Así hablaban delante del rey.

El rey entonces dijo: Esta dice: Mi hijo es el que vive, y tu hijo es el muerto; y la otra dice: No, mas el tuyo es el muerto, y mi hijo es el que vive. Y dijo el rey: Traedme una espada.

Y trajeron al rey una espada. En seguida el rey dijo: Partid
por medio al niño vivo, y dad la mitad a la una, y la otra
mitad a la otra. Entonces la mujer de quien era el hijo
vivo, habló al rey (porque sus entrañas se le conmovieron
por su hijo), y dijo: ¡Ah, señor mío! dad a ésta el niño vivo,
y no lo matéis. Mas la otra dijo: Ni a mí ni a ti; partidlo.
Entonces el rey respondió y dijo: Dad a aquélla el hijo
vivo, y no lo matéis; ella es su madre. Y todo Israel oyó
aquel juicio que había dado el rey; y temieron al rey, porque vieron que había en él sabiduría de Dios para juzgar
(1 Reyes 3:16-28).

Esta historia sirve de manera específica como demostración de
la sabiduría que Salomón recibió de Dios. Su capacidad para administrar justicia iba de la mano con su capacidad para discernir la
motivación humana. El don que Dios le había dado era la capacidad
de ir más allá de la superficie para llegar a lo esencial. De modo profundo, Salomón había recibido la capacidad de llegar al corazón de
todo asunto. Creó un escenario donde el bien y el mal del corazón
humano saldrían a la superficie. Podía dar su fallo en contra de aquel
que eligiera destruir en lugar de sacrificarse.

La sabiduría es más que simplemente la capacidad de ver más
allá de nosotros mismos. Es quizá, de manera más significativa, la
capacidad de ver dentro de nosotros mismos. No sé cuántas veces
habré estado sentado junto a una adolescente embarazada que se
lamenta: «No sé cómo pudo sucederme esto». O cuántas veces, de
niño, mis padres me preguntaban: «¿Por qué hiciste eso?», y yo respondía: «No lo sé».

Puedo decirles sin lugar a duda que si no sabe cómo se ha metido
en un problema, tampoco encontrará cómo salir. Si no sabe cómo le
ha sucedido algo, no sabrá cómo hacer que deje de sucederle. Si no
sabe por qué lo hizo, no podrá cambiar sus motivaciones.

El juicio de Salomón me recuerda que la sabiduría es la capacidad de llegar al corazón de los temas más complejos. Pero antes
de comenzar a aplicar la sabiduría a la acción de los demás, siempre es sabio examinar primero nuestro propio corazón. La sabiduría no sólo nos permite ir más allá de vivir una vida sin sentido;

nos ayuda a comenzar a encontrarle sentido a la vida. El tonto actúa sin pensar; el sabio piensa en cómo actuar.

Hay una elegancia y una belleza especial en la sabiduría. Trae simplicidad a lo que es complejo. Mientras el tonto lucha por atraer la atención sobre sí mismo, la sabiduría provoca que otros presten atención. La sabiduría jamás cree saberlo todo, pero de algún modo extraño siempre sabe lo que es más importante. Sin sabiduría elegimos vivir en la oscuridad. Somos como un ciego que corre frenéticamente en una densa selva. Podemos enojarnos contra los árboles que impiden que avancemos; podemos llegar a la conclusión de que todos corren a ciegas y que sólo los que tienen cráneo duro sobrevivirán para encontrar el camino de salida. O podemos oír la voz que nos invita a abrir los ojos y descubrir que jamás debimos andar a ciegas. La promesa de la sabiduría es que podemos ver si lo deseamos. Sí, este camino requiere que develemos misterios divinos, pero es Dios quien nos da la clave. Nuestra búsqueda de la iluminación siempre nos llevará a la sabiduría, y la sabiduría iluminará nuestro camino.

LA CONEXIÓN ENTRE LOS PUNTOS

Era un retiro corto, un fin de semana dedicado a un grupo de adolescentes de alto riesgo y gran potencial. Después de haber trabajado durante años con los pobres de la ciudad, observé que había falta de conexión en la juventud urbana. Parecían incapaces o no dispuestos a conectar los puntos. La relación entre causa y efecto de algún modo perecía estarles faltando. En medio de una de mis charlas, tomé una pelota de tenis e invité a uno de los jóvenes para que me ayudara con una demostración. Le entregué la pelota y le indiqué que la tirara con todas sus fuerzas contra la pared que había a mis espaldas. Estábamos dentro de un edificio, y hasta él sentía que no era adecuado hacer esto. Le invité a arrojar la pelota contra la pared, con todas sus fuerzas. Su lenguaje corporal dijo a los gritos: *No tendrás que pedírmelo dos veces.*

Consciente de que le estaban observando, reunió todas sus fuerzas y arrojó la pelota. Su puntería era perfecta. La pelota rebotó contra la pared y regresó, dándole en la cabeza. Los demás comenzaron a reír y a mofarse de él. Me miró e indirectamente parecía reprocharme: *¿Por qué me hiciste hacer eso? ¿Por qué hiciste que me golpeara a mí mismo?*

Con toda calma le pregunté: «¿Dónde creíste que iría la pelota? No la arrojé yo. Lo hiciste tú. ¿Por qué no la arrojaste con un ángulo indicado?» Luego de reflexionar, dijo que él sabía antes de lanzar la pelota que la misma no atravesaría la pared. Sin embargo, no se había tomado el tiempo para pensar en la consecuencia de su acción. Había una desconexión entre la causa y el efecto. No había calculado el rebote. Si la pared hubiera estado cubierta con velcro quizá su conclusión hubiera sido acertada. Habría sido justificada su expectativa de que la pelota se detuviera allí. Pero no había velcro, y francamente, me aseguré de que la pelota tuviera un buen efecto de rebote. Conocía a estos chicos. Los conocía bien. Tomaban decisiones sin pensar una y otra vez, y luego debían vivir con las consecuencias del rebote. Constantemente se sorprendían de que sus acciones tuvieran reacciones consecuentes. Estaba convencido de que si tan sólo lograban conectar los puntos, si podían ver la relación entre la causa y el efecto, se librarían de mucho dolor innecesario en sus vidas.

En esta situación, la sabiduría es la capacidad de ver adónde irá la pelota una vez que la arrojamos. Es la capacidad de ver que la elección es la causa, y que sus efectos son las consecuencia y beneficios. A menudo vemos nuestras circunstancias como si estuvieran aisladas de nuestras acciones. Cuando lo hacemos, renunciamos a la responsabilidad personal por nuestras vidas. Llevado a un extremo, culpamos a Dios por las consecuencias de nuestras acciones, y nos enojamos con Él. Es como si quisiéramos la libertad para tomar decisiones, pero esperáramos que Dios garantizara que no tuviésemos que enfrentar las consecuencias de las mismas. Queremos que Dios sea nuestra aspiradora divina, que vaya detrás de nosotros limpiando lo que ensuciamos. Ninguno de nosotros quiere renunciar al derecho de decidir, pero estamos más que dispuestos a renunciar a la responsabilidad por nuestras acciones.

Cuando no culpamos a Dios y no nos hacemos responsables, somos en esencia apostadores compulsivos. Vemos la vida como la distribución arbitraria de la buena y la mala suerte. Preferimos creer en la suerte y no en la responsabilidad. Cuando lo analizamos, vemos que la superstición no es más que una conexión incorrecta entre la causa y el efecto. Bailamos la danza de la lluvia, convencidos de que motivaremos a los dioses y si seguimos bailando hasta que llueva, quiere decir que funciona. Bateamos un cuadrangular utilizando un bate, y entonces es el bate y no nuestra habilidad lo que lo logra. No podemos pisar las hendijas, pasar por debajo de una escalera ni cruzarnos con un gato negro, porque estaremos en problemas.

Y luego está la religión. ¿No son nuestros interminables rituales nada más que una superstición sin significado alguno? ¿No es al menos esto en parte el motivo por el que la ciencia se ha convertido en enemiga e la fe? Si la fe se basa en la verdad, ¿no debiera la fe librarnos de la superstición en lugar de atarnos a ésta? De manera irónica, cuando desconectamos nuestras circunstancias de nuestras elecciones, elegimos vivir vidas sin poder. Cuando aceptamos la interconexión entre nuestras decisiones presentes y nuestras oportunidades futuras, recuperamos el poder de elegir nuestro curso y dar forma a nuestro viaje. La visión adecuada de la causa y el efecto es muy sencilla, y no sólo nos da sabiduría, sino mayor libertad para nuestras vidas.

Una vida sin Dios no es un lugar de creatividad sin fin; es una imitación de la singularidad.

Si no sabemos exactamente qué es lo que pasa, si no podemos ver los patrones destructivos que se repiten en nuestra vida, no podemos impedir que los mismos sucedan una y otra vez. Esta es una de las razones por las que vivimos en una cultura de adicción. La autosatisfacción ahora se llama «libertad». La verdad de la cuestión es que nuestros placeres se vuelven satisfacciones, y rápidamente nuestras satisfacciones se convierten en adicciones. El análisis final nos revela que nuestro pecado nos reduce a vivir como esclavos de patrones adictivos, hábitos destructivos y rutinas que no nos dan nada. En lugar de vivir con más creatividad y libertad somos controlados por nuestros deseos y, trágicamente, nos adaptamos al patrón de este mundo. No debemos olvidar que en el Edén había una sola opción del mal, y una cantidad infinita de opciones del bien.

Una vida sin Dios no es un lugar de creatividad sin fin; es una imitación de la singularidad. Sin Dios, al final, todos nos parecemos. En Dios vemos infinitas posibilidades. La sabiduría se niega a renunciar a la libertad del futuro sólo para obtener una satisfacción presente temporaria. La sabiduría reconoce que aunque algunas oportunidades son muy atractivas, bajo la superficie sólo intentan mantenernos cautivos. Si logramos conectar los puntos, tendremos el poder de darle forma a nuestro futuro a partir del presente. La sabiduría reconoce que la relación inseparable entre la causa y el efecto es más que un fenómeno natural; es una realidad espiritual.

Pablo nos advierte que no tomemos con liviandad el impacto e importancia de la causa y el efecto:

> No os engañéis; Dios no puede ser burlado: pues todo lo que el hombre sembrare, eso también segará. Porque el que siembra para su carne, de la carne segará corrupción; mas el que siembra para el Espíritu, del Espíritu segará vida eterna. No nos cansemos, pues, de hacer bien; porque a su tiempo segaremos, si no desmayamos. Así que, según tengamos oportunidad, hagamos bien a todos, y mayormente a los de la familia de la fe (Gálatas 6:7-10).

Ya sea que se hable de siembra y cosecha, de causa y efecto, de entendimiento contemporáneo del buen y del mal karma, o simplemente de entender lo que sucede alrededor de nosotros, la sabiduría siempre comienza cuando conectamos los puntos entre la calidad de nuestras decisiones y la calidad de nuestras vidas. Antes de poder siquiera hablar de la sabiduría que proviene de tener la mente de Cristo, al menos debemos comenzar por esto. La sabiduría comienza cuando establecemos las conexiones obvias que otros parecen pasar por alto.

DE REGRESO DEL FUTURO

Encendí la televisión para ver las noticias del canal *Fox* por la noche y, para sorpresa y desilusión mías, vi que un periodista político de gran credibilidad estaba entrevistando a un psíquico, un adivino. La gente llamaba para pedir consejos. Parecían encontrar consuelo y seguridad al creer que sabrían algo acerca de su futuro, desconocido para ellos. Me impactó la desesperación que acompañaba su incertidumbre. Al enfrentarnos con lo desconocido, nuestro sentido de la inestabilidad se acentúa. Cuando todo lo que hay alrededor de nosotros parece incierto, nos desestabilizamos. Hubo un tiempo en que la mayor preocupación con respecto a lo desconocido se centraba en la vida después de la muerte. Eso ya no sucede hoy. Pensar en el día de mañana ya crea la suficiente ansiedad en la vida de la persona promedio.

Una de las presuposiciones más interesantes al recurrir a un psíquico es que el futuro es estático, concreto, inmutable. Las Escrituras nos dan una visión diferente del futuro. El futuro es dinámico, activo e interactivo. Por alguna razón, muchos quisiéramos conocer el futuro en lugar de crearlo. Después de todo, si alguien puede predecir el futuro, podremos renunciar a toda responsabilidad al respecto. Sólo necesitamos dejar que las cosas sucedan. Sin embargo, Dios nos da más responsabilidad que esa. Nos ofrece confianza con relación al futuro; Él promete que si le seguimos tendremos un futuro y una esperanza. Y además nos asegura que no importa lo grande que sea el problema en que nos encontremos, cuando le amamos y somos llamados de acuerdo a Su propósito, él hará que todo obre para bien.

Aunque no podamos conocer el futuro, de manera extraña podemos vivir en el presente desde el futuro. Sólo porque el futuro esté lleno de misterio no quiere decir que todo lo referente a él es misterioso. Luego de haber sido pastor durante veinte años, he aconsejado a hombres y mujeres en casi toda situación posible e imaginable. En cada crisis, las personas involucradas se sienten seguras de que su dilema es único. Nadie ha pasado por lo que han pasado ellos. ¿Cuántas veces ha oído decir: «Nadie puede entender lo que estoy pasando. Nadie puede saber cómo me siento»? Pero la verdad es que tenemos más experiencias en común de las que podemos imaginar. Por cierto, tenemos emociones en común. Y es más, comenzamos a descubrir con el tiempo que hasta compartimos patrones en común. No tenemos que vivir cada circunstancia como si fuera una pizarra en blanco. Podemos aprender de los errores y fracasos del pasado. ¿Cuántas veces hace falta que toquemos una estufa caliente antes de llegar a la conclusión de que esto no es una buena idea?

De la misma forma podemos desarrollar una increíble capacidad para «predecir» el futuro. Como futurista he descrito la esencia de mi trabajo como el estudio de los valores humanos. Si bien muchos miran las tendencias para evaluar el curso de una cultura yo estoy convencido de que es más provechoso examinar los valores culturales. Cuando entendemos qué es lo que le importa a una persona podemos comprender mejor su brújula y dirección internas. Por eso se hace más fácil aconsejar con los años. No es que ayudar a las personas con problemas difíciles se haga fácil, sino que las situaciones complicadas pueden despejarse con mayor facilidad.

Desde mi punto de vista la consejería no es decirle a alguien qué hacer, sino ayudarle a ver el camino que pavimentará con las decisiones que tomará. Gracias a Dios muchas veces las personas a quienes uno intenta ayudar pueden ver a través de nuestros ojos, y agregan esto a su perspectiva presente. En otras ocasiones el resultado es muy distinto. Ha habido situaciones en las que me he sentado con parejas que habían hecho decisiones morales malas durante su noviazgo, que ignoraban los grandes temas antes de contraer matrimonio, y que luego se casaron ciegos, sin siquiera pensarlo, para encontrarse ante una grave crisis de conflicto a los pocos meses. En dichos casos, y en otros parecidos, reconozco que mis palabras caen en oídos sordos y que sus corazones no están en condición de escuchar. Generalmente termino la sesión haciendo hincapié en el resultado posible frente a la decisión poco sabia que están tomando.

A veces pasan años antes de que alguno vuelva para preguntarme con total sinceridad: «¿Cómo lo sabía? Todo lo que dijo sucedió». Mi respuesta favorita es decir sin dudar: «Es porque yo pertenezco al futuro. Volví al presente para advertirle, pero usted no quiso escuchar». Por supuesto sólo lo digo para respaldar mi posición: la de que todos podemos vivir en el presente como si volviéramos del futuro. El futuro es la suma total de todas las decisiones que tomamos en el presente y en el pasado. Afortunadamente, la suma total incluye las decisiones tomadas por Dios. Un importante aspecto de la sabiduría es el de su orientación hacia el futuro. La sabiduría nos da una perspectiva que siempre mira hacia el futuro desde el presente, y siempre mira desde el futuro hacia el presente. Es tanto futuro-presente como presente-futuro.

RELACIONES

«No le hago mal a nadie más que a mí mismo». ¿Alguna vez ha oído esto? Un marido y padre de cuarenta y dos años de edad bebe demasiado. Es un alcohólico funcional que puede hacer su trabajo y ha logrado cosas importantes. Ha llegado a ser gerente. Su esposa es bella, sus hijos se comportan adecuadamente en público, su cartera de clientes es la imagen del éxito, pero su mundo entero es sólo una fachada. Todos los que él ama se ahogan en la marea de su propia adicción. Su legado será el abuso. Sus hijos se parecerán a él en maneras que van más allá de lo genético. Todo el tiempo se convence a sí mismo: «No le hago mal a nadie más que a mí mismo».

Desde el punto de vista del necio, el mundo pareciera existir en unidades aisladas, segmentadas. La conexión entre el padre ausente y la hija promiscua no se detecta. La relación entre la amargura hacia los padres y la frialdad hacia los hijos no se percibe. Las repercusiones de la infidelidad matrimonial jamás se relacionan con la promiscuidad premarital. La deuda no se conecta con la codicia; la violencia no se conecta con el odio; la pérdida de la esperanza no se conecta con la pérdida de la fe.

En este extremo el necio enfrenta cada crisis, cada desafío, cada circunstancia por primera vez en cada ocasión. Del mismo modo la necedad jamás forma parte de las ramificaciones relacionales de alguna acción o decisión. Por el contrario, la sabiduría no nos permite sentir que estamos fuera del mundo. Quizá por esto en las Escrituras la sabiduría se ve personificada en lo femenino.

Por cierto las mujeres tienen mayor intuición para interconectar todo que la mayoría de los hombres. La experiencia del parto hace esto probable. Por mucho que ame a mis hijos jamás han pasado ni un sólo día dentro de mí, al menos en sentido literal. Los maridos estamos en desventaja. Durante casi el primer año de vida de nuestros hijos estamos del lado de afuera.

Esta experiencia quizá explique por qué las mujeres parecen ser más armoniosas y ordenadas en su modo de pensar, mientras los hombres a menudo parecen ser más segmentados. Especialmente en esta era en que existe una conciencia sobre la salud, oigo historias de mujeres que dejaron de fumar o beber alcohol mientras estaban embarazadas. Era seguro que sus decisiones personales tendrían consecuencias más allá de ellas mismas. Aun con respecto al aborto nuestro gobierno ha puesto la decisión en cuanto a continuar o no con el embarazo en manos de las mujeres. Un hombre puede comprender, pero es una realidad que no está dentro de su experiencia.

Sin embargo, hasta la ciencia aboga por una visión más orgánica de la realidad. La física cuántica habla de la interconexión de toda la creación. Y aunque la ciencia por lo general se ha apartado años luz de la fe en Dios, siempre ha habido momentos en que ha buscado adorar a Gea, la madre tierra. Si la naturaleza no se ve como Dios, por cierto se percibe como una esencia viviente solitaria. Esta movida del teísmo al panteísmo es un intento por explicar una comprensión nunca antes más clara del universo como algo singularmente interconectado. Miles de años antes de que hubiera tan importantes avances en la ciencia las Escrituras describieron la naturaleza orgánica del universo. Las Escrituras son claras acerca de que la naturaleza no es Dios. Pero es igualmente evidente que la naturaleza refleja Su carácter. No debiera sorprendernos que nuestro Dios relacional creara todo en relación con todo.

Es extraño que desde el punto de vista humano nuestras acciones no afecten a nadie sino a nosotros mismos, pero que desde el punto de vista de Dios, una acción humana tenga repercusiones cósmicas.

Romanos 8 nos da una imagen extraordinaria de la creación gimiendo como resultado de la separación entre Dios y los seres humanos. Si la física cuántica describe una avalancha en la Antártica como resultante de que una mariposa aletee en el Amazonas, Dios describe el caos y la degeneración de la creación como resultante de que se tomara una fruta de un árbol prohibido. Y no sólo esto, sino que las Escrituras nos dicen que la creación será liberada de su esclavitud cuando nosotros lleguemos a nuestra libertad. Es extraño que desde el punto de vista humano nuestras acciones no afecten a nadie sino a nosotros mismos, pero que desde el punto de vista de Dios, una acción humana tenga repercusiones cósmicas.

Al ir de la necedad a la sabiduría reconocemos las implicaciones de nuestras decisiones sobre la calidad de vida de quienes nos rodean.

Las elecciones que hagamos usted y yo afectan directamente las condiciones de otros. En realidad, nuestra exigencia de libertad quizá resulte en tiranía sobre otros. Nuestra búsqueda de placer personal puede resultar en sufrimiento y dolor para los demás. El mal es por naturaleza consumidor. Cuando el mal come, otros mueren de hambre. El mal se mueve como una plaga, no deja nada detrás de sí para que otros puedan disfrutar. Es por eso que al final una vida de egoísmo y una vida de sabiduría existen como adversarias. El mundo del egoísmo se ve consumido por el *yo*. El mundo de la sabiduría está lleno de *nosotros*. La sabiduría no es un cambio del *yo* al *tú*, sino del *yo* al *nosotros*.

La sabiduría ve la vida a través de las relaciones; nuestra relación con Dios, con otros, con la naturaleza. No se trata de la depravación de uno mismo, sino del reconocimiento de que nuestra mejor faceta sólo puede descubrirse cuando pensamos en otros antes que en nosotros mismos. Cuando caminamos en sabiduría ni siquiera podemos pensar en nosotros fuera del contexto de las relaciones. ¿No es esto en realidad la esencia del verdadero carácter? ¿Qué significa tener carácter fuera del contexto de las relaciones? ¿Cómo podemos llegar al lugar en que nos vemos espiritualmente maduros sin pensar en nuestras relaciones? ¿Puede la integridad medirse fuera de las relaciones? ¿La humildad? ¿La gratitud? ¿Cualquier otra virtud que admiremos?

Durante generaciones la sabiduría ha sido más una idea que una forma de vida. La filosofía es literalmente el amor por la sabiduría. Estudié filosofía y puedo asegurarle que hay poca esencia original de la sabiduría en esta disciplina. Es mucho más fácil escapar a un lugar solitario y contemplar la vida en lugar de volvernos a ella y vivirla.

Cuando niños éramos ingenuos con respecto a la interconexión de la vida. Parte de ser buen padre consiste en ayudar a nuestros hijos a establecer las conexiones adecuadas. Es tan divertido observar a un bebé cuando descubre sus pies por primera vez. Podríamos pasar horas jugando a las escondidas con el bebé, porque no puede entender cómo logramos desaparecer detrás de la frazada. Su viaje de descubrimiento es casi mágico, pero para nosotros sólo existe lo obvio allí donde un niño encuentra misterio. Al fin y al cabo sabemos que no es sólo inevitable sino esencial que el niño comience a establecer conexiones. A medida que crecemos hay más y más cosas que conectar. Cuando crecemos en la sabiduría de Dios comenzamos a reconocer que todo está conectado. La sabiduría nos libera de vivir vidas desconectadas La sabiduría nos libera de supersticiones que nos atan y de relaciones rotas que nos impiden avanzar.

EN EL EPICENTRO

La sabiduría tiene infinitas aplicaciones. La transformación que se da en nosotros es tan multifacética que se hace cada vez más difícil describir el modo en que la sabiduría nos cambia o nos afecta. No importa cuánto vivamos o lo que atravesemos, podemos evitar volvernos sabios si verdaderamente lo intentamos. ¿Cuántos de nosotros no hemos mirado atrás en alguna experiencia de nuestra vida pensando: *si tan sólo hubiera sabido entonces lo que sé ahora?*

La sabiduría es como una máquina del tiempo que nos permite ver el resultado final mucho antes de que comience la acción. La sabiduría hace más que cambiar nuestra perspectiva. Cambia el modo en que vemos la realidad. Borra la distinción entre lo visible y lo invisible. No ve la diferencia entre lo físico y lo espiritual. Einstein discernió que la masa y la energía eran en última instancia de la misma esencia. Nuestra experiencia nos dice que esto no es posible, pero la ciencia ha demostrado que estamos equivocados y que nuestras observaciones personales son limitadas.

Cuando crecemos en la sabiduría de Dios comenzamos a reconocer que todo está conectado.

No hay diferencia real entre lo secular y el espíritu. No existen en categorías diferentes. El mundo material no es un mundo del que debamos intentar escapar. Es el único mundo que Dios nos ha dado. No debiera sólo consolarnos sino entusiasmarnos el hecho de que Dios, que es espíritu, haya creado todo lo material. Y que después de haber creado el universo material, declarara que era bueno. Incluso en un mundo caído la sabiduría ve lo bueno, no sólo lo bueno que existe o que debe ser hecho, sino lo bueno que vendrá como resultado de las elecciones que hagamos. Esta visión distinta de la realidad conocida como sabiduría no es menos que ver la vida desde el punto de vista de Dios. El epicentro de toda sabiduría es Dios mismo.

Las Escrituras nos recuerdan que el temor al Señor es el comienzo de toda sabiduría. He pensado muchas veces con cierta incomodidad en la frase «temor al Señor». Vivimos en un tiempo en que sólo se acepta el lenguaje familiar con relación a Dios. Tendemos a pensar en Dios como en un par nuestro, no como Juez. Nos sentimos más cómodos pensando que es nuestro copiloto, nuestro amigo. La idea de temer a Dios nos parece poco apropiada para nuestro tiempo. Pero si pasamos por alto las implicaciones de temer al Señor estaremos equivocando el punto de partida de la verdadera sabiduría. Es aquí donde nuestra búsqueda de la iluminación comienza y termina. Jamás conoceremos la sabiduría de Dios si no conocemos el temor al Señor. ¿Qué significa esto exactamente? Después de todo, la Biblia misma nos dice que el amor perfecto borra todo miedo. ¿No es Dios la fuente del amor perfecto? ¿No nos promete que en Su presencia todo miedo desaparece? Es extraño, pero ambas realidades son verdad. En realidad funcionan en combinación para crear un espacio de libertad para nosotros. Cuando tememos a Dios no le tememos a nada más. Es sólo en el temor a Dios que nos encontramos libres del miedo a la muerte, al fracaso y a todo lo demás que nos esclaviza.

Cuando el temor a Dios no está en nuestras vidas nos convertimos en esclavos de miedos menores. ¿Cuántas veces se han encontrado cautivo del miedo al rechazo? ¿O al fracaso? Estamos atados y controlados por el miedo. Nos hemos vuelto más sofisticados en nuestro lenguaje con respecto al miedo, creando infinidad de categorías que describen nuestras fobias. Sólo el temor a Dios nos libera del miedo que nace de la superstición. Lo que tememos es lo que nos sujeta. Nuestros miedos establecen los límites de nuestras vidas. Cuando tememos a Dios sólo estamos sujetos a Él. Nos alineamos con el amor y la verdad. Nunca tenemos miedo de amar o perdonar cuando tememos a Dios. Nunca tenemos miedo de hacer el bien cuando tememos a Dios. Nunca tenemos miedo de enfrentarnos con la verdad o decir la verdad cuando tememos a Dios. Vivimos con la calmada seguridad de que en todas estas cosas Dios encuentra gran placer.

El temor a Dios es el comienzo de la sabiduría porque sólo en este lugar estamos obligados a enfrentarnos con nosotros mismos y a vernos como realmente somos. Cuando seguimos a Jesucristo nos comprometemos a seguir a la verdad dondequiera que nos lleve. Hemos aceptado una vida en la que todo lo falso se ha borrado, y renunciamos al derecho a vivir engañados. El temor a Dios nos libera para poder arriesgarnos, fracasar, soñar e intentar grandes cosas. Cuando tememos a Dios y a nada más, descubrimos la libertad para emprender una gran aventura.

Es extraño, pero cuando tememos a Dios ni siquiera tememos al pecado. Uno pensaría que al temer a Dios uno viviría aterrado de cometer pecado en cualquier momento. Pero sucede exactamente lo contrario. Cuando tememos a Dios entendemos que hemos llegado a Él en condición de pecado. Le conocemos no sólo como un Dios de santidad, sino también como un Dios de infinita compasión. Vivimos sabiendo de Su gracia. Aceptamos que nos ha separado del pecado, como el este del oeste. Nos solazamos en la promesa de que si confesamos nuestro pecado Él es fiel y justo para perdonarnos y lavarnos de toda iniquidad.

Es sólo en el temor a Dios que somos libres de verdad. Vemos a Dios como realmente es. Nos vemos como realmente somos. Entendemos la condición del mundo en el que vivimos. Estamos iluminados para ver un mundo —o debería decir un reino— que espera por venir. La sabiduría nos libera para vivir apasionadamente por el bien y, sí, la sabiduría hace que sepamos claramente que Dios es enemigo del mal. Dios se opone a nosotros cuando somos orgullosos. Se opone a nosotros cuando somos codiciosos. Está en guerra con cualquiera que elija oprimir al pobre. La sabiduría entiende el corazón de Dios. La mujer de sabiduría, el hombre que es sabio, abrazarán ese corazón y vivirán por él.

Isaías dijo con referencia a Jesús: «Y reposará sobre él el Espíritu de Jehová; espíritu de sabiduría y de inteligencia, espíritu de consejo y de poder, espíritu de conocimiento y de temor de Jehová. Y le hará entender diligente en el temor de Jehová. No juzgará según la vista de sus ojos, ni argüirá por lo que oigan sus oídos; sino que juzgará con justicia a los pobres, y argüirá con equidad por los mansos de la tierra; y herirá la tierra con la vara de su boca, y con el espíritu de sus labios matará al impío» (Isaías 11:2-4).

Cuando andamos en sabiduría no sólo tememos a Dios, sino que nos *deleitamos* en temerle. Es sólo en este inusual lugar que nos volvemos libres de las ataduras de este mundo que nos rodea. Es aquí solamente donde somos libres de verdad. La búsqueda de la iluminación es un viaje que va de la oscuridad a la luz. Como el ciego que comienza a ver por etapas, primero vemos a los hombres como árboles. No debiera desalentarnos que sintamos que estamos caminando por un pantano envueltos en la niebla. La sabiduría es un regalo de Dios, pero no viene sin compañía. Como en una odisea, esta búsqueda está llena de peligros y desafíos difíciles. Como los marinos que eran seducidos para su destrucción por el canto de las sirenas en la mitología griega, se encontrará tironeado en distintas direcciones que siempre le invitarán a abandonar el sendero de la sabiduría. Es en esos momentos en que debe liberarse de toda distracción que le llame hacia un rumbo diferente y oír la voz que le llama a vivir más allá de donde se pierde el eco:

Hijo mío, si recibieres mis palabras, y mis mandamientos guardares dentro de ti, haciendo estar atento tu oído a la sabiduría; si inclinares tu corazón a la prudencia, si clamares a la inteligencia, y a la prudencia dieres tu voz; si como a la plata la buscares, y la escudriñares como a tesoros, entonces entenderás el temor de Jehová, y hallarás el conocimiento de Dios. Porque Jehová da la sabiduría, y de su boca viene el conocimiento y la inteligencia. Él provee de sana sabiduría a los rectos; es escudo a los que caminan rectamente. Es el que guarda las veredas del juicio, y preserva el camino de sus santos. Entonces entenderás justicia, juicio y equidad, y todo buen camino. Cuando la sabiduría entrare en tu corazón, y la ciencia fuere grata a tu alma, la discreción te guardará; te preservará la inteligencia, para librarte del mal camino, de los hombres que hablan perversidades, que dejan los caminos derechos, para andar por sendas tenebrosas; que se alegran haciendo el mal, que se huelgan en las perversidades del vicio; cuyas veredas son torcidas, y torcidos sus caminos (Proverbios 2:1-15).

DESTINO

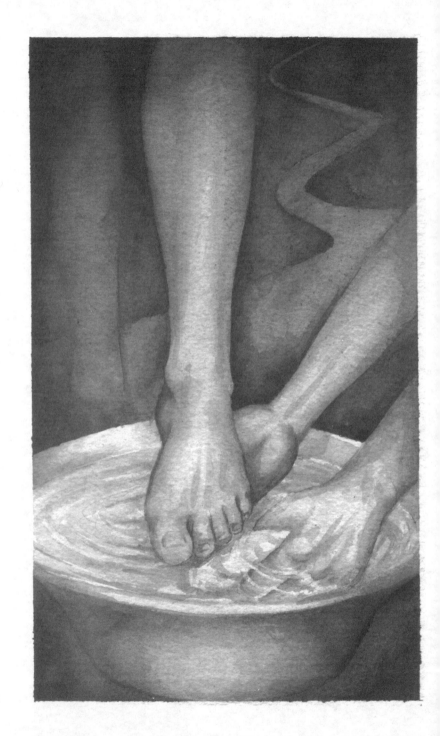

12

La grandeza del servicio

Nuestro anhelo, aunque no podamos explicarlo o definirlo, es el de viajar y vivir libres de las ataduras de la conformidad y los compromisos. Si escuchamos con cuidado, veremos que estamos atrapados en una cámara del eco. Las palabras que creíamos nuestras son las de alguien más. Nuestros pensamientos e ideas, que parecían tan originales, naturales y distintos, no eran más que resúmenes de lo que oímos decir a otros que insistían en hablar más fuerte. Me he sorprendido muchas veces ante la cantidad de personas que estaban seguras de que su filosofía era únicamente suya. Al principio me sorprendía de que todas las preguntas y respuestas fueran similares, idénticas. No me tomó demasiado tiempo el ver que esto era una tragedia.

¿Cómo es posible que haya tanta agente tan convencida de que su pensamiento es únicamente suyo cuando sólo copian las creencias comunes del mundo en el que viven? No hay nada malo en

creer algo que alguien nos ha dicho. Si existe la verdad, por cierto
ha estado allí antes de que se formara en mi mente. Si soy el primero
en decirla, pensarla o conocerla, ¿hay algún valor en esto?

Ser libre no es estar desconectado ni aislado. Es un compromiso por vivir una vida de reflexión y conocimiento de uno mismo.
La voz de Dios puede dejar de escucharse aunque Él sea el único
que hable desde el cielo y el único que habla a la profundidad del
alma humana. Hay demasiado ruido, muchos sonidos que apagan
el único sonido que necesitamos oír con desesperación.
Especialmente cuanto se trata de Jesús, esto parece ser muy cierto.
Jesús parece gustar a casi todos. Algunas religiones hasta lo toman
como propio. Se ha convertido en el apéndice de toda religión y
toda seudo filosofía. Hemos intentado acallar a Jesús hablando por
Él en lugar de dejar que hable por sí mismo. Hemos torcido Sus
palabras y cambiado Su significado porque lo que decía no se ajus-
taba del todo a nuestras almas.

Las enseñanzas de Jesús van en contra de los deseos de nuestra
humanidad caída. Su camino no es nuestro camino. Su senda no es
paralela a la nuestra. Dios no ha creado con astucia muchos caminos que lleven al mismo destino. Cualquier camino que no sea el
suyo es un callejón sin salida que nos lleva de vuelta, una y otra vez,
al punto de donde salimos. Hay una razón por la que el camino de
Jesús es diferente a todos los demás. Es porque *Él* es diferente a
todo lo demás. Jesús no tiene ambigüedades cuando dice que Él es
el camino, la verdad y la vida, y que nadie llega al Padre sino por
él (Juan 14:6).

Su invitación es a que nos unamos a un despertar. Si elegimos
seguirle, habrá en nosotros una revolución del alma. Él no hará
nada menos que trasladarnos desde un mundo vacío a Su reino,
donde comenzaremos a vivir una nueva realidad. Su camino no es
parecido al nuestro. Él nos lleva por un camino diametralmente
opuesto a todo otro camino. Si todos los otros senderos llevaran al
mismo destino, el camino de Jesús nos llevará muy lejos de éste. No
debiera sorprendernos que Sus caminos sean diferentes de los nuestros, ni que Sus pensamientos sean diferentes de los nuestros.

El camino de Dios es el del servicio. Esta no es una prueba para
ver si merecemos algo mejor. Es Dios ofreciéndonos lo mejor de sí

y lo mejor de la vida. Dios nos llama al camino del servicio porque Dios es siervo. Parece una herejía, ¿verdad? Llamar siervo a Dios. Pareciéramos disminuir al Creador del universo si le llamamos siervo, algo tan bajo y común. Jesús continuamente les recordó a Sus discípulos que lo suyo no era una treta cósmica o una carnada, que no había nada oculto en él. Necesitaba aclarar que el Hijo del hombre no había llegado a ser servido sino a servir. Esta realidad hizo que todos se confundieran. ¿Cómo podía ser posible? El que seguía mirando hacia atrás cuando decía que quería seguirle recibió como respuesta: «Ninguno que poniendo su mano en el arado mira hacia atrás, es apto para el reino de Dios» (Lucas 9:62).

Todo tenía que ver con el servicio. La invitación era a ser como el Hijo, que sólo había venido a servir. A los discípulos que discutían sobre quién de ellos sería el más grande, Jesús les respondió: «El que es más pequeño entre todos vosotros, ése es el más grande» (Lucas 9:48).

Cuando Juan y Santiago pidieron el privilegio de sentarse a Su izquierda y Su derecha cuando Jesús volviera a Su gloria, y los otros discípulos se enojaron por este pedido, nuevamente Jesús resumió: «Pero no será así entre vosotros, sino que el que quiera hacerse grande entre vosotros será vuestro servidor, y el que de vosotros quiera ser el primero, será siervo de todos. Porque el Hijo del Hombre no vino para ser servido, sino para servir, y para dar su vida en rescate por muchos» (Marcos 10:43-45). Repitió esto también cuando la madre de los hijos de Zebedeo le pidió lo mismo.

Es casi como si nadie le hubiera creído. Todos mantenían la esperanza de que si servían durante suficiente tiempo se encontrarían con un resultado distinto al final. El servicio no es el modo en que Dios nos pone en un lugar donde otros nos sirvan; es el camino y la vida del reino de Dios.

¿Es posible que la razón por la que el siervo tenga el primer lugar, por la que el menor comparta la grandeza de Dios, sea que es aquí donde Dios ha estado todo el tiempo? Si nos abrimos camino a la cima a los empujones, nos apartamos de la presencia de Dios. Cuando nos ponemos en el lugar del siervo, nos unimos a Dios en Su eterno propósito. Cuando servimos a otros, extrañamente, somos parecidos a Dios.

Dios y sólo Dios es el Creador y el Redentor. Esto no parece difícil de entender. Pero también es siervo. Nos creó para que seamos creativos. Nos invita a reconciliar a los hombres con Él. También nos llama a elegir el camino del servicio. No se trata de la religión; es una revolución. Pablo nos recuerda: «Porque en Cristo Jesús ni la circuncisión vale algo, ni la incircuncisión, sino la fe que obra por el amor» (Gálatas 5:6).

Este es el camino de Dios. Hay sanidad en el servicio. Resuena con el alma humana. Este camino no es sólo una promesa de aventura; es una promesa de plenitud. Cuando elegimos este viaje, desde el primer paso crecemos a imagen de Dios. Cada paso nos hace parecernos más a Él.

En este viaje descubrimos que no sólo llegamos a la integridad por medio de la humildad y al coraje por medio de la integridad, sino que la gratitud nos lleva a la plenitud, que resulta en la generosidad, y también descubrimos que la fidelidad da como resultado la perseverancia, que nos hace crecer en sabiduría.

Si todo esto no fuera suficiente, hay otros dones en este viaje. Al crecer en humildad, gratitud y fidelidad encontramos que tenemos la fuerza de carácter para soportar las mayores dificultades y para vencer nuestros más grandes desafíos. Nuestra capacidad para resistir aumentará a medida que nuestro viaje profundice en estas virtudes. Cuando somos resistentes, tenemos una inexplicable capacidad para recuperarnos de la enfermedad, la adversidad y aún la depresión. Encontramos dentro de nosotros la habilidad no sólo de adaptarnos a nuestro entorno sino de llenarnos y renovarnos. Los resistentes se vuelven a parar de un salto; diríamos que avanzan de un salto. La mejor descripción de lo que sucede en el espíritu de una persona que camina en humildad, gratitud y fidelidad es que se vuelve resistente. La resistencia nos hace imparables. Nos da la fuerza para continuar en la búsqueda.

También encontraremos que a medida que crecemos en integridad, plenitud y perseverancia, hay nueva integración en nuestra vida. Aunque jamás lleguemos a ser perfectos en esta vida, podemos vivir en la promesa de llegar a ser maduros y completos, sin que carezcamos de nada. En un mundo lleno de quebranto, la capacidad de integrar todas las piezas es algo esencial para la salud. Esta es parte de la promesa de Dios en la obra de transformación.

Para terminar, al vivir una vida comprometida con estos principios básicos —no como etapas por las que pasamos, sino como virtudes que abrazamos para toda la vida— nos encontramos sorprendidos por la fuerza de coraje, la profundidad de sabiduría y la extensión de generosidad que expresaremos. La expresión más acabada de una vida en Dios, cuando pasamos por el desfiladero que forma el carácter, no es sólo una vida de sacrificio sino de inimaginable creatividad.

El fin último de la transformación del carácter no es librarnos del pecado, sino ser libres para volver a ser todo lo que Dios quiso que seamos. El Creador del universo nos formó para ser expresiones creativas de lo que Él es. Todo ser humano nació para ser creativo. No todos somos artistas, claro, aunque cada uno de nosotros tiene en sí algo único para contribuir al tapiz de la historia humana.

Cuando vivimos vidas de generosidad, nos volvemos generadores y creadores en nuestra contribución al bien de otros. Cuando andamos en la sabiduría de Dios, vemos las posibilidades y oportunidades ocultas que muchos otros pasan por alto. Lo que para otros está perdido, es encontrado por quienes ven a través de los ojos de Dios. La sabiduría siempre encuentra un modo. Es la fuente de creatividad e innovación intelectual.

Cuando tememos a Dios encontramos la libertad y el coraje de perseguir sueños demasiado grandes para nosotros, porque el coraje es la única esperanza para los grandes sueños. Sería demasiado doloroso ver las posibilidades creativas y carecer del coraje necesario para concretarlas. Es aquí donde la sinergia del coraje, la sabiduría y la generosidad nos hace más creativos. Este es el regalo de Dios para nosotros. Su regalo es Él mismo.

El carácter de Dios, la belleza de Su persona, la expresión de Su bondad, todo esto es lo que él anhela compartir con nosotros. ¿Qué sería del mundo, cómo nos veríamos, si nos convirtiéramos en seres conformes a Su carácter? Aquel que enrolló una toalla alrededor de Su cintura y lavó los pies de Sus discípulos nos invita a ser como Él, sirviendo a los demás.

Este es el destino final: convertirnos en la persona que Dios sueña y compartir estos sueños con otros.

«Porque vosotros, hermanos, a libertad fuisteis llamados; solamente que no uséis la libertad como ocasión para la carne, sino servíos por amor los unos a los otros. Porque toda la ley en esta sola palabra se cumple: Amarás a tu prójimo como a ti mismo» (Gálatas 5:13-14).

*L*a transformación de nuestro carácter es más una revolución que una reforma. Se forja en las batallas que peleamos mucho más que en las creencias que sostenemos. Emerge de las crisis, no de las aulas. No llega a nosotros; debemos correr hacia ella. Es como un reto que espera ser conquistado. El carácter es un héroe dormido en nuestro interior que espera que le despierten. Su poder nos invade en olas de transformación. Al buscar una vida que no tiene que ver sólo con nosotros mismos nos encontramos viviendo la vida que siempre anhelamos. Y con cada nuevo desafío, con cada victoria ganada, de repente nos damos cuenta de que somos una persona diferente de la que comenzó el viaje. El mero intento de vencer el reto nos ha cambiado para siempre.

PARTIDA

PUNTO DE ORIGEN
1. Libertad para correr
2. El estanque de los ahogados

RESISTENCIA
3. Surgimiento de las cenizas
6. Creación a partir de pedazos
9. Procedente de la nada

EL RETO

INTEGRACIÓN
4. El poder unificador de creer
7. El poder sanador de pertenecer
10. El poder sustentador de la transformación

CREATIVIDAD
5. El corazón del guerrero
8. El espíritu generador
11. La imaginación divina

DESTINO
12. La grandeza del servicio

ACERCA DEL AUTOR

Erwin Raphael McManus es pastor principal y arquitecto cultural de Mosaic en Los Ángeles, California. Desde el centro global del cambio, Mosaic emerge como punto de referencia para la iglesia del futuro. Como fundador de *Despertar*, Erwin colabora con un equipo de soñadores e innovadores especializados en el campo del desarrollo y la liberación de la creatividad tanto personal como administrativa. Como consultor nacional e internacional, su experiencia se centra en la cultura, el cambio, el liderazgo y la creatividad. Está asociado con *Bethel Theological Seminary* como distinguido profesor y futurista, también es editor colaborador del *Leadership Journal*. El primer libro de Erwin, *Una fuerza imparable*, fue finalista para el premio Medallón de Oro de la ECPA en 2002. Él y su esposa Kim tienen dos hijos, Aaron y Mariah, y una hija en el Señor, Paty.

Para más información y recursos visite:
www.mosaic.org y/o
www.awakeninternational.com

AGRADECIMIENTOS

El carácter se forma en la comunidad, como todo lo que tenga gran valor y significado perdurable. Por eso, este trabajo es expresión de comunidad, colaboración y sinergia.

Hasta un tonto puede ser fuente de sabiduría si está dispuesto a ser una esponja humana. El contenido de estas páginas es mi intento por exprimir algo de lo que he tenido el privilegio de absorber en esta materia. Hay mucha gente a quien quiero agradecer. Me gustaría nombrar a unos pocos que representen a todos.

Siempre hay artesanos en mi mundo que traducen las ideas en imágenes. Sin ellos, la belleza estaría ausente en el trabajo. Gracias Noemí Martínez Bary, Joby Harris y Jeremy Yates por su impresionante talento y espíritu de sacrificio, su apasionada creatividad y ante todo por su amor por Cristo. Con ellos hay otros cuya contribución ha sido invalorable. Gracias Eric Bryant, Shelly Martin, Robbie Sortino, Lucas King, Neil Nakamoto, Rick Yamamoto y Greg Bourgond. Cada uno de ustedes ha dado forma a lo expresado en las páginas de este manuscrito, y han sido un regalo para mi propia vida y transformación.

Como sucede con todos mis libros, las palabras jamás se convertirían en texto sin Holly Rapp. Cómo puede una persona escribir 240 palabras en un minuto, jamás lo entenderé. Es un milagro que alguien pueda escuchar lo que digo a la velocidad con que hablo, y más aún escribirlo. Y gracias también a John Torres por unirte a nuestro equipo y cubrir la brecha con tanta humildad y excelencia.

A los ancianos, al equipo de liderazgo, al personal y la comunidad de Mosaic: gracias por abrazar a la tribu McManus con el llamado y misión que Dios ha puesto en nuestros corazones.

Les estoy agradecido y me siento sorprendido por el maravilloso equipo de Nelson Books. Gracias, Mike Hyatt, por invitarme a formar parte del equipo. Gracias Brian Hampton y Kyle Olund, por su contribución a la calidad del mensaje. Gracias, Jonathan Merkh, por tu compromiso para llevar el mensaje al corazón de quienes anhelan la revolución del alma. Y a mi buena amiga Sealy Yates: todavía no sé si eres una agente o un ángel. Cualquiera sea el caso, estoy muy feliz de que estés ahí.

A mi compañera de vida Kim, a mi hijo Aaron, a mi hija Mariah: gracias por su amor y por su apoyo. ¡No sólo son una gran familia, sino también un gran equipo! El mundo es nuestro patio de juegos y nuestra carga.

Y más que todo, gracias a Aquel que nos llama a ser lo que no podemos ser sin Él. Al más noble, al más amoroso, al más virtuoso, al más admirable. A Él y sólo a Él. ¡Cómo deseo ser como Tú, oh, Jesús!

Me llamas y voy corriendo.

Crea en nosotros un despertar: una revolución del alma.

—ERM

www.uprisingarevolution.com.